アクチュアル民事訴訟法

池田辰夫 編

法律文化社

はしがき

　ここに『アクチュアル民事訴訟法』を刊行する。

　紛争はまさしく生きている。動く。そして，そのうちの決して多くはない決着がつかない事案には，民事裁判が制度として用意されている。民事裁判もまた生きている。こうした民事裁判をルールとして支えるのが民事訴訟法である。本書は民事訴訟法の基本事項をアクチュアルに，つまりは現実の姿を強く意識しながら，初学者教育に取り組んでいる執筆陣の専門を生かしつつ書き上げたものである。分かりにくいところは読み飛ばして，全体をまずは一読してほしい。類書も少なくないなか，わずかばかりでも理論と実務を架橋する意気込みが伝われば幸いである。

　自由でざっくばらんなふるまいや取決めがおおむね基本的には許される民法などの実体法の世界のイメージ。これに対して裁判は，おごそかで厳しいルールをふまえる形式美の世界というイメージがある。訴えの提起により，実体法の世界が，ある意味で，訴訟法の世界に切り替わる。深まる訴訟手続のなか，提訴時の高揚感は徐々に薄れ，訴訟の過程によっては，ときにあきらめや失望さえも折り込みながら，低下していくことも避けられない面はあろう。これは，訴訟自体によって紛争が解決されるのではないことも示唆している。人の成長と同じで，どう自らと折り合いをつけていくか，そして訴訟過程や判決といった厳しい局面に正面から向き合うなか，自らの判断で決着という終止符を打つということでもあろう。まことに，われわれは，あらゆる意味において覚悟が必要な時代に入ってきたようである。

　一冊の本の出版というのは，多くの優れた執筆者の総和に出版者側の協力のかけ算，そして読者数の変数が加わる。企画から刊行まで支えていただいた方々，そしてこの本を読まれる方々，これらの方々にあらためて心からの感謝を申し上げる次第である。

　思えば，『新現代民事訴訟法入門』の本格的全面改訂（Ａ５判横組み化）を出

版社から持ちかけられたのは，ほぼ3年も前のことだっただろうか。ずいぶんと昔のことのような気がする。いつも公私にわたり気にかけていただいている中野貞一郎先生（大阪大学名誉教授）への感謝の思いを深めつつ，出版社からの申出を引き受けることとした。平成10年施行の新民事訴訟法は，改正と関連立法を重ね今日に至っている。こうしたなか，激しい進化の途上にある民事裁判の動態に応接した最新の民事訴訟法の入門テキストとして，あらたに誕生した。中野貞一郎編の旧々版の趣旨を生かして全面改訂したものである。旧編著『新現代民事訴訟法入門』（現代法双書シリーズ）からの経緯のほか，あるべき学説引用が紙数の制約から厳しく限定される事情など，温かく見守りご理解いただいている諸先生方のご厚情には言葉もない。心より深謝する次第である。

さらに事項索引については，國學院大學大江毅准教授に快くお引き受けいただいた。ご助力いただいたことにつき，ここに記して謝意を表するものである。

「全面改訂方針」には，小説を読むような感じで，徹底して分かりやすく民訴を理解していくスタイルを掲げた。初めて民事裁判を理解しようとする社会人や学生の読みやすさをつねに意識した。正確さを必要とする専門性との折り合いは容易ではない。今後の読者との双方向での関係が出来上がればと願っている。

　平成24年8月

復興へのあらたな思いを深めつつ

池田　辰夫

目　　次

はしがき

序　章　民事訴訟を丸ごと理解しよう……………………1
- I　日常から非日常へ………………………………1
- II　非日常空間のデザイン(1)……………………2
- III　非日常空間のデザイン(2)……………………4
- IV　新しい波………………………………………6

第1章　紛争のはじまり——訴訟前夜……………11
- I　最初の法律相談………………………………11
- II　受任後の弁護士活動…………………………12

第2章　裁　判　所………………………………………15
- I　裁判所の概念…………………………………15
- II　民事裁判権……………………………………16
- III　管　轄…………………………………………18
- IV　裁判所構成員の除斥・忌避・回避…………23

第3章　当　事　者………………………………………27
- I　当　事　者……………………………………27
- II　当事者能力……………………………………32
- III　訴訟能力………………………………………34
- IV　弁論能力………………………………………37
- V　訴訟における代理・代表……………………38

第4章 訴訟費用・訴訟手続 …… 44
- I 訴訟費用 …… 44
- II 訴訟の審理等 …… 47

第5章 訴えの提起 …… 51
- I 訴えと請求 …… 51
  - 訴状モデル
- II 訴えの利益——当事者適格 …… 62
- III 訴え提起の効果 …… 70

第6章 口頭弁論 …… 74
- I 口頭弁論とは …… 74
- II 弁論主義 …… 90
- III 職権進行主義 …… 97
- IV 当事者の不熱心な訴訟追行 …… 100
- V 当事者の訴訟行為 …… 103

第7章 口頭弁論の準備 …… 110
- I はじめに …… 110
- II 準備書面 …… 110
- III 争点整理手続——総説 …… 111
- IV 準備的口頭弁論 …… 113
- V 弁論準備手続 …… 116
- VI 書面による準備手続 …… 120
- VII 進行協議期日 …… 122

第8章 証明と証拠 …… 125

Ⅰ　証　　明 ………………………………………………… 125
　　　Ⅱ　証　　拠 ………………………………………………… 144

第9章　裁　　判 …………………………………………… 154
　　　Ⅰ　裁判という言葉 …………………………………………… 154
　　　　　　　　判決モデル
　　　Ⅱ　判決の効力 ………………………………………………… 160
　　　Ⅲ　判決の拘束力が及ぶ人々――既判力の主観的範囲 ……… 177

第10章　裁判によらない訴訟の完結 ……………………… 189
　　　Ⅰ　訴訟上の和解 ……………………………………………… 189
　　　Ⅱ　訴えの取下げ ……………………………………………… 193
　　　Ⅲ　請求の放棄・認諾 ………………………………………… 196

第11章　複雑な訴訟 ………………………………………… 199
　　　Ⅰ　複数請求の訴訟 …………………………………………… 199
　　　Ⅱ　多数当事者の訴訟 ………………………………………… 206

第12章　上　　訴 …………………………………………… 231
　　　Ⅰ　上訴総説 …………………………………………………… 231
　　　Ⅱ　控　　訴 …………………………………………………… 233
　　　Ⅲ　上　　告 …………………………………………………… 237
　　　Ⅳ　抗　　告 …………………………………………………… 243

第13章　再　　審 …………………………………………… 249

第14章　簡易裁判所の訴訟手続 …………………………… 257

第15章　略式訴訟・略式手続 ……………………………… 262
 Ⅰ　はじめに ……………………………………………………… 262
 Ⅱ　少額訴訟手続 ………………………………………………… 262
 Ⅲ　手形訴訟および小切手訴訟 ………………………………… 268
 Ⅳ　督促手続 ……………………………………………………… 271

補　章　ITと司法 ……………………………………………… 277
 Ⅰ　はじめに ……………………………………………………… 277
 Ⅱ　eファイリング ……………………………………………… 277
 Ⅲ　仮想法廷 ……………………………………………………… 280
 Ⅳ　尋問記録の高度化 …………………………………………… 281

事項索引 ……………………………………………………………… 284

オアシス目次

序-1　司法のIT化（9）　　2-1　知的財産高等裁判所（24）　　2-2　国際裁判管轄（25）　　4-1　弁護士費用の敗訴者負担（45）　　5-1　将来の給付の訴え・大阪空港訴訟（65）　　6-1　弁論主義に関する主要判例（93）　　6-2　職権探知主義と職権調査（94）　　6-3　訴訟行為の瑕疵の治癒（105）　　7-1　プリ・トライアル（124）　　8-1　原本の重要性（153）　　9-1　米国の法廷弁護士（176）　　11-1　占有の訴えと本権の訴え（205）　　12-1　不利益変更禁止原則（242）　　15-1　いわゆる一体型審理（265）　　15-2　支払猶予判決の正当化根拠（267）　　15-3　電子情報処理組織による督促手続の特則（275）

執筆者紹介・執筆担当
(執筆順, ＊は編者)

＊池田 辰夫（いけだ たつお）	大阪大学大学院高等司法研究科教授	序章, 第11章Ⅱ
仁木 恒夫（にき つねお）	大阪大学大学院法学研究科教授	第1章
内山 衛次（うちやま えいじ）	関西学院大学法学部教授	第2章
松原 弘信（まつばら ひろのぶ）	熊本大学大学院法曹養成研究科教授	第3章Ⅰ～Ⅳ
吉田 直弘（よしだ なおひろ）	関西大学法学部准教授	第3章Ⅴ
上田 竹志（うえだ たけし）	九州大学大学院法学研究院准教授	第4章
徳田 和幸（とくだ かずゆき）	同志社大学大学院司法研究科教授	第5章
笠井 正俊（かさい まさとし）	京都大学大学院法学研究科教授	第6章Ⅰ
坂田 宏（さかた ひろし）	東北大学大学院法学研究科教授	第6章Ⅱ
栗田 隆（くりた たかし）	関西大学法学部教授	第6章Ⅲ, 第8章Ⅰ
角森 正雄（かくもり まさお）	神戸学院大学法学部教授	第6章Ⅳ, 第11章Ⅰ
永井 博史（ながい ひろふみ）	近畿大学法学部教授	第6章Ⅴ
本間 靖規（ほんま やすのり）	早稲田大学法学部教授	第7章
中田 昭孝（なかた あきたか）	京都大学大学院法学研究科教授	第8章Ⅱ
田邊 誠（たなべ まこと）	広島大学大学院法務研究科教授	第9章Ⅰ・Ⅱ
岡田 幸宏（おかだ ゆきひろ）	同志社大学法学部教授	第9章Ⅲ, 第14章
松本 幸一（まつもと こういち）	日本大学法学部教授	第10章
宇野 聡（うの さとし）	名古屋大学大学院法学研究科教授	第12章Ⅰ～Ⅲ
大江 毅（おおえ つよし）	國學院大学法学部准教授	第12章Ⅳ
渡部美由紀（わたなべ みゆき）	名古屋大学大学院法学研究科教授	第13章
川嶋 四郎（かわしま しろう）	同志社大学法学部教授	第15章
町村 泰貴（まちむら やすたか）	北海道大学大学院法学研究科教授	補章

序　章
民事訴訟を丸ごと理解しよう

I　日常から非日常へ

民事の事件と民事訴訟　犬も歩けば棒にあたる。世の中には，幸せな棒よりも不幸な棒に出くわすことの方がはるかに多い。町を歩けば車が暴走してくるし，住宅を購入すると，ひどい欠陥に悩まされる。テレビ・コマーシャルにつられて消費行動に走ると，とんでもないことも待ちかまえている。家でじっとしていればと，架空請求の郵便物も舞い込む。平穏無事で心安らかな人生も，ある日突然に災厄に見舞われる。やむなく法律上の責任を追及するほかない事態ともなる。このような民事の事件では，その法律上の責任を明らかにするために，当事者間での交渉もできないうえに，他の適切な解決方法をも見出しえないという場合には，最終的に裁判に訴えざるをえない。これが民事訴訟である。広く民事裁判ともいう。

民事訴訟という場　たとえば，友人間での貸金事件。誰しも貸した金は返してもらえると思うからこそ，喜んで，あるいはしぶしぶとであれ，貸し付ける。当初の約束の内容が不明確な場合であっても，大半のケースでは債務が返済され，なにごともなく日常が続けられる。ところが，さまざまな事情が重なり，借りた側が返さないまま膠着状態となり，泥沼化する。予期しない非日常の世界へ突き落とされる。そこで怨念に支配されるまま復讐として殺傷沙汰に及ぶと，犯罪を構成するだけで，根本的な問題の解決にはならない。裏切られた信頼は，法治国家の下で認められたクールな手続と空間による決着によって，それなりに回復する機会が与えられる。その手続と空間こそが法廷という場である。この法廷という名の非日常空間でのやりと

りの結果として、裁判所の判断が判決という形で示される。この判決が確定しても、なお債務者が支払わなければ、確定判決を債務名義とする強制執行という手段によって、債務者の財産を国家の強制力を使って換金し、ようやく満足にこぎ着ける。

Ⅱ　非日常空間のデザイン(1)

そこで、こうした民事訴訟はどのような組立てでできあがっている制度かを見てみよう。

訴えの提起　民事訴訟は訴えの提起によって開始される。訴えの提起は、裁判所に対して自らの請求内容を示し、その当否についての審理判断を求める申立てである。国家は税金により民事訴訟制度を設営する。その利用は私人の自由な意思に任される。訴えが提起されると、裁判所は、訴えの適法性（「本案前」という）ないし原告の請求の当否（「本案」という）につき審理を行い、何らかの裁判をする（裁判拒絶の禁止）。裁判に至る前に、当事者が和解したり、原告が訴えを取り下げ、あるいは請求を放棄し、被告は原告の請求を認諾するといったいずれかの事態も可能であるし、また、そもそも裁判所は当事者から請求された範囲内でのみ判決しなければならない（処分権主義）。

請求の内容　訴訟上の請求の内容からは、給付の訴え、確認の訴え、形成の訴えの3つの基本型がある（51頁以下参照）。給付の訴えでは、たとえば、「貸した金を返せ」といった内容で、「被告は原告に対し、100万円を支払え」との判決を求める訴えとなる。給付の訴えにおいて、請求認容である給付判決が確定すると執行力を生じる。また、同時に、給付請求権の存在を既判力で確定する。請求棄却の判決では、給付請求権の不存在を確認する確認判決となり、その点について既判力が生じる（160頁以下参照）。

確認の訴えとは、原告の被告に対する一定の権利ないし法律関係の存在または不存在の確認を求める訴えである。もっとも、法律関係を証する書面の成立の真否の確認を求める訴えは、事実の確認を求める訴えとして例外的に許され

る。確認の訴えに対する本案判決は，既判力により権利または法律関係の存否を確認する確認判決となり，この点に既判力が生じる。

形成の訴えは，権利または法律関係を発生，変更または消滅させるのに，法律が裁判所の判決を要求する場合に，権利等の形成を求める訴えである（株主総会決議取消しの訴え，離婚の訴えなど）。形成の訴えに対する請求認容判決は形成判決といい，確定すると権利等を形成する効力（形成力）を生じ，形成要件の存在につき既判力が生じる。請求棄却判決の場合は，形成要件の不存在を確認する確認判決で，その点に既判力が生じる。

本案と訴訟要件　原告が訴えにより求める権利主張（訴訟上の請求）の当否が本案である。原告の請求を認容または棄却する判決は本案判決である。しかし，どんな訴えでも，つねに本案判決をしなければならないとすれば，裁判所の役割を超えることがある。外国政府の専権に属する事項や政治問題などを司法の場に持ち込まれても，紛議の中身に立ち入るべきではない。このために，訴訟要件という仕組みが用意されている。訴訟要件とは，被告の利益や訴訟制度を設営する国家の利益などをふまえ，紛争の解決に適切な場合に限って本案判決をするための前提となる要件をいう。審理の結果，訴訟要件が備わっていないと裁判所が判断する場合，訴えを却下する判決をする（訴訟判決）。

(1) **訴訟要件の調査**　公益（国や国民全体の利益）が絡む訴訟要件については，その存在につき当事者間で争いがなくとも裁判所は職権で判断しなければならない（職権調査事項）。他方で，訴訟要件の中には，純粋な私益（被告の利益）保護を理由とするものもある（訴訟費用の担保，仲裁契約，訴訟禁止の合意〔不起訴の合意〕など）である。この場合，職権で判断すべきではなく，被告が訴訟要件を欠いていると主張（本案前の抗弁）する場合にはじめて裁判所が判断すればよい（抗弁事項）。

(2) **判断資料の収集**　訴訟要件の存否の判断資料をどのように収集するか。公益性の強い事項（たとえば，裁判権など）は，裁判所は職権証拠調べができる（職権探知主義）。私益に関する事項（たとえば，当事者適格や訴えの利益など）は，当事者が提出した証拠による（弁論主義）。

裁　判　　裁判は，裁判機関が自らの判断を法定の形式によって表明する訴訟行為である。裁判には判決以外に決定や命令がある（154頁以下参照）。判決は，訴えを提起された内容である重要事項に関するため，審理は口頭弁論による（必要的口頭弁論の原則）。ひとたび出された判決は，簡単には変更されない（自己拘束力）。他方で，決定や命令は基本的にはそれ以外の手続派生事項を扱う（任意的口頭弁論）。

　判決・決定の主体は裁判所であるが，命令の主体は裁判長・受命裁判官・受託裁判官のいずれかである。

Ⅲ　非日常空間のデザイン(2)

訴訟と非訟　　訴訟の基本的な制度設計について述べてきたが，この訴訟に似て非なるものがいくつか存在する。まず，本質的に訴訟とは異なる手続がある。これが非訟手続である。両者の手続の主な違いは次頁の**図表序-1**のとおりである。

　訴訟事件は訴訟手続という器で〈調理〉（＝審理）される（もっとも，共有物分割の訴え等については，54頁参照）。これに対して，非訟事件は非訟手続でされる。争いがあるのは，どのような事件が訴訟事件となり，非訟事件となるかの基準である。法が決めることになるが，何を基準に振り分けるか，その線引きは時代の変化とも絡んで難しい問題である（「訴訟の非訟化」とか「訴訟事件の非訟化」といって，従来は訴訟事件として扱われていたものが時代の流れの中で，非訟事件として扱われる傾向がみられる。たとえば，今日では遺産分割は家事審判の手続で非訟事件として処理されるが，戦前は訴訟事件であった）。ここでは，訴訟事件は純粋司法作用，非訟事件は後見的な司法的行政作用にかかわる事件と一応理解しておくこととする。重厚な手続で審理されるのにふさわしい事件が訴訟事件であり，関係者の対立構造を前提としない簡易迅速な手続にふさわしい事件が非訟事件であるともいえる。この議論は，「訴訟事件の非訟化」の限界を見極めるために役立つ。憲法32条の「裁判を受ける権利」の保障問題でもある。

図表序-1　訴訟と非訟の手続構造の主な違い

訴訟手続（判決手続）		非訟手続
二当事者対立の構造	当事者	二当事者対立を前提とはしない
処分権主義 （民訴246条・261条・267条） 弁論主義 公開主義 口頭主義	手続原則	処分権主義の排除 職権探知主義（非訟49条） 非公開主義（非訟30条） 書面主義
必ず訴えの提起により開始する （民訴133条） 必要的口頭弁論の原則 （民訴87条1項） 弁護士代理の原則 （民訴54条1項） 厳格な証明	手続方式	職権で開始する場合がある 非公開による審理 （非訟30条） 代理人資格の制限緩和 （非訟22条） 自由な証明（非訟49条）
判決（民訴243条） 自己拘束力あり （例外，民訴256条・257条1項）	裁判	決定（非訟54条） 取消し・変更ができる （非訟59条）
三審制 （控訴〔民訴281条〕・上告〔民訴311条〕）	審級	二審制 （即時抗告〔非訟66条〕）

人事訴訟　訴訟ではあるが，事柄の性質上，通常の民事の事件とは異なる審理手続が定められているものの1つに，人事訴訟がある。人事訴訟の手続ルールは人事訴訟法が定める。人事訴訟とは，離婚の訴えや親子関係の確認などのように，身分関係の形成や存否の確認を求める訴えのことである（人訴2条）。第一審裁判所は家庭裁判所となる。財産関係の紛争を念頭に置き，私的自治の原則にも最大の配慮をする民事訴訟（第一審裁判所は地方裁判所または簡易裁判所）では，基本的には弁論主義が支配するが，人事訴訟においては職権探知主義があてはまる（同20条）。また，判決の効力は当事者以外の第三者にも及ぶ（対世効）（同24条1項）。身分関係が社会の中で区々となっては困るからである。

行政訴訟　行政に対する司法審査の機能を強化し、国民の権利利益の救済を実効的に保障するとの観点から、平成16年に行政事件訴訟法が大きく改正された。行政訴訟（行政事件訴訟）とは、広く公権力の行使に絡んでなされる行政処分等を不服とする訴訟をいう。

　行政訴訟には、抗告訴訟・当事者訴訟・民衆訴訟・機関訴訟の4つの種類がある（行訴2条）。詳しくは、行政法などの科目で学んでいただきたい。

　行政訴訟においても、民事訴訟とは異なる審理手続の特徴がある。被告を誤った場合の被告の変更決定（行訴15条）、職権証拠調べ（同24条）などである。いずれも公権力の行使によって権利利益が侵害された私人の救済に役立つ。

　公法上の法律関係に関して、民事訴訟を提起できるかは、問題がある（最判昭56・12・16民集35巻10号1369頁は消極説）。

Ⅳ　新しい波

新民事訴訟法の成立　平成8年（第136回国会）に、新民事訴訟法が成立した（平成10年から施行）。カタカナからひらがなへと現代語化された法典は、新法という形式をとるが、実質的には大正15年改正から70年ぶりの大「改正」である。その改革の柱は、5つある。①争点整理手続（ことに弁論準備手続）の整備、②証拠収集手続の拡充、証拠関係規定の整備、③少額訴訟の創設、④最高裁判所等への上訴制限、⑤ハイテク化による簡素化（テレビ会議、電話会議、督促手続のコンピュータ処理等）である。

　②の関係で、行政情報の公開と密接に関連する公務文書提出義務の問題は、その後平成13年の民訴法改正で、明文でルール化された。

その後の民訴法改正　司法制度改革の大きなうねりの中、民訴法の改正が相次ぐ。大改正以降もこうした動きがあるのは、なぜか。そうした根底には、「裁判の迅速化」がある。「判決にも納期がある」との感覚は、裁判の実務改革の力となり、これを促進させ、そうして立法を動かす。

　こうした法改正は、平成13年6月12日付の「司法制度改革審議会意見書」（最終意見書）が示す方向性（「国民の期待に応える司法制度の構築」）や内容を具体化

するものでもある。審理の適正化をふまえた，裁判の迅速化への挑戦が今後とも続く。

改正のあらまし　平成15年（第156回国会）に司法制度改革関連立法（民事訴訟法・人事訴訟法は平成16年4月1日施行）として，「裁判の迅速化に関する法律」（法107）（迅速化法〔第1審訴訟手続は2年以内〕），「民事訴訟法等の一部を改正する法律」（法108），「人事訴訟法」（法109）〔人事訴訟の家庭裁判所への移管・非公開審理等〕，「司法制度改革のための裁判所法等の一部を改正する法律」（法128）〔簡易裁判所の事物管轄の拡大〕，「仲裁法」（法138）がそれぞれ成立した。合わせて，最高裁判所の規則制定権（憲77条）に基づいて，民事訴訟規則の改正や人事訴訟規則が制定された。以下では，主として民事訴訟法の改正を取り上げる。

なお，平成16年（第159回国会）にも，知的財産訴訟の充実した審理に向けた改正（裁判所調査官の積極的活用，公開の停止等）やIT化を一部取り込む改正がされた。また，同年（第161回国会）では「裁判外紛争解決手続の利用の促進に関する法律」（いわゆるADR法）が成立した。

計画審理主義　現行の訴訟手続においては，適正かつ迅速な審理の実現のため，その計画的な進行が図られなければならない（民訴147条の2）。これにより，裁判所および当事者は，個々の具体的な事件において，審理の終期を見通して，審理の進行状況を意識しつつ，計画的に訴訟指揮や訴訟行為をする一般的な責務を負う。

提訴予告通知制度の導入と訴え提起前の証拠収集等の手続の拡充　訴えの提起をしようとする者は，当該訴えの相手方となるべき者に対して当該訴えの提起を予告する旨（請求の概要および紛争の要点）の書面による通知（提訴予告通知）ができる。この場合，提訴予告通知の効果として，提訴予告通知をした者（通知者）および提訴予告通知を受けた者（被通知者）は，次の証拠収集等を利用できる（145頁参照）。①提訴前の照会，②提訴前の証拠収集の処分（文書送付の嘱託，調査の嘱託，意見陳述の嘱託，現況調査命令）。たとえば，裁判所は，予告通知者または被予告通知者の申立てにより，専門的な知識経験を有する者に意見の陳述を嘱託でき，また裁判所は執行官に対し，紛争

の現場の状況の調査を命ずることができる。

専門訴訟への対応の強化　専門的な知見を要する訴訟（専門訴訟）は，判決による解決をみるまで多くの時間を要し，複雑困難な訴訟の1つである。たとえば，建築関係訴訟，医療事故訴訟（医事関係訴訟），あるいは知的財産権訴訟といったものがこれにあたる。

(1) **専門委員制度の導入**　争点整理手続において，専門委員からの意見聴取等が可能となった。また，証拠調期日に専門委員を立ち会わせることができ，訴訟上の和解の際にも活用できる。

(2) **鑑定の改善**　従来，鑑定人に対する質問は，人格攻撃にもつながりかねず，鑑定人にきわめて不評であった。そこで，若干の工夫がされた。裁判所は，鑑定人に書面で意見を述べさせた場合において，当該意見の内容を明瞭にするため必要があると認めるときは，そのために必要と認める事項について，申立てによりまたは職権で，さらに書面または口頭で意見を述べさせることができる。裁判所は，鑑定書が提出された後に進行協議期日等を利用して，鑑定人にさらに意見を述べさせる事項について当事者双方との間で協議をすることができる。また，鑑定人に対する質問は，裁判長，その鑑定の申出をした当事者，他の当事者の順序でするものとし，裁判長は，適当と認めるときは，この順序を変更することができるし，質問方式は，いわゆる一問一答方式による必要がない。

特許権等に関する訴えの専属管轄化　特許権，実用新案権，回路配置利用権またはプログラムの著作物についての著作者の権利に関する訴え（以下「特許権等に関する訴え」という）について，民訴法4条および5条により，東京高等裁判所，名古屋高等裁判所，仙台高等裁判所または札幌高等裁判所の管轄区域内に所在する地方裁判所に管轄権が認められる場合（東日本）には，東京地方裁判所の管轄に専属するものとし，大阪高等裁判所，広島高等裁判所，福岡高等裁判所または高松高等裁判所の管轄区域内に所在する地方裁判所に管轄権が認められる場合（西日本）には，大阪地方裁判所の管轄に専属する。特許権等に関する訴えの控訴事件は，東京高等裁判所（いわゆる知的財産高等裁判所）の管轄に専属する（20頁以下参照）。

> **📖 オアシス 序-1　司法のIT化**
>
> 　シンガポールは世界の中で司法へのIT化を実現しているトップクラスの国の1つである。1997年には，少額訴訟の提起について，パソコンをインターネットに接続することで可能とした。日本では，このところ急ピッチで改革が進んでいる。裁判所への情報通信技術（IT）の導入に絡んで，まず，督促手続のオンライン化が実現された。これにより，督促手続においては，インターネットを利用して支払督促の申立てができる。また，支払督促の作成等が電磁的方法により行える。さらに，民事訴訟手続等の申立てのオンライン化の民訴法改正も実現した。多くの問題をはらみつつも，自宅にいながらにして裁判所へ訴えを提起するという近未来の「訴訟社会」さえも，技術的には十分に視野に入ってきている。
> 　テクノロジーの進化は，司法分野へも波及する。すでにテレビ会議や電話会議システムが導入され，活用されている。電話会議システムを利用した弁論準備手続期日では，当事者は期日に出頭することなく，訴えの取下げ・訴訟上の和解・請求の放棄・請求の認諾さえもできる。

　他方で，移送の特例として，特許権等に関する訴えについての審理を東京地方裁判所および大阪地方裁判所以外の地方裁判所で行えるための移送制度を設ける。

公務秘密文書についての文書提出命令　平成8年の当初の民訴法案では，公務秘密文書について，監督官庁が承認しないものは，すべて文書提出命令の対象から除外され，いわゆるイン・カメラ手続の対象にもされないなど，私文書との区別に十分な合理性があるのか問題が生じ，司法の在り方の議論とも絡んで，文書提出命令制度への批判が生じていた。このため，公務秘密文書について特別扱いする条項を削除したうえ，公務文書についても，一般的に民訴法220条1号ないし3号によることとし，ようやく新民訴法の成立に及んだ。その際，国会での附帯決議や附則27条によって政府に対し，情報公開法の検討と並行して，公務文書の扱いについての見直しが求められた。

　そこで，民訴法220条4号に新たなロを追加し，提出義務の生じない公務秘密文書を規定するとともに，さらにホを加え，刑事事件記録等も同様とした。なお，国の安全などに関する機密性の高い文書や犯罪捜査などに支障を及ぼす文書については，監督官庁が提出義務が無いとの意見を述べたときは，裁判所

は，その意見の理由の相当性についてのみ審査することとなっている。

新しい非訟事件手続法と家事事件手続法　さらに，平成23年5月（第177回国会）にも，非訟事件手続法および家事事件手続法（旧・家事審判法）が全面改正された（平成25年1月施行予定）。これは，非訟事件・家事事件の手続を国民にとって利用しやすく，現代社会に適合した内容のものにするため，手続に関する法制について，管轄，当事者および代理人，手続，不服申立て等の基本的事項に関する規定を整備し，参加，記録の閲覧謄写，電話会議システム等による手続を加えるなど，利便性の向上を図るための諸制度を創設している。また，当事者等の手続保障の拡充にも配慮するなど，ことに非訟事件手続法については，国民に理解しやすい法制とするため，明治以来のほとんど手つかずの条文を現代用語の表記によって一新したものである。家事事件手続法については，利用する一般市民に配慮し，当事者によりわかりやすいものとする必要があり，旧・家事審判法が31箇条であったのに比し，ほぼ10倍の293箇条のボリュームとなっている。

第1章
紛争のはじまり──訴訟前夜

I　最初の法律相談

紛争と相談　紛争とは，生活上の利害対立に基づき，特定の当事者が特定の相手方に対して要求を行い，これが拒絶されて発生する争いである。わが国の有力な学説によれば，民事訴訟制度の目的は紛争の解決であるとされている。しかし，法的問題を抱えていると認識している紛争当事者が，誰にも相談することなく裁判所等の公式機関に事件を持ち込むことは多くはない。多くの紛争当事者はまず相談機関へと訪れる。そこで事件の見通しについての助言を受けて紛争当事者がさらなる行動を断念して，それ以上の展開がないこともある。また，苦情相談などの法律相談に加えてさらにあっせんまで行う国民生活センターなどの機関もあり，その助けを借りて話し合いで解決することもある。そして，もちろん法専門家である弁護士や司法書士へと相談に訪れるという選択肢もありうる。

　司法書士の裁判業務については，従来，訴訟委任に基づく訴訟代理人は，原則として弁護士に限定されていたが，司法書士法の改正により簡易裁判所が事物管轄の事件については認定を受けた司法書士が代理できることになった（司法書士法3条1項6号）。したがって，紛争当事者から依頼を受けた司法書士の場合，訴額が140万円を超える事件であれば従来から行ってきた書面作成業務になるが，訴額が140万円以下の事件であれば弁護士と同様の訴訟代理や訴訟外での交渉を行うことも可能である。

弁護士による法律相談　弁護士による法律相談には，個々人の弁護士による法律相談と弁護士会等が主催する法律相談とがある。多くの場

合，紛争当事者は，紹介によって弁護士に到達する。ただし，弁護士人口が決して多いとはいえないわが国の現状では，知人を介して弁護士に相談にやってくるということも容易ではない。そうした紛争当事者は，まずは弁護士会等が主催する法律相談を受ける。そしてそこで相談した弁護士にそのまま依頼するか，あるいはその法律相談で別の弁護士を紹介されてあらためて相談に訪れることになる。

　かつて弁護士会では，弁護士法33条2項7号に基づいて，弁護士広告の広告事項，広告媒体等を自主的に制限してきた。しかし，2000年からその規制が緩和され，依頼者のニーズに応えるために，一定の範囲で弁護士広告が認められるようになった。したがって，以前に比べて，利用者からのアクセスのための情報が増えてきている。

　弁護士は，依頼者から話を聞いたうえで，その範囲での助言を行う。この段階では，限られた時間の中で，しかもまだ相手方の言い分も聞いてはいないので，法的な問題点の指摘と選択可能な手段の示唆が助言の中心となる。選択可能な手段としては，自分で直接交渉や調停，訴訟を行う，あるいは弁護士に依頼する，というような複数の手段が，事案の性質に応じて示されるであろう。ここでは，弁護士に委任して訴訟を選択する場合を想定する。

II　受任後の弁護士活動

リーガル・カウンセリング　依頼者が弁護士に正式に依頼をして，弁護士が受任すると，法律事務所においてその手続がなされる。弁護士に事件処理を依頼することは，委任契約の1つである（厳密には準委任契約）。依頼者は，委任状を作成し，費用の説明などを受ける。

　弁護士は，依頼者の話をもとにして，その要求を法的に構成する。従来，訴訟に備えて弁護士の行う中心的な作業は，なまの紛争を法律の要件事実に即して整理し，自分の依頼者の主張が説得力をもつように証拠を配置することとされてきた。それはたしかに重要な作業ではある。けれども，弁護士が行う依頼者との面談で，要件事実に基づく整理は容易に達成されるものではないし，ま

たそれで必要十分というわけでもない。

　弁護士のもとに訪れる紛争当事者は，多くの場合，憔悴し，混乱し，依存したい気持ちでやってくる。落ち着いて弁護士が求める情報のみを整理して話せるわけではないのである。それにもかかわらず，弁護士が要件事実に必要な情報だけを依頼者から聞き出そうとするならば，依頼者はかえって萎縮し，自分が気になっていることを話さないまま，そしてときには弁護士が求める情報さえも十分に話せないまま，面談を終えることになりかねない。

　弁護士がある程度時間をかけてそのような依頼者の話を聞いていくことで，依頼者は少しずつ平常心を取り戻し，自分の紛争を冷静に受け止めて考えることができるようになっていく。弁護士が行う依頼者との面談には，このようなカウンセリング的な手当てが一面で必要なのである。ただし，それは，法的解決の筋道をおさえたうえでのカウンセリング的作業であり，いわばリーガル・カウンセリングといえよう。

　弁護士のコミュニケーション・スキルとは，近年，弁護士に求められる法役務として，このような法律相談や交渉が注目されている。法律相談や交渉では，依頼者のニーズに応えるために，法律の要件効果についての知識とはまた異なるコミュニケーションの技能が要求されている。

訴訟前の証拠収集　訴訟を提起するにあたり，通常，弁護士はかなりの調査活動を行う。必要な文書の交付や閲覧を求めたり，事件関係者に面接して事情を聴き取ったり，現場に足を運んで写真を撮ったりしておくのである。

　訴訟のための資料は，主に当事者の側が自分で調査準備する。しかしながら，それだけでは十分な準備ができない場合，訴訟前にとりうる手段として，次の方法がある。第1に，所属弁護士会に対して官公庁や公私の団体に照会して，特定の必要事項について報告を求める弁護士会照会（弁護23条の2）である。第2に，訴えの提起を予告する旨の書面による通知をしておくことによって，訴えの提起前においても相手方当事者に対して主張立証を準備するために必要な事項を照会することのできる訴えの提起前における照会（民訴132条の2・3），文書の所持者に対して文書の送付を嘱託することなどができる訴えの提起前に

おける証拠収集の処分（同4～9）である。また，本来の証拠調べが不可能あるいは困難になるおそれがあるときは，あらかじめ証拠調べをしておいてその現状や内容を事前に確保しておくための証拠保全（民訴234条以下）がある。

　弁護士は，このような法的手段を利用することで，訴訟に備えて事前に十分な準備ができるのである。

法専門家の責任　　任意の訴訟代理人は，原則として弁護士に限られている。また，弁護士は訴訟行為について包括的に代理をすることになっている。しかしそうであるからといって，受任後は弁護士が自由に処理を進めることができるというわけではない。たしかに訴訟には機敏な対応が求められる場面がある。しかしながら，弁護士は，訴訟の進行状況について報告し，依頼者の意向を確認したうえで手続をすすめていく必要がある。このような意思疎通が十分にとれていないと，依頼者と間で不必要な対立をまねくことになりかねない。

　また，他方で，弁護士は依頼者の利益を追求するというだけでなく，公益的役割も担っている（弁護1条）。依頼者の利益のために不当に第三者を害することは許されない。したがって，依頼者からの相談を受けている場面でも，ときには不当な要求を断念するように説得することも必要になってくる。

　このように弁護士の活動は依頼者やその他の関係者と対立をうむ危険性をもっているが，とくに弁護士がその職業上要求される行動規範（弁護士倫理）に違背した場合，所属する各単位弁護士会から懲戒処分を受けることがある（弁護56条以下）。誰でも懲戒請求の申立てをすることができ，請求を受けた弁護士会では，綱紀委員会での調査で懲戒相当と判断されれば，懲戒委員会に審査を付託することになる。懲戒処分は，反倫理性の程度に応じて，戒告，2年以内の業務停止，退会命令，除名に分かれる。弁護士は，弁護士自治のもとで厳しい自己規律に服しているのである。

第2章
裁判所

I　裁判所の概念

裁判所の意義と種類　裁判所は，民事訴訟法では個々の事件について民事裁判権を行使する裁判機関を意味し，「訴訟法上の裁判所」と呼ばれる。この中で，とくに判決手続を扱う裁判所を受訴裁判所という。

　裁判所には，最高裁判所，高等裁判所，地方裁判所，家庭裁判所および簡易裁判所の5種類があり，このうち高等裁判所以下のものは憲法76条1項のいう下級裁判所として裁判所法（2条）が定める。なお，家庭裁判所は，従来は家事事件の審判と調停を扱うだけであったが，平成15年に制定された人事訴訟法によりその機能の充実が図られ，人事訴訟の第一審の裁判権を有する（裁31条の3第1項1号・2号）。これにより，家庭裁判所は，離婚事件について離婚の可否という訴訟事項とそれに伴う親権者の指定や財産分与という審判事項の双方を扱うことになる。

　官署としての裁判所には，裁判官のほか，裁判所書記官，裁判所調査官，家庭裁判所調査官，裁判所事務官，裁判所速記官，裁判所技官，廷吏および執行官などが置かれる（裁53条以下）。また，裁判官には，最高裁判所長官，最高裁判所判事，高等裁判所長官，判事，判事補および簡易裁判所判事の6種類がある（同5条）。

裁判機関の構成　裁判機関としての裁判所は，1人の裁判官によって（単独制裁判所），あるいは複数の裁判官によって（合議制裁判所）構成される。簡易裁判所はつねに単独制であり（裁35条），地方裁判所は第一審として裁判するときは原則として単独制であるが，3人または5人の合

議制が構成されることがある（裁26条，民訴269条・269条の2）。高等裁判所は3人の合議制を原則としつつ，5人合議の可能性がある（裁18条，民訴310条の2，特許182条の2，独禁87条2項）。また，最高裁判所も合議制であり，15人の裁判官による大法廷と5人の裁判官による小法廷とに分かれる（裁9条）。単独制は，裁判官の責任感を強めて迅速な裁判が得やすいという利点をもち，合議制は，裁判官の恣意を抑制し，数人の裁判官の知識や経験を用いることで，慎重で適正な裁判が期待できるという利点をもつ。

合議制の場合には，それを構成する裁判官の1人が裁判長となる。裁判長は，合議体の発言機関として，口頭弁論を指揮し，釈明権を行使し，尋問または質問の順序を変更する（民訴148条・149条・202条2項，215条の2第3項）ほか，簡単な事項や緊急事項について，合議体にかけずに単独で裁判所の権限を行使できる（同35条1項・93条1項・137条など）。なお，合議体は，和解を試みたり，あるいは裁判所外で証拠調べを行う際に，合議体の一部の者（受命裁判官）または他の裁判所の裁判官（受託裁判官）に処理を委ねることができる（同89条・185条・195条）。さらに，大規模訴訟にかかる事件については，当事者に異議がないときは，受命裁判官に裁判所内で証人または当事者本人の尋問をさせることができる（同268条）。また，高等裁判所においては，書面による準備手続を受命裁判官に行わせることができる（同176条1項但書）。

II　民事裁判権

民事裁判権の意義と範囲　法的な事件を裁判によって処理する国家権力を裁判権といい，このうち民事事件の処理のために行使される権能を民事裁判権という。民事裁判権は，裁判によって当事者を拘束し，執行のために債務者に強制を加え，また，これらのために送達・公証等の事務を行い，証人・鑑定人を呼び出して尋問し，証拠物の所持人に提出や検証の受忍を命じることなどを内容とする。したがって，民事訴訟は当事者および第三者に対する裁判所の民事裁判権行使の連鎖ということになる。

わが国の民事裁判権は，誰に対して（人的範囲），どのような事件について（物

的範囲）及ぶのかという問題がある。このうち人的範囲については，原則として，わが国にいるすべての人に民事裁判権は及ぶ。外国国家は，かつては他国の民事裁判権に服しないことが国際慣行であったが（絶対免除主義），国家による通商・事業活動の増加に伴い，これらの私法的行為について民事裁判権の免除が認められなくなった（制限免除主義）。しかし，免除の制限される範囲が不明確なこともあり，わが国は，国連での国連国家免除条約の採択を受けて，平成21年に「対外国民事裁判権法」を制定し，その範囲の不確実性の解消および法的安定性の向上を図った。これにより，外国は民事裁判権に服することに同意する場合，あるいは自ら訴えを提起したなど同意が擬制できる場合，さらに商業的取引および不法行為などについては免除の主張が認められない（同法4条以下）。また，外国の元首，外交使節およびその随員家族については，公務の範囲外の活動など私人としての活動に基づく一定の訴訟を除いて，日本の裁判権は及ばない（外交関係に関するウィーン条約31条・37条・38条）。しかし，外交使節の派遣国は裁判権の免除を放棄できるし，これらの者が自ら訴えを提起する場合には放棄が擬制される（同条約32条）。

　物的範囲については，渉外的要素をもつ事件について，どの国の裁判所が民事裁判権を行使するかが問題となる。わが国の民事訴訟法は従来から国際裁判管轄について明文の規定を設けておらず，裁判実務は，基本的には国内土地管轄の規定に依拠しつつ，各事件の個別事情を考慮して「特段の事情」がある場合に国際裁判管轄を否定してきた。しかし，このような一般的な準則では国際裁判管轄の存否に関する当事者の予測可能性や法定安定性が確保されないことから，平成23年の改正法により，民事訴訟法に国際裁判管轄に関する規定が設けられた（民訴3条の2〜12）。

民事裁判権欠缺の効果　民事裁判権の及ばない者は，当事者として裁判および執行を受けることはなく，証人や鑑定人としての義務も負わない。また，裁判権の及ばない者に対して送達することはできず，送達しても無効である。ただし，裁判権免除を放棄する可能性があることから，その意思を確認するために訴状を送達することで訴状の提出を事実上通知し，返答を待つことは許される。また，民訴法108条を類推し嘱託送達をすることも考えられる。

民事裁判権が及ぶことは訴訟要件の1つであり，これを欠くときは，訴えは不適法として却下される。裁判所は，裁判権の存否について職権で調査し，その判断の資料収集については職権探知主義が妥当する。裁判権の欠缺を見過ごしてなされた本案判決に対しては上訴により取り消すことはできるが，この判決が確定しても判決の効力（既判力・執行力など）は発生せず（無効の判決），再審により取り消すこともできない。

Ⅲ　管　轄

管轄の意義　　わが国には5種類の裁判所があり，最高裁判所を除けば同一種類の裁判所が所在地を異にして複数存在する。したがって，個々の具体的な事件につき，どの裁判所が裁判権を行使するかが問題となり，これに関する定めを裁判管轄という。

管轄の種類　　管轄は種々の観点から分類される。そのうち，裁判権の分担基準の相違に基づき，職分管轄，事物管轄，土地管轄に分けられる。

（1）**職分管轄**　　どの種類の手続をどの種類の裁判所に担当させるかの定めをいう。

（a）**受訴裁判所・執行裁判所**　　判決手続を扱う裁判所を受訴裁判所とし，その事件の証拠保全手続（民訴235条），仮差押・仮処分手続（民保12条）などは受訴裁判所の職分とされる。民事執行手続を扱う裁判所を執行裁判所とし，執行処分のほか，これに関連する職分が定められている（民執11条・127条・132条など）。

（b）**簡易裁判所**　　判決手続のほかに，特別に少額訴訟（民訴368条），起訴前の和解（同275条）などの職分が認められる。

（c）**家庭裁判所**　　判決手続の中で人事訴訟について職分が認められる（裁31条の3）。

（d）**審級管轄**　　わが国は，判決に対する不服申立制度として控訴，上告の二段階を認める三審制を採っており，これをどのように分配するかの定めであ

る。第一審を担当するのは人事訴訟事件では家庭裁判所，それ以外の民事事件については簡易裁判所または地方裁判所である（裁31条の3第1項・33条1項1号・24条1号）。簡易裁判所が第一審のときは控訴審は地方裁判所，上告審は高等裁判所である（裁24条3号・16条3号，民訴311条1項）。第一審が家庭裁判所および地方裁判所のときは控訴審は高等裁判所，上告審は最高裁判所である（裁16条1項・7条1項，民訴311条1項）。

(2) **事物管轄** 第一審を担当する簡易裁判所と地方裁判所との間で，どのような基準により事件を配分するかの定めをいう。その基準となるのは訴額（訴訟の目的の価額。民訴8条1項）であり，これが140万円以下の請求に関する事件は簡易裁判所の管轄に，140万円を超える請求に関する事件は地方裁判所の管轄に属する（裁24条1号・33条1項1号）。訴額は，原告が訴えにより主張する利益を金銭で評価した額であり，したがって，非財産権上の請求（たとえば，会社の設立無効の訴えなど）ではその算定ができないことから，事物管轄を定めるために訴額は140万円を超えるものとし（民訴8条2項），手数料を納めさせる関係で160万円とみなされる（民訴費4条2項）。また，財産権上の請求でも，人格権に基づく差止請求訴訟など訴額の算定がきわめて困難なときは，非財産権上の請求と同じ扱いになる（民訴8条2項。ただし，訴額算定が著しく困難なときでも，訴額算定における裁判所の裁量権が否定されることはない）。なお，不動産に関する訴訟については，その不動産の所在地を管轄する裁判所に訴えを提起できることから，訴額が140万円以下の場合には，簡易裁判所とともに地方裁判所も管轄権を有する。

(3) **土地管轄** 所在地を異にする同種の裁判所間では，個々の事件について，どこの裁判所に裁判権を行使させるかを定める必要があり，この定めを土地管轄という。土地管轄は，事件と密接に関連する特定の地域を示す観念である裁判籍が，ある裁判所の管轄区域内にあれば，その裁判所に認められる。ただし，裁判籍は1つの事件について1つに限定されるわけではなく，複数の裁判籍が認められることが多く，この場合には土地管轄も競合して発生する。裁判籍には次のものがある。

(a) **普通裁判籍** 事件の内容・性質に関係なく一般的に認められる裁判籍

である。自然人の普通裁判籍はその住所または居所などによって（民訴4条2項），法人その他の社団または財団のそれは主たる事務所または営業所などにより定まる（同4項）。訴えは，被告の普通裁判籍所在地を管轄する裁判所の管轄に属するのが原則であり（同1項），被告の住所等の所在地を管轄区域とする裁判所が管轄権を有することになる。これは，応訴を強制される被告の立場を考慮したものである。

（b）特別裁判籍　　特定の種類の事件について認められる裁判籍である。特別裁判籍には，普通裁判籍と競合して認められるものと，専属管轄として普通裁判籍を排除するものとがある。また，他の事件と無関係にその事件について認められる独立裁判籍と，他の事件との関連から生じる関連裁判籍がある。

　（i）独立裁判籍　　民訴法5条に事件類型ごとに規定されている。ここに挙げられているものは普通裁判籍と競合して認められる裁判籍であり，当事者の便宜，事件審理上の便宜（証拠調べの便宜など）から認められる。訴えを提起しようとする者は，競合する数個の裁判籍のうちどれかを選択すればよい。独立裁判籍の中では，義務履行地の裁判籍（民訴5条1号）と不法行為地の裁判籍（同9号）が重要である。義務履行地については，債務者はその地で履行の提供をしなければならないことから，そこに応訴を強制されても不公平ではないが，実体法上は持参債務の原則（民484条，商516条）が採られていることから，普通裁判籍を認めた趣旨が損なわれるという問題がある。不法行為地については，そこでの証拠資料の収集が容易であること，さらには不法行為による損害を受けた原告が，その地で訴訟を提起できるという利益がある。民訴法5条が定める独立裁判籍以外に，法が裁判の適正・迅速という公益的要請から，特定の裁判所にのみ管轄権を認め，当事者の意思・態度による変更を許さない場合がある（たとえば，民訴340条，人訴4条，会社835条1項など）。これを専属管轄という。職分管轄は専属管轄であるが，事物管轄，土地管轄はその旨の明文の規定がある場合にのみ専属管轄となる。

　民訴法6条は，特許権等に関する訴えの管轄について従来の専属管轄とは異なる，いわば不真正専属管轄を認めている。すなわち，この種の訴えが名古屋高裁管内以東に所在する地裁に管轄権を有する場合には東京地裁の管轄に，大

阪高裁管轄以西に所在する地裁に管轄権を有する場合には大阪地裁の管轄に専属し，両地裁からの控訴事件は東京高裁の専属管轄として，これを東京高裁に特別の支部として設置された知的財産高等裁判所が扱う（知的財産高等裁判所設置法2条）。これは，特許権等に関する訴えについて専門的処理体制を備えた裁判所による適切で迅速な審理および裁判を実現するためである。しかし，東京地裁と大阪地裁との間ではこの目的の遂行に差異は生じないことから，一方の裁判所の管轄に専属する場合でも，他方の裁判所に併合管轄，合意管轄または応訴管轄が認められる（民訴13条2項）。また，事情により著しい損害または遅滞を避ける必要があると認められる場合には，一般の管轄規定により管轄のある他の地裁に移送ができる（同20条の2第1項）。なお，簡易裁判所の事物管轄に属する訴えについては，一般の管轄規定により管轄のある簡裁と東京地裁または大阪地裁との競合的土地管轄となる（同6条2項）。

民訴法6条の2の意匠権等に関する訴えの管轄については，一般の管轄規定により管轄が認められる地裁と，東京地裁または大阪地裁との競合的土地管轄となる。特許等に関する訴えほど高度な専門技術的事項は問題とならないが，審理構造が類似しているからである。なお，控訴事件が東京高裁の管轄に属する場合は，知的財産高等裁判所がこれを扱う。

 (ⅱ) 関連裁判籍　　他の請求との関連で認められる裁判籍であり，併合請求の裁判籍（民訴7条）に代表される。本条が訴えの客観的併合の場合に適用されることに問題はない。主観的併合の場合には，旧法下では規定がなく争いがあったが，現行法は，同一裁判所での紛争の一挙解決の利益と応訴を強いられる他の共同被告の不利益との調和を図り，第38条前段に定める場合に限って併合請求における管轄が認められると規定した（同7条但書）。

(4)　その他の決定方法　　さきに挙げたものは，法律の規定により定められる管轄であり，法定管轄と呼ばれる。これに対し，具体的事件について法定管轄が明らかでなかったり，あるいは管轄裁判所が裁判権を行使できない場合もあり，この場合は，関係する裁判所に共通の上級裁判所（直近裁判所）が管轄裁判所を決定する（指定管轄あるいは裁定管轄。民訴10条）。また，法定管轄のうち専属管轄を除く任意管轄については，被告が法定管轄と異なる裁判所への訴

えの提起に対して争うことなく応訴することにより管轄は発生する（応訴管轄。民訴12条）。さらに，当事者の意思により法定管轄と異なる裁判所を管轄裁判所と定めることができる（合意管轄。民訴11条）。この管轄の合意は，書面でしなければ効力を生じない（民訴11条2項。もっとも，電子メール等による場合は書面とみなされる。同3項）。合意には，法定管轄裁判所に加えてさらに他の裁判所に管轄を与える付加的合意と特定の裁判所のみを管轄裁判所と定める専属的合意があり，具体的な合意がどちらにあたるか明瞭でない場合には合意の解釈により決まる。とりわけ，1つの裁判所を指定した場合に，これを付加的合意と解するか，あるいは専属的合意と解するかは説が分かれており，また，管轄が保険契約などの附合契約の一部として企業の便宜からその有利に形式的に合意されている場合には（通常，企業の本店所在地を管轄する裁判所を合意による管轄裁判所とする），消費者保護の観点から問題がある。もっとも，専属的合意であっても，民訴法20条1項により17条による移送ができることから，当事者間の衡平に反すると認められる場合には，他の管轄裁判所に移送されることになる。

管轄権の調査と移送　管轄権の存在は訴訟要件の1つであり，裁判所はその存在につき職権で調査しなければならない。調査に必要な証拠調べは職権で行うこともできる（民訴14条）。管轄権の有無は起訴のときを基準として定められる（同15条）。調査の結果，管轄権の存在が認められないときは，事件を管轄ある裁判所に移送しなければならない。

このように，ある裁判所に係属している事件を，その裁判所の裁判により他の裁判所へ移すことを移送という。移送には次のようなものがある。

(1) 管轄違いに基づく移送　管轄権の存在は訴訟要件であり，本来ならばこれを欠く訴えは不適法として却下されるべきである。しかし，訴えが却下されると，原告は再訴のために新たな手数と費用を必要とし，場合によっては，訴え提起による時効の中断・期間遵守の利益を失うことから再訴が不可能となったり，あるいはそれが無駄になることもある。原告にしてみれば，単に窓口を間違っただけでそのような不利益を課されることは酷であることから，管轄違いの訴えは，申立てによりまたは職権で，管轄裁判所へ移送される（民訴16条）。

（2） **遅滞を避ける等のための移送**　1つの事件につき数個の管轄裁判所がある場合，原告の選択した裁判所で審理をすると証拠調べなどで訴訟が著しく遅れたり，または当事者の衡平を図るため必要があるという場合には，申立てによりまたは職権で，訴訟の全部または一部を他の管轄裁判所へ移送できる（民訴17条）。

（3） **簡易裁判所から地方裁判所への裁量移送**　管轄権を有する簡易裁判所に係属する事件であっても，裁判所が相当と認めるときは，申立てによりまたは職権で，訴訟の全部または一部を，その所在地を管轄する地方裁判所へ移送できる（民訴18条）。

（4） **必要的移送**　第一審の裁判所は，訴訟がその管轄に属する場合でも，当事者間の申立ておよび相手方の同意があれば，原則として，訴訟の全部または一部を申し立てられた地方裁判所または簡易裁判所に移送しなければならない（民訴19条1項）。簡易裁判所の管轄に属する不動産に関する訴訟について被告の申立てがあるときも，原則として，その所在地を管轄する地方裁判所に移送しなければならない（同2項）。

なお，(2)，(3)，(4)は，専属管轄（合意による専属管轄を除く）の場合については適用されない（民訴20条）。

移送の裁判は決定で行い，これに対しては即時抗告ができる（民訴21条）。移送を受けた裁判所は移送の裁判に拘束され，事件を返送または転送することはできない（同22条1項・2項）。また，移送の決定が確定すると，訴訟は最初から移送を受けた裁判所に提起されたものとみなされる（同3項）。

Ⅳ　裁判所構成員の除斥・忌避・回避

制度の趣旨　裁判の公平・公正を保障するために，裁判官については憲法その他の法律で身分の保障がなされている。しかし，ある事件の担当裁判官が，その事件と特別な関係にあり，このような一般的保障だけでは公正・公平な裁判が期待できない場合には，裁判に対する国民の信頼を確保するために，その裁判官を当該事件の職務執行から排除する必要がある。そ

> **☕ オアシス 2-1　知的財産高等裁判所**
>
> 　司法制度改革の一環として，知的財産高等裁判所設置法（平成16法119）が平成17年4月1日より施行され，東京高等裁判所に，知的財産に関する事件を専門的に取り扱うための特別の支部として知的財産高等裁判所（知財高裁）が設置された。すでに，平成15年の民訴法改正により，特許権等に関する訴えについては控訴審レベルで東京高裁の専属管轄化が図られていたが，この知財高裁は，独自の司法行政権限を伴う独立した裁判所として集中的に知財事件を扱うことにより，より迅速で適正な裁判および判決の統一が期待され，またその名称によるアナウンスメント効果は，日本国内にとどまるものではない。すでに，いわゆる「大合議」と呼ばれる5名の裁判官による合議体（民訴269条の2・310条の2）で審理された事件は，平成24年3月現在で6件あり，それらの判決の全文は知財高裁のウェブサイトで紹介されている（なお，知財高裁の控訴事件数は平成22年に104件であり，その平均審理期間は8.5か月であった）。また，知財高裁の創設と並んで，知財事件についての審理の一層の充実と迅速化を図るために，裁判所調査官の権限が拡大・明確化され（同92条の8），これに伴いその中立性確保のために除斥・忌避・回避の制度が準用されることになった（同92条の9。なお，平成21年7月現在で裁判所調査官は知財高裁に11名いる）。さらに知財高裁ではその審理に専門委員を関与させており，特許・実用新案に関する審決に対する取消訴訟では，第2回目の弁論準備手続の期日（当事者が技術説明を行う期日）に，通常3名の専門委員から説明を聴くとされている。このように，知的財産権訴訟では，特定の技術分野の専門家である専門委員と，一般的な技術知識をもち，特許・実用新案の手続にも精通した裁判所調査官が協力して裁判官をサポートしている。なお，さきに述べた知財高裁のウェブサイトは，日本語の他，英語，フランス語，ドイツ語，中国語そして韓国語の5か国語のページがあり，国際的な情報発信にも努めている。

のための制度が除斥・忌避・回避である。この制度は，裁判官だけでなく，裁判所書記官（民訴27条），専門委員（同92条の6），裁判所調査官（同92条の9）および参与員（人訴10条）についても準用される。

除　斥　民訴法23条1項に列挙される事由があると，当該裁判官は法律上当然にその職務から排除される。それにもかかわらず職務を執行する場合には，除斥の裁判が行われるが，除斥決定により除斥となるのではなく，除斥原因のある裁判官が行った訴訟行為は除斥決定の有無にかかわらず無効である。除斥原因として列挙されているのは，裁判官が事件の当事者と特殊な関係にある場合，すでに事件の審理に関係し，さらに当該事件の審判に関与すると訴訟法の原則にふれる場合である。

📖 オアシス 2-2　国際裁判管轄

「民事訴訟法及び民事保全法の一部を改正する法律」(平成23年法律第36号。以下「改正法」といい，条文は改正後の民事訴訟法の条文をいう)により，国際裁判管轄の存否を判断する基準を定めた規定が新設された(3条の2～3条の12)。改正法は，具体的な訴え類型ごとに日本の裁判所が国際裁判管轄を有する場合を定めており，管轄の存否が問題となる民事訴訟の適正かつ迅速な解決を図り，また消費者契約及び労働関係に関する訴えについての特則を設けて消費者および労働者の権利を保護する。

改正法は，初めに訴えの類型にかかわらず生じる国際裁判管轄について規定し(3条の2)，次に，訴えの類型ごとの国際裁判管轄を規定する。たとえば，契約上の債務の履行の請求を目的とする訴えは，契約において定められた債務の履行地が日本国内にあるときは，日本の裁判所に提起することができる(3条の3第1号)。また，財産権上の訴えにおける金銭の支払請求訴訟は，強制執行の実効性を考慮して，被告の差押可能財産が日本国内にあるときは，日本の裁判所に提起できる(3条の3第3号)。さらに，不法行為に関する訴えは，不法行為地である日本に証拠方法が存在し，被害者にも便宜であることから不法行為地が日本国内にあるときは日本の裁判所に提起できる(3条の3第8号)。

また，改正法は，消費者と事業者，そして労働者と事業者との間に存する経済力および交渉力の格差，さらには国際的な事案における法令や言語の相違による消費者または労働者の訴訟追行の困難さを考慮して，消費者契約および労働関係に関する訴えの国際裁判管轄について特則を設け，消費者が事業者に対する訴えを提起する場合は，消費者契約締結時の消費者の住所または訴え提起時の消費者の住所が日本国内にあれば，日本の裁判所に訴えを提起することができるとし(3条の4第1項)，事業者が消費者に対して訴えを提起する場合は，3条の3は適用されず(3条の4第3項)，原則として消費者の住所地のある日本の裁判所に訴えを提起しなければならないとする。なお，個別労働関係民事紛争に関しても同様な規定を置く(3条の4第2項)。

さらに改正法は，当事者による国際裁判管轄の合意を原則として有効とするが(3条の7第1項)，消費者契約においては，消費者は国際裁判管轄についての約款の条項の意味を十分に理解せずに契約することが多く，また契約時に消費者がそのような条項の削除を事業者に求めることは事実上困難なことから，消費者契約に関する紛争を対象とする事前の国際裁判管轄の合意を原則として無効とする(3条の7第5項)。

忌避　除斥原因以外に裁判官が不公正な裁判をするおそれがあるときは，当事者の申立てにより，裁判によって，当該裁判官はその職務から排除される(民訴24条)。たとえば，裁判官が当事者の一方と親友あるいは仇敵であったり，事件の勝敗について経済的な利害関係がある場合には，その裁判官について「裁判の公正を妨げるべき事情」があり，忌避できる。もっ

とも，判例はこの事情を狭く解しており，裁判官が当事者の一方の訴訟代理人の女婿である場合に忌避は認められないとする。なお，裁判官の訴訟指揮により不利益を受けたとの理由は忌避事由とはならない。忌避および除斥の申立てがあれば，急速を要する行為（証拠保全など）を除いて，その裁判が確定するまで訴訟手続を停止しなければならない。ただし，手続の停止による訴訟の引き延ばしのための忌避の申立てについては，忌避権の濫用として当該裁判官が自らその申立てを却下できる。

回 避　裁判官が，自分に除斥・忌避事由があると考え，自発的に職務執行を避けることをいう。回避のためには，監督権のある裁判所の許可を得なければならない（規則12条）。

第3章
当 事 者

I 当事者

訴訟当事者の概念

(1) **形式的当事者概念** 誰が訴訟当事者であるかについて，不法行為に基づく損害賠償請求の訴えや消費貸借契約に基づく貸金返還請求の訴えのような権利者（債権者）が原告となり権利侵害者（債務者）を被告とする古典的な給付の訴えしか想定していなかった古い時代においては，権利者と権利侵害者のみが当事者となることができ，その主張さえあれば当事者であると考えられた（実体的当事者概念）。しかし，その後，権利関係の主体でなくても確認の利益や法律の定めにより正当な当事者になりうる確認の訴えや形成の訴えが認められるようになり，給付の訴えにおいても権利関係の主体以外の者（たとえば破産管財人などの財産管理人）による他人の権利関係に関する当事者としての訴訟追行（第三者の訴訟担当）が認められるようになると，訴訟当事者とは，自己の名において訴え，またはその相手方として自己の名において訴えられる者であり，かつ，判決の名宛人をいうと一般に解されるようになった（形式的当事者概念）。この形式的当事者概念によれば，当事者は自己の名において訴訟活動を行う者である点で，当事者本人の名においてその者に代わって訴訟活動を行う訴訟上の代理人と区別され，判決の名宛人である点でそうでない補助参加人と区別される。また，形式的当事者概念のもとでは，権利関係の主体ではおよそありえない第三者が他人の権利関係を自己の名において当事者として訴えまたは訴えられることが可能となることから，誰が正当な当事者であるかに関わる当事者適格の概念が正当でない当事者の無益な訴えを却下判決により排斥するために重要な意義を有する。

(2) 二当事者対立構造　民事訴訟では，原告対被告（控訴人対被控訴人，上告人対被上告人）という相対立する二当事者が存在することが不可欠であり，それが必ずしも不可欠ではない非訟手続と異なる。そこでは，二当事者を訴訟の主体として訴訟手続に関与させる基本構造が採られており，これを二当事者対立構造という。この基本構造により，いったん訴訟が係属した後でも，たとえば相続や法人の合併により一方当事者が相手方当事者の承継人になった場合には，訴訟係属は当然に終了する（大判昭10・4・8民集14巻511頁）。また，当事者は原告か被告のいずれかの側につくのが原則であり，共同訴訟もその例外ではない。ただし独立当事者参加について，旧法の下では，その訴訟構造について三面訴訟説に立ち，二当事者対立構造の例外と解するのが通説であったが，現行法のもとで参加人による当事者の一方のみを被告とする訴えたる片面参加が認められた（民訴47条1項）ことから，その訴訟構造が二当事者対立構造の例外であるかが問題となっている（本書223頁以下参照）。

　(3) 当事者権　訴訟当事者はまた，裁判所と並ぶ訴訟主体であるから，それにふさわしい主体的な地位ないし手続保障が認められており，このように訴訟当事者が訴訟主体たる地位において手続上認められている諸権利を当事者権という。当事者権には，たとえば，移送申立権（民訴16条・17条），除斥・忌避申立権（同23条2項・24条1項・27条），訴訟代理人選任権（同54条），訴状・判決の送達を受ける権利（同138条1項・255条），期日指定申立権（同93条1項），期日の呼出しを受ける権利（同94条），求問権（同149条3項），責問権（同90条），訴訟記録閲覧権（同91条）のような訴訟手続面の諸権利もあれば，処分権主義のもとで審判対象を自己決定できる権利（同246条）および訴えの取下げ，請求の放棄・認諾，訴訟上の和解による訴訟終了の処分権（同261条・267条），判決の基礎となる裁判資料を提出する権能たる弁論権および不利な裁判に対する通常の不服申立権たる上訴権（同281条・311条など）などのような訴訟の内容面の諸権利もある。また，訴訟当事者は，訴訟主体としてそれにふさわしい当事者権が保障されているからこそ，既判力等の判決効に拘束されることが正当化されるということができる。逆に，そのような当事者権の保障をまったく欠いている訴訟当事者には既判力等の判決効を及ぼすことが正当化できるかが問題と

なるとともに，そもそもかかる者を訴訟当事者と呼びうるのかさえも最近では問題視されてきている。そうしたなかで，訴訟当事者とは単に自己の名において訴えまたは訴えられることにより，判決の名宛人になる者であるだけでなく，訴訟主体として手続に関与して利益主張をする地位と機会を保障された者であるとして訴訟当事者の概念を当事者権の概念と関連づけて形式的当事者概念を事実上修正する見解も有力になってきている。

当事者の確定　**(1) 意　義**　当事者の確定とは，具体的な訴訟において誰が当事者であるかについて不明確な場合に裁判所が判断する行為をいう。現実に提起された訴訟において誰が当事者であるかは，処分権主義のもとで原告が当事者を特定する権能を有することを前提に，訴状の表示により明らかであるので通常問題になることはない。しかし，それが明白でない場合には裁判所が確定しなければならない。かかる当事者の確定の意義として，第1に，当事者の確定により確定された当事者についてまず訴状等の送達の名宛人は誰かが問題になるし，続いて当事者能力・訴訟能力・当事者適格の有無が順次問題となり（それらを欠く訴えは訴訟要件を欠くため不適法として却下される），さらに判決の既判力が原則として及ぶ判決の名宛人たる当事者は誰かが問題になるなど，訴訟のあらゆる段階において，訴訟手続の進行に際し訴訟主体たる当事者の地位に認められる訴訟上の諸効果の判断基準として問題になる。第2の意義は，氏名冒用訴訟，死者を被告とする訴訟（死者名義訴訟），当事者の誤った記載など例外的に生じる具体的な問題の処理と関連して問題になる。もっとも，当事者確定の固有の問題は基本的に第1の意義の問題のみであり，第2の意義の問題に関しては，訴訟係属中であれば（任意的）当事者変更の問題，判決確定後であれば判決効等の問題としてとらえるべきであるとする近時の有力説（確定機能縮小説）もあるが，通説は従来からいずれも当事者確定の固有の問題であると解している。

(2) 確定の基準　具体的な訴訟において誰が現に訴訟当事者であるかをいかなる基準で確定するかという当事者確定の基準については，従来から判例・学説上種々の見解が登場し対立していた。訴状の当事者欄の表示を基準とする形式的表示説，訴状の当事者欄のみならず請求原因欄を総合的に斟酌する実質

的表示説（通説），原告の意思を基準とする意思説，当事者の行動を基準とする行動説，適格者が誰かを訴訟の段階に応じて斟酌する適格説，訴訟開始段階では行為規範の観点から表示説を採用しつつ，訴訟係属中や判決確定後など当事者確定が後で問題となった段階では評価規範の観点から当事者適格や原告の意思や手続保障の有無をも考慮する規範分類説（少数有力説）などがある。このような見解の対立は，主として前述した当事者確定の第2の意義とのかかわりにおいて問題となる。

　たとえば，①夫Aが妻Bに対して離婚の訴えを訴状にBを被告と表示しつつBの住所欄に自分の愛人Cの住所を偽って記載して提起し，CはBの名を名乗って出廷して訴訟追行し，BはAの訴えをまったく関知することなく訴訟手続が進行した（被告側の）氏名冒用訴訟において，氏名冒用の事実が訴訟係属中に判明した場合およびA勝訴判決の確定後に判明した場合（確定判決の騙取ないし不当取得の一場合）に誰が訴訟当事者であるかが問題となる。通説たる実質的表示説によれば，被冒用者Bが訴訟当事者であり，それに対するBの救済手段として，訴訟係属中に判明すれば，通常の場合Cを訴訟への関与から排除してBとの手続を最初からやり直すか訴えを却下することになる（ただし，被冒用者Bの追認により従前の手続を有効とすることも可能）。判決確定後に氏名冒用の事実が判明した場合には，再審の訴え（民訴338条1項3号）が認められることについては争いがないが，判決の無効に基づく新訴提起が認められるかについて，伝統的通説は否定するが，これを認める有力説もある。さらに，手続保障をまったく欠く被冒用者Bはもはや民訴法115条1項1号にいう被告（当事者）であるとはいえない（却って冒用者Cが被告である）とする有力説もある。

　また，②AのBに対する訴えにおいてBが訴え提起前に死亡しており，それが訴訟係属中あるいは判決確定後に判明した場合である死者名義訴訟（死者を被告とする訴訟）において誰が被告（当事者）かが問題となる。通説たる実質的表示説によれば，つねに被告は死者Bであり，訴訟係属中に判明した場合にはBが死者であるため当事者能力を欠き訴え却下，判決確定後は死者Bを当事者とする無効な判決となるが，とりわけBの相続人Cが事実上応訴していた場合に訴訟経済や紛争の実効的解決，公平の観点から不都合が生じる。そこで，通

説の立場からかかる不都合を回避するために，訴訟係属中にBの訴え提起前の死亡の事実が判明した場合には例外的に当事者の表示の訂正や黙示の受継による訴訟（当然）承継の類推によりCを当事者と扱う見解，および，判決確定後に前述した事実が判明した場合も例外的に信義則・訴訟承継の類推等によりCに判決効を及ぼす見解が主張されている。他方で，かかる結論を整合的・統一的に説明し正当化するために，固有の当事者確定の問題ではないとする(1)で述べた確定機能縮小説，および当事者確定の基準について行為規範・評価規範の複数の観点から二重の基準を認める規範分類説などが主張されている。

判例は，表示説に立つことを明言する裁判例が少なくないが，それと矛盾する判例（死者名義訴訟に関する大判昭11・3・11民集15巻977頁等）もあり，首尾一貫性を有しているかについて議論がある。

(3) **当事者の確定と当事者の表示の訂正**　当事者の表示の訂正とは，通説によれば，確定された当事者の表記と訴状等の当事者欄の記載の表記が食い違っている場合に，前者の方に表示を訂正するものであり，表記の誤りにすぎないから，いつでもすることができ，従前の訴訟状態はそのまま効力を維持される。かかる表示の訂正は，確定された当事者と当事者の同一性を有する場合にのみ認められる点で，当事者の同一性を有しない場合に認められる任意的当事者変更（本書230頁参照）と区別される。もっとも，前述したように，死者名義訴訟における②の例のようにBとCで当事者の同一性を厳密には異にするにもかかわらず，確定された当事者をCと解することによりBからCへの表示の訂正の可能性を認める見解も有力であり，当事者の同一性があるかどうかの判断は，微妙なケースでは手続保障の有無など当該訴訟の具体的状況を斟酌すべきであると解されている（大阪地判昭29・6・26下民集5巻10号1787頁が，「株式会社栗田商店代表取締役栗田末太郎」という振出人の記名捺印がある約束手形の所持人が提起した手形金請求訴訟において，訴状の被告の表示を「株式会社栗田商店こと栗田末太郎」から「栗江興業株式会社右代表取締役栗田末太郎」と変更した場合に表示の訂正を認めたのがその一例である）。

II 当事者能力

意義　当事者能力とは民事訴訟の訴訟当事者となることができる一般的な資格をいう。当事者能力は，原則として民法にいう権利能力に対応し，事件の内容および訴訟物と無関係に判定される一般的な資格である点で，訴訟物との関係で誰が正当な当事者であるかを問う個別具体的な資格である当事者適格と異なる。

当事者能力を有する者　(1) **原則として当事者能力を有する者**　原則として当事者能力を有する者は実体法上権利能力を有する者（民訴28条），具体的には，自然人および法人をいう（民3条1項・34条）。なぜなら，民事訴訟は私人間の権利義務をめぐる紛争を扱うものであり，訴訟当事者になることは処分権主義との関係では訴訟物たる法律関係についての処分を意味するので，訴訟物たる法律関係の主体になりうる権利能力者に当事者能力を認めるのである。自然人では胎児も，民法の範囲内で当事者能力を有する。法人では解散または破産になった法人も，清算の目的の範囲内で存続し訴訟もありうるので，それらの手続中は当事者能力を有する。他方，死者は権利能力と同様に当事者能力を欠くし，「動物原告裁判（自然の権利訴訟）」における動物（自然）についても，動物（自然）は自然人でも法人でも例外たる「法人でない社団・財団」でもないので，当事者能力を有しないと一般に解されている。

(2) **法人でない社団・財団**　例外として当事者能力を有する者は代表者または管理人の定めがある「法人でない社団・財団」（民訴29条）である。その趣旨は，実際に社会的な活動をしている紛争主体たる団体を訴訟上もそのまま当事者と扱う方が取引の実態に即し，相手方や社団・財団の構成員の便宜にかなう点に求められている。なお，仮に法人でない団体に当事者能力が認められない場合には，団体の構成員全員を原告または被告とする固有必要的共同訴訟となるか，選定当事者（同30条）か明文のない任意的訴訟担当の利用により構成員の一部のみを当事者（原告または被告）とすることになる。

「法人でない社団」に当事者能力が認められるための要件について，判例（最

判昭39・10・15民集18巻8号1671頁等）によると，①団体としての組織を備え，②多数決の原則が行われ，③構成員の変更にかかわらず団体そのものが存続し，④その組織において代表の方法，総会の運営，財産の管理その他団体としての主要な点が確立していなければならない（判例4要件）。ここで問題となるのは財産的独立性が独立の要件として必要かについてであるが，判例（最判平14・6・7民集56巻5号899頁）によれば，団体が固定資産ないし基本的財産をもっている必要はなく，対外的に活動するに必要な収入を得る仕組みが確保され，かつ，その収支を管理する体制が備わっておれば足りるとしている。ここにいう財産的独立性を固有財産と同じ意味においてとらえるならばこの要件は不要であることになるが，財産的基盤の確立で足りると緩やかにとらえるならばこの要件がその限りで必要と解する余地もあり，財産的独立性の要否についてその意味内容と関連して見解が対立している。

　民法上の組合に民訴法29条にいう「法人でない社団」に該当し当事者能力を有するかについても，判例・学説上見解の対立がある。否定説によれば，同29条にいう「法人でない社団」とは権利能力なき社団（人の結合体で，構成員から独立した独自の財産を有する団体）であり，民法上の組合（組合契約に基づき個性の強い構成員の意向を反映して運営される集合体）とは異なるので両者を峻別できることを前提に否定する。これに対して，判例（最判昭37・12・18民集16巻12号2422頁）・多数説は，民法上の組合と権利能力なき社団の中間的な団体が数多く存在し両者の峻別は困難であるので，両者の区別の判断の誤りを当事者（特に相手方）に負わせるのは酷であるとして肯定説に立っている。

　ところで，法人でない団体に属する不動産について団体名義の登記や団体の代表者である旨の肩書を付した代表者名義の登記をすることができるかについて，肯定すべきとする見解も学説上有力ではあるが，判例（最判昭47・6・2民集26巻5号957頁）・登記実務は，これを否定し，権利能力なき社団についてその代表者であるか否かを問わず個人名義の登記しか認めないし，民法上の組合でも代表者個人名義か組合員の共有名義しか認めない。また，法人なき社団が自己の名においてその代表者個人名義への登記請求を認めることができるかについても，判例（前掲最判昭47・6・2）は，団体に登記能力がない以上，自己

の名における登記請求もできないとする。さらに，同29条により法人でない社団に当事者能力が認められた場合には，当該社団は判決の名宛人となることができる（その点については異論がない）が，その社団に当該事件のかぎりで権利能力が認められるかについては，伝統的通説は肯定するものの，判例（最判昭55・2・8判時961号69頁，最判平6・5・31民集48巻4号1065頁）・少数有力説はこれを否定し，社団に属する財産はその構成員に総有的に帰属すると解している。

さらに，法人でない社団を当事者とする訴訟において，当該社団に対して既判力・執行力が及ぶのは当然である（民訴115条1項1号）。問題は，団体の構成員に対しても既判力等の判決の効力が及ぶかについてであり，伝統的通説はこれを否定するが，判決の効力が構成員にも拡張されると解するのが判例（前掲最判平6・5・31）・有力説である。

当事者能力の訴訟上の扱い　当事者能力は訴訟要件であり，職権調査・職権探知事項である。そこで，当事者能力を欠く訴えは不適法として却下される。なお，当事者の一方が当事者能力の欠缺を看過して判決をした場合の取扱いについては，判決確定までは上訴による取消しができるが，判決確定後は再審の訴えは提起できず，内容上の効力を有しない無効判決であると一般に解されている。

III　訴訟能力

意義　訴訟能力とは自ら単独で訴訟行為を有効になし，または訴訟行為の相手方として有効に受けるために必要な能力をいう。当事者能力を有する当事者について訴訟能力の有無が通常問題になるが，補助参加人も自らの名において訴訟行為をする者であるから，訴訟能力が要求される。当事者能力が民法でいう権利能力に対応するのに対して，訴訟能力は民法でいう行為能力に対応する。その根拠は，民訴法28条の条文のほか訴訟は実体的権利の形成・処分のプロセスとしての側面を有するからである。したがって，民法上権利能力を有するが行為能力を有しない未成年者は民訴法上も当事者能力を有

するが訴訟能力を有しない。また，例外的に民法上行為能力を有する未成年者は，民訴法上も訴訟能力を有する。

訴訟無能力者・制限的訴訟能力者　未成年者・成年被後見人の民訴法上の地位は，取引行為が問題となる民法上の地位と異なり，別段の定め（民訴31条）により，法定代理人によらなければ訴訟行為をすることができない（絶対的）訴訟無能力者であり，しかも未成年者等の訴訟行為は取り消しうるのではなく無効でありかつ法定代理人による追認が可能である。なぜなら，訴訟追行行為は取引行為以上に複雑さを伴い，高度の判断能力を有するために訴訟無能力者の保護を図る必要があり，訴訟行為につき個別的に同意に基づく訴訟能力を認めたり取り消しうるとしたりするのは手続を不安定にするからである。意思無能力者の訴訟行為も無効である（最判昭29・6・11民集8巻6号1055頁は，12〜13歳程度の精神能力の成年者がした控訴の取下げを意思無能力者の訴訟行為にあたり無効であるとした）。

他方，被保佐人や被補助人は制限訴訟能力者であり，自ら訴訟行為をすることができるが，保佐人や補助人の同意が原則として必要であり，（民13条1項4号・17条1項），さらに，訴訟を終了させるような行為（訴え取下げ，訴訟上の和解など）をするには，かかる行為の重大性に鑑み，保佐人や補助人の特別の授権が必要である（民訴32条2項）。他方，被保佐人や被補助人が，相手方の提起した訴えまたは上訴について訴訟行為をする場合には，保佐人や被補助人の同意は不要である（同1項）。

訴訟能力等を欠く場合の取扱い　訴訟能力は個々の訴訟行為の有効要件であり，訴訟能力を欠く者による訴訟行為またはこの者に対する訴訟行為は無効である。他方，訴え提起や訴状の受領の段階から訴訟能力を欠くときは，訴訟能力は訴訟要件でもあるので，訴えは不適法として却下される。

以下，具体例をあげて説明する。

たとえば，未成年者であるＡがＢに自動車を売却したが，約束の期限が過ぎてもＢが売買代金を支払わないので，Ａは自らＢに対して売買代金の支払を求めて訴えを提起するとともに訴訟行為も行ったとする。Ａが意思能力を有する未成年者であることが第一審の訴訟係属中に判明した場合，従前のＡの訴訟行

為やBの訴訟行為は無効となるが，Aの法定代理人Cの追認によりAの訴訟行為を有効とすることは可能である。なぜなら，これを認めても訴訟無力者の訴訟行為が必ずしも本人に不利とは限らないので，訴訟無能力者の保護に欠けるわけではないし，相手方や裁判所の期待を裏切ることもなく，却って訴訟経済に資するからである。そこで，Aが未成年者であることが第一審の訴訟係属中に判明した場合における裁判所の取扱いとして，期間を定めて補正を命じ（民訴34条１項前段），Aの法定代理人Cに対し従前のAの訴訟行為の追認（同２項）をするか否かを問う措置を採るべきである。そして，それにCが応じて追認した場合，裁判所は審理を継続できるが，応じない（Cの追認がなく訴訟能力の欠缺が補正されない）場合，訴訟能力は訴訟要件であり，訴訟能力を欠くAの訴えにより訴訟係属自体が不適法となるため，訴えを却下する措置を採るべきことになる。

　仮に第一審裁判所はAが訴訟無能力者であることが判明しないままBを勝訴させる本案判決を言い渡し，この判決に対してA自ら単独で控訴し，控訴審でAが未成年者であることがようやく判明した場合，Aの控訴を不適法として却下すべきかが次に問題となりうるが，却下すべきでないと一般に解されている。その理由は，不適法として却下すると第一審が確定してしまい控訴の機会を奪われて，訴訟無能力者たるAの利益がかえって害されるし，Aが控訴審で争いたいのなら法定代理人を通して争う機会を保障すべきだからである。

　そこで，かかる場合に控訴審裁判所がAの控訴にどのように対応すべきかが問題となる。少数有力説は，未成年者であることを相手方Bに言わなかったA側に手落ちがあり，Bとの公平を重視して，第一審に差し戻して補正を命じるのは労力と時間がかかり訴訟経済に反するので，従前の手続を活かすべきであるとして，控訴審において訴状の補正を命じるべきであるとする。これに対して，多数説は，訴訟能力を欠くA本人の控訴を適法で有効としたうえで，訴訟能力等の欠缺を看過しているときは原判決を取り消し，訴訟無能力者Aに第一審での補正の機会を与え審級の利益を保障すべきであるため，第一審に差し戻すべきであるとする。訴訟能力制度はもともと訴訟能力に欠ける者の保護に傾斜した制度であるという制度趣旨を主な根拠とし，加えて，最判昭45・12・15

民集24巻13号2072頁が，法人の代表者に誤りがあるときに第一審での補正のため第一審への差戻しを命じていることとのバランスも副次的な根拠とする。

　最後に，仮にAが未成年者であることを第一審裁判所が看過してなされたA敗訴の本案判決は有効かについて，判決の法的安定性を重視して上訴・再審により取り消されない限り本案判決は有効であると解する多数説と訴訟無能力者たるAの手続保障を重視して，上訴・再審による取消しのほかに，当該判決は既判力等の内容上の効力を有しない判決無効とする余地を認める説に見解が分かれている。後説によれば，再審のルートによらなくてもAは法定代理人Cの訴訟行為により新訴で争えることになり，訴訟能力を欠くAの保護により厚い反面，判決無効の要件は不明確なので法的安定性を害するとの批判もありえよう。

IV　弁論能力

　弁論能力とは，法廷において現実に訴訟行為をするための資格をいう。訴訟能力が未成年者などの訴訟無能力者たる当事者等の保護のための制度であるのに対して，弁論能力は主に訴訟手続の円滑迅速な進行や司法制度の健全かつ効率的な運営のための制度である。したがって，当事者本人のみならず代理人，補助参加人等においても問題となる。弁護士強制主義は弁論能力を弁護士に限って認める制度ということができるが，わが国が採用する本人訴訟主義のもとでは訴訟能力を有する者は弁論能力をも有するのが原則である。それゆえ，訴訟代理人の選任によっても当事者本人の弁論能力が失われるわけではなく，当事者は事実に関する代理人の陳述を直ちに取り消し，更正することができる（更正権，民訴57条）。もっとも，個別具体的な訴訟において当事者等が事案の解明のための十分な弁論をすることができず，その者を相手にしていては手続の円滑な進行が達せられない場合には，その者は弁論能力を欠くとしてその者の陳述を禁止するとともに，陳述の禁止により現実の訴訟追行が不可能となることを避けるため，裁判所は弁護士の付添いを命じることもできる（同155条）。なお，裁判所は弁論能力を欠く者を訴訟から排除し，その訴訟行為を無視する

ことができる。

V 訴訟における代理・代表

訴訟と代理 　訴訟上の代理とは，訴訟当事者または補助参加人の名において，代理人が代理人たることを示して，当事者本人の代わりに自己の意思決定に基づいて訴訟行為をしたり，相手方当事者や裁判所の訴訟行為を受け，その行為の効果を直接本人に帰属させる制度である。単に他人の訴訟行為を伝達したり受領するだけの者は，自らの意思決定によって行為しないので，代理人ではなく使者である。

　代理制度は，私的自治の補充と拡張のために，民法その他の実体法に導入されているが，訴訟手続においても重要な法制度である。単独で有効に訴訟行為をなし得ない訴訟無能力者（未成年者・成年被後見人）には，その者に代わって訴訟行為をしなければならない法定代理人が不可欠である。また，訴訟能力者であっても，訴訟追行には専門的な素養がないと困難を伴うから，法律専門家である弁護士等に訴訟追行を委任することができると，充実した訴訟活動が可能になるし，煩わしい訴訟手続から解放される当事者本人は安心して日常生活に専念することができる。さらに，訴訟上の代理は，より迅速かつ円滑な審理を実現するためにも重要な役割を果たす。審理の効率化を図るためには，専門的な知識が充分でない故に雑然とした訴訟追行に終始してしまう当事者本人に代えて，法律専門家を訴訟代理人として関与させる必要が生ずるからである（民訴155条2項参照）。

　ところで，訴訟上の代理人は，その地位および権限の根拠が法律で定められている法定代理人と，当事者本人の意思に基づく任意代理人に大別される。

法定代理人 　これには，実体法上の法定代理人，訴訟法上の特別代理人，そして個々の訴訟行為についての法定代理人（民訴102条3項）の3種類がある。以下では前二者について説明する。

　(1) 実体法上の法定代理人　　実体法上，法定代理人の地位にある者は，訴訟法上も法定代理人となる（民訴28条）。したがって，未成年者については親権

者（民824条）または未成年後見人（民838条1号・839条〜841条）が訴訟法上，法定代理人となり，成年被後見人については成年後見人（民838条2号・843条）が法定代理人となる。また，民法上の特別代理人も訴訟法上の法定代理人となるのが原則であり，不在者の財産管理人（民25条以下），親権者と子間および後見人と被後見人間の利益相反の場合に家庭裁判所が選任する特別代理人（民826条・860条），相続財産管理人（民936条1項，家審規106条・116条）などが訴訟法上の法定代理人となる。

(2) **訴訟法上の特別代理人**　民事訴訟法の規定に基づいて，裁判所が個々の訴訟事件のために選任する法定代理人である。たとえば，未成年者または成年被後見人に法定代理人がいない場合，あるいは，いたとしても利益相反などを理由に代理権を行使し得ない場合には，それらの者に宛てて有効に訴訟行為をすることができず，相手方当事者の権利行使の途が閉ざされてしまうおそれがあることから，受訴裁判所の裁判長は，申立てに基づいて遅滞による損害を避けるために特別代理人を選任することができる（民訴35条1項）。また，証拠保全の申立てをする際に相手方を指定することができない場合にも，裁判所は同様の措置を講ずることができる（同236条）。

(3) **法定代理人の地位と権限**　法定代理人は当事者本人の名において訴訟行為を行うので，その効果はすべて本人に帰属し，人的裁判籍（民訴4条1項）や除斥原因（同23条1項1号・2号）なども本人を基準にして判定される。しかし，法定代理人は当事者本人との一体性が強いので，本人に準じて扱われることが少なくない。たとえば，訴状および判決書には本人と並んで表示されるし（民訴133条2項1号・253条1項5号），訴訟書類の送達は法定代理人宛てになされる（同102条1項）。また，本人に代わって出頭命令を受けることがあり（民訴151条1項1号，規則32条1項），法定代理人の尋問は当事者尋問手続に拠らねばならない（民訴211条）。さらに，その死亡または代理権の消滅は，訴訟手続の中断事由となる（同124条1項3号）。

法定代理権の範囲は，民事訴訟法に別段の定めがない限り，民法等の規定に拠る（民訴28条）。複数の法定代理人が存在し共同代理の定めがある場合，相手方および裁判所の訴訟行為の受領は単独でできる（同102条2項参照。ただし，期

日呼出状の送達については，共同代理人全員に対して行うべきと解するのが通説）が，法定代理人からの積極的な行為は，原則として全員でしなければならない。

　法定代理権の消滅も民法等の定めるところに拠る。すなわち，本人の死亡（民111条1項1号），代理人の死亡または破産手続開始の決定もしくは後見開始の審判を受けたこと（同項2号），または法定代理人でなくなること（民844条・846条・847条，民訴35条2項）によって消滅する。ただし，手続の安定を図るため，代理権消滅の訴訟法上の効果は，訴訟能力を取得・回復した本人または新旧代理人のいずれかが相手方に通知しなければ発生しない（民訴36条1項）。

法人等の代表者　　法人等を当事者とする訴訟は，その代表者によって追行される。法人等の代表者とは，法人等の代表機関として，法人等の名で自己の意思決定に基づいて行為をする者で，具体的には一般社団法人の理事（一般法人77条），株式会社の取締役（会社349条），持分会社の業務執行社員（同599条），清算株式会社の清算人（同483条）などであり，その行為の効果は法人等に帰属する。法人等の代表者には，法定代理人に関する規定が準用され（民訴37条），法定代理人に準じた地位と権限が与えられる。

　ところで，法人に対して訴えを提起する場合，原告は，その代表者を登記簿の記載（会社911条3項14号など）に従って確定するほかない。しかし，代表権を有しない者が代表者として登記されていた場合，登記内容を信頼して提起された訴えの適法性や代表権のない者に対してなされた訴訟行為の有効性が問題となる。判例（最判昭45・12・15民集24巻13号2072頁）は，訴訟手続への表見法理の適用を否定して，上記訴えを不適法とするが，学説は対立している。

訴訟代理人　　訴訟当事者によって訴訟追行のための包括的な訴訟代理権を与えられた任意代理人である。これには，訴訟委任に基づく訴訟代理人と法令上の訴訟代理人がある。

(1)　訴訟委任に基づく訴訟代理人　　当事者本人から特定の訴訟事件について訴訟追行の委任を受け，そのための包括的な訴訟代理権を授与された者である。簡易裁判所以外の訴訟手続において訴訟委任に基づく訴訟代理人になることができる者は，弁護士に限られる（民訴54条1項）。この弁護士代理の原則が採用されているのは，いわゆる三百代言から法律制度や訴訟手続に精通してい

ない当事者本人を保護するとともに，法律専門家の関与によって訴訟手続の円滑な進行を図ることにある。この原則に違反して非弁護士が訴訟代理人として行った訴訟行為の効果については，学説上争いがあり，有効説，無効説，追認説の対立がある。

(a) 訴訟代理権の範囲　民法の任意代理においては，代理権の範囲は，本人と代理人間でなされる代理権授与行為の解釈によって定まると理解されているのに対して，訴訟代理権の範囲は，包括的に法定されている（民訴55条1項）。そして，弁護士が訴訟代理人になる場合には，その範囲を制限することは禁じられている（同条3項本文）。

訴訟代理権の範囲が当事者本人の自由意思に基づいて画定されずに法定されている理由の1つは，訴訟手続の円滑な進行の実現と安定性の確保を図ることにあり，もう1つは，弁護士に対する一般的な信頼を基礎としている点にある。敷衍すれば，訴訟手続は一連の訴訟行為の連鎖により進行していくものであるが，個々の訴訟行為について裁判所がその都度，訴訟代理権の有無を確認することになれば，訴訟手続の円滑な進行が妨げられることになるし，審理がかなり進んだ段階になってから特定の訴訟行為の有効性が問題にされると，それまで継続的に行われてきた手続が無駄になる可能性も生ずる。そこで，訴訟代理権の範囲を包括的に法定するとともに，これを個別に制限することを禁じているのである。また，訴訟委任に基づく訴訟代理人は原則として弁護士に限定されているところ（民訴54条1項），弁護士であれば法律専門家として訴訟追行に関して適切な処置を行うことができるし，弁護士法をはじめとする各種規制に服し高度な職業倫理が求められていることから，弁護士に包括的な訴訟代理権を与えても依頼者の信頼を裏切ることはなく不利益をもたらすこともない，というわけである。

しかし他方で，反訴の提起，控訴・上告の提起，上告受理の申立ておよびこれらの取下げ，訴えの取下げ，異議の取下げおよびその同意，和解，請求の放棄・認諾，訴訟脱退，ならびに復代理人の選任に関しては，当事者本人に重大な結果をもたらすことから，その意思を個別に確認するため，別途授権を要するものとしている（民訴55条2項）。

(b) 訴訟代理人と当事者本人の手続上の地位　訴訟代理人は，訴訟委任を受けた訴訟の当事者ではなく，判決の名宛人とはならない（ただし，民訴69条）。証人や鑑定人になることはできる。他方，当事者本人は，訴訟代理人を選任した後も，当事者として自ら訴訟を追行する権能を失わない。そして，当事者本人が訴訟代理人とともに出廷し，訴訟代理人の事実上の陳述を直ちに取り消し，または更正した場合，当該陳述の効果は生じない（同57条）。

(c) 訴訟代理権の消滅　民法上の代理権と異なり，訴訟代理権は，当事者の死亡または訴訟能力の喪失，当事者たる法人の合併による消滅，当事者である受託者の信託に関する任務の終了，法定代理人の死亡，訴訟能力の喪失または代理権の消滅・変更，あるいは訴訟物についての訴訟追行権の喪失といった事由が生じても消滅せず（民訴58条1項），訴訟手続は中断しない（同124条2項）。これは，民法上の代理が本人と代理人との間の個人的な信頼関係を基礎に置いているのに対し，訴訟代理の場合は，委任事務の目的および範囲が明確で，かつ弁護士代理の原則が採られていることから，委任者やその承継人の信頼が裏切られるおそれは少ないと見てよいからである。上記の不消滅事由を除けば，訴訟代理権の消滅事由は，民法上の代理権のそれと同じである（訴訟代理人の死亡・後見開始・破産，委任の終了など）。また，訴訟代理権の消滅は，委任事件の終了の場合を除いて，相手方に通知しない限り，その効果を生じない（同59条・36条1項）。

(2) 法令上の訴訟代理人　法令の規定に基づいて，職務上，一定の地位に就くことにより，本人の一定範囲の業務について一切の裁判上の行為をする権限が認められている代理人である。その地位には本人が選任することによって就くことから任意代理人であるが，各種法令がその地位に包括的な訴訟代理権を与えている点に特徴がある。具体例として，支配人（会社11条1項，商21条1項），船舶管理人（商700条1項），船長（同713条1項・811条1項），協同組合の参事（中協44条2項，農協41条3項，水協45条3項），在外者の特許管理人（特許8条2項）などがある。

補佐人	当事者，補助参加人またはこれらの訴訟代理人に付き添って期日に出頭し，その陳述を補充する者である（民訴60条1項）。訴訟に

おいて高度の専門知識が要求される場合に，本人や訴訟代理人を補助して攻撃防御を展開するために認められる。補佐人は，弁護士である必要はなく，また簡易裁判所の訴訟代理人と同様に，訴訟能力者である必要もない。ただし，当事者または訴訟代理人に補佐人を付するには，各審級毎に裁判所の許可を受けることを要する。なお，この許可はいつでも取り消される（同2項）。

　補佐人の陳述は，当事者または訴訟代理人が直ちに取り消し，または更正しない場合，当事者または訴訟代理人が自らしたものと見なされる（民訴60条3項）。この取消し・更正の対象になる陳述は，事実に関する陳述に限定されない（同57条参照）。

第4章
訴訟費用・訴訟手続

I 訴訟費用

　裁判にかかる金を総称して，「訴訟費用」という。この中には，当事者が裁判制度を利用するために国庫に納付する手数料や，送達や証拠調べなどの費用として裁判所が各所へ支払いをする分を，当事者が裁判所へ予納する費用と（以上を裁判費用という），訴訟の準備や追行のために当事者自身が手元で支出する費用がある（当事者費用という）。

　これらの費用は，裁判所が税金から出すのではなく，個別事件の当事者が負担することになっている。これは一般に，受益者負担の考え方に基づいているといわれる。わが国の民事訴訟手続は「スライド制」といって，経済的に大きな事件を持ち込むほど利用料も上がる（民訴費3条1項・別表第1第1項）。

1 訴訟費用の負担

敗訴者負担の原則　訴訟費用は，手続を進めるにあたって，ひとまず各当事者が負担する。しかし，訴訟手続の終わりには，訴訟費用の負担について裁判が行われ，双方当事者にかかった訴訟費用を，最終的にどちらの当事者がどの程度負担すべきかが決まる。

　原則として，訴訟費用は敗訴者負担である（民訴61条）。つまり，勝訴当事者は敗訴当事者に，自分が先払いした訴訟費用の償還を請求できる。これは，敗訴当事者の故意や過失を問わない結果責任だと説明される。ただし，一部敗訴の場合をはじめ（同64条），裁判所の裁量により，訴訟費用の負担割合を決められる場合がある。勝訴当事者に不必要な行為があった場合（同62条）や，訴訟

☕ オアシス 4-1　弁護士費用の敗訴者負担

　弁護士費用を訴訟費用に含まない扱いには批判も多い。現実問題として，訴訟手続は専門的・技術的で，しかも自身の権利義務を賭けた重大なものである。そのため，当事者が弁護士を選任することは，事実上不可欠な場合が多い。それにもかかわらず，勝訴しても弁護士費用が自弁であれば，結果として当事者の権利は，弁護士費用の分だけ目減りしたのと同じではないか，との疑問が浮かぶ。

　近時の司法制度改革でもこの点は問題とされ，弁護士費用のうち合理的な範囲に限って，しかも両当事者の合意を要件として敗訴者負担とする法案が国会に提出されたこともあるが，日本弁護士連合会などの反対にあって，廃案となった。

　判例はどうか。嫌がらせ訴訟のような場合に，その相手方が弁護士費用の賠償を請求できる点については，判例・学説とも異論がない。そのほか判例は，不法行為の場合に，その不法行為と相当因果関係に立つ損害として，弁護士費用の一部の請求を認めた（最判昭44・2・27民集23巻2号441頁）。しかし，金銭債務の不履行における損害賠償請求事件で，判例は被告への弁護士費用の請求を認めなかった（最判昭48・10・11判時723号44頁）。

　弁護士費用の敗訴者負担には現在でも賛否両論がある。ここでは，判例の態度を手がかりとして考えを進めてみよう。

　両者の判例は，何が決め手となって結論が分かれたのだろうか。1つの説明として，債務不履行はその前提となる債権債務の発生に権利者自身がかかわっており，不履行のリスクもあらかじめ計算の上で行動できるから，後になってそのコストを相手方に負わせるべきでない，しかし，そのようなあらかじめの予測ができない不法行為では，権利実現のためのコストを相手方に負わせてよい，というものがある。

　この理屈を貫いてゆくと，弁護士費用の負担を要求できるのは，不法行為だけに限られない。一例として，たとえ契約関係が前提にある債務不履行の損害賠償請求事件であっても，それが消費者法の分野で，消費者が事業者を訴えたようなケースを考えてみよう。個々の消費者が，事業者の債務不履行リスクをあらかじめ計算して契約を締結するというのは，消費者法の予定する「消費者」のあり方ともそぐわないし，現実的にも考えにくい。こうした場合であっても，弁護士費用を相手方に請求できる，という結論になるのではないか。

を遅滞させる行為があった場合（同63条）などがこれにあたる。

訴訟費用負担の手続　裁判所は，終局判決など事件を完結する裁判の中で，訴訟費用の負担割合を裁判する（民訴67条）。これは，原告と被告の各々がひとまず負担した訴訟費用の総額に対する負担割合である。この裁判が確定すれば執行力が生じるが，負担割合が確定しただけで，まだ具体的金額が決まっていない。そこで，当事者の申立てによって，第一審裁判所の裁判

所書記官が，負担割合に基づいた訴訟費用負担の具体額を確定する（同71条）。この確定処分を債務名義として，当事者は相手方に強制執行の申立てができるが（民執22条4号の2），訴訟費用についてここまで進むことは多くないようである。

弁護士費用　ところで，当事者の経済的負担の中でもとくに大口を占めるのは，弁護士に支払う報酬である（弁護士費用）。だが，この弁護士費用は現行法上，上述の「訴訟費用」に入らない。つまり，当事者は勝訴しても，弁護士費用を相手方に請求できず，各自負担となる。

　なぜだろうか。わが国の民事訴訟は弁護士強制主義でなく，本人訴訟主義を採用しているので，当事者は弁護士に依頼しなくとも，制度上は訴訟を追行できる。そのため建前上は，弁護士は権利実現のために必ず必要というわけではない。したがって，弁護士費用は訴訟費用に含まれないと説明されるのである（→**オアシス4-1**）。

2　訴訟費用の担保

　訴えが提起されると，被告は自分の意思にかかわりなく応訴の負担が生じ，被告も訴訟費用（当事者費用など）をひとまず負担して，自らの勝訴のために訴訟追行を行う。ところが，被告が勝訴判決を得ても，原告が訴訟費用の負担を免れるために雲隠れをしてしまうと，被告は自分が負担した訴訟費用を回収できず，原告の起こした訴訟によっていたずらに損失を負う結果になる（これに対して，被告の雲隠れは，原告の提訴リスクの問題ともいえる）。

　そこで，とくに原告が日本国内に住所・事務所・営業所をもたない場合には，被告の申立てにより，裁判所の決定で，訴訟費用の担保提供命令を発令することができる（民訴75条）。発令がされると，原告は担保額（同条6項）にあたる金銭を供託などの方法で（民訴76条，規則29条）担保しなければならない。担保が立てられるまで，被告は応訴を拒むことができ，本案の弁論に入らない（民訴75条4項）。通常の訴訟要件が本案判決の要件と説明されるのに対して，訴訟費用の担保は本案審理の要件ということになる（妨訴抗弁という）。

3　訴訟当事者への経済的支援

　社会的に困窮している者にとって，訴訟とは経済的・時間的・精神的に大きな負担となり得る。とくに，しばしば経済的弱者が訴訟制度を利用する際の費用負担に耐えられず，そのため，権利侵害を受けても泣き寝入りせざるをえない状況が発生する。また，その状況を悪用して，いわゆる貧困ビジネスが跳梁跋扈するおそれもある。そのため，経済的弱者が訴訟制度を利用できるよう適切な支援を行うことは，司法アクセス問題にとって第一に取り組むべき課題である。

　現行制度として，裁判所に先払いで納めるべき裁判費用を支払猶予してもらう訴訟上の救助（民訴82条～86条），日本司法支援センター（法テラス）に，弁護士費用の一時立替え払いをしてもらう法律扶助制度がある。もっとも，これらはいずれも，原則として当事者が経済的負担の免除を受けられる制度ではない。わが国の訴訟当事者に対する経済的支援は，いまだ決して満足すべき状況とは言えない。

II　訴訟の審理等

1　期日および期間

　訴訟手続は，訴え提起に始まる時系列の中で進行する。この時系列の中で，いつ誰がどのような行為をするかを規律しなければならない。この規律のポイントは2つある。1つは，当事者等の関係者が集まって話し合う場をどのようなスケジュールでもつかであり，もう1つは，裁判所や当事者等が行うべき行為（訴訟行為）の締め切りをどのように定めるかである。

　期日　期日とは，裁判所や当事者，その他の関係人が，ともに集まって話し合いをするために決める日時・場所のことである。具体的には，口頭弁論期日，弁論準備手続期日，和解期日などがある。

　期日は，原則として平日の日中に行い，場所は裁判所が原則である（裁69条1項）。日曜日や休日などに期日を指定するのは例外である（民訴93条2項）。だが，多くの当事者は平日の日中に働いているのが普通である。司法制度改革で

は，夜間開廷・休日開廷についても提言がされている。

　何月何日何時に期日を行うかは，裁判長が指定する（民訴93条1項）。職権進行主義の現れである。裁判長の指定した期日を当事者が変更したいと思っても，「顕著な事由」（争点整理後は「やむを得ない事由」）がないかぎり，許されない（同3項・4項）。ただし，期日の指定は通常，当事者の都合を聞いて指定される。これに対して，最初に開かれる期日は，当事者の都合を聞かずに指定せざるを得ないので，当事者にとっては差し支えがある場合も多い。そのため，最初の期日だけは，当事者の合意があれば，上記の事由がなくとも期日変更が許される（同3項但書）。

　当事者が決められた期日に欠席するとどうなるか。これも，最初にすべき口頭弁論期日と，それ以後に分ける必要がある。最初の期日は当事者にとって差し支えがある場合も多いため，事前に自分の言い分を記した書面（訴状・答弁書・その他準備書面）を提出していれば，現実に出廷しなくても，書面の内容を陳述したものとみなされ，その後の手続が進む（民訴158条）。これに対して，それ以後の期日（続行期日）は，原則として当事者の都合を聞いて期日を決めているのだから，158条のような便宜は必要ない。期日前に準備書面を提出していても，出廷して準備書面どおり陳述しなければ，陳述したものと扱われない。

　また，当事者が訴訟に不熱心で，手続を進めることができない場合，その状態をいつまでも放置するわけにもいかない。そこで，双方当事者が欠席する場合には，訴訟を維持する意思がないものとして，訴えが取り下げられたものとみなしたり（民訴263条），当事者の双方または一方が欠席する場合に，審理の現状に基づいて判決する（同244条）ことができる。

期間　期間とは，一定の時間の幅であり，多くの場合，裁判所や当事者等が行う行為の締め切りを定めるために用いられる。期間についての区別概念はいくつかあるが，重要なものは，裁判所による伸縮が可能な通常期間（民訴96条1項）と，そのような伸縮ができない不変期間（同項但書）の区別である。不変期間は，上訴期間（控訴期間，上告期間，抗告期間等）に多く用いられる。

当事者が訴訟行為の締め切りを破ると，原則として，以後その行為を行う機会を失う。しかし，当事者がその責めに帰することができない事由によって，その期間を遵守できなかった場合には，何らかの救済策が必要である。通常期間であれば，期間の伸長によって救済されることになろう。これに対して不変期間は，付加期間の設定（民訴96条2項）のほか，訴訟行為の追完（同97条）によって，救済の余地が残される。とくに，送達の瑕疵などの事情で上訴行為ができず，いったん訴訟手続が終了してしまった後で，上訴行為の追完ができるかどうかが問題となるケースがある。

2　訴訟手続の中断および中止

予想外の事態によって，裁判所や当事者が期日や期間を守ることができなくなった場合には，手続をいったん止めなければならない。このための制度が，訴訟手続の中断と中止である。

中断　当事者が死亡したなどの場合には，手続を引き継ぐべき者が訴訟追行をできるようになるまで，手続は中断する（民訴124条1項）。手続を引き継ぐべき者に，きちんと手続保障を与えなければならないからである。そのため，その当事者に訴訟代理人がついている場合は，引継ぎまでの間も，その訴訟代理人が適切な訴訟追行をできるのだから，手続を中断する必要はないことになる（同2項）。

中止　裁判所が天災などの事由で職務を行うことができない場合（民訴130条），当事者に不定期間の故障（交通が途絶して回復の見込みがない，など）が発生して訴訟追行ができない場合（同131条）は，訴訟手続は中止する。

3　送　達

送達の意義　送達とは，法定の形式で名宛人に対して書類を交付し，その公証を行う裁判機関の行為である。訴状や判決書など，とくに重要な書類については，その内容を確実に名宛人に了知させる必要があるため，簡易な書類伝達方法である送付や，無方式の通知と区別して，送達が用い

られる。

　送達は，その後の手続を進めるために必要な重要書類を届けるために使われるため，そこには2つの，時に背反する側面がある。一方は，書類内容を確実に名宛人に了知させることによって，名宛人がその後の訴訟行為をできるよう，名宛人の手続保障をはかる側面である。他方は，たとえ現実には名宛人に対して書類を交付できなくても，最終的には名宛人が何らかの形で書類内容を了知する可能性があったことをもって送達奏功（成功）とし，以後の手続を進めて，相手方の迅速な権利保護をはかる側面である。

送達の方法　　送達の基本はいうまでもなく，名宛人（または送達を受ける権限がある者，民訴102条）に直接書類を交付することである（交付送達，同101条）。場所は住所・居所・就業場所等いろいろあるが（同100条・103条～105条），いずれもポストに入れたりせず，名宛人に直接手渡しをする。実務上多くは，日本郵政グループの特別送達郵便が利用される（同99条1項・2項）。

　名宛人への交付送達ができない場合には，他の手段によって送達できたことにする制度が，擬制の程度に応じて複数用意されている。ごく概括的に紹介すると，書類の交付を拒んだ名宛人に対して，送達をすべき場所に書類を差し置く差置送達（民訴106条3項），名宛人ではないが，従業員・同居者等で相当のわきまえのある者に書類を交付する補充送達（同1項・2項），送達すべき場所はわかっているが，留守が続くなど，交付送達や補充送達ができない場合，送達すべき場所にあてて書留郵便の方法で行う付郵便送達（民訴107条），送達をすべき場所もわからない場合（名宛人が所在不明など）に，裁判所の掲示場に書類を交付する旨を貼り出す公示送達（同110条～113条）がある。いずれも，名宛人が現実に書類を手にする保証はないが，送達は成功したことにして，以後の手続を進めるのである。

第5章
訴えの提起

I　訴えと請求

訴えの意義　訴えは，原告が裁判所に対して被告との関係における一定の権利主張（＝訴訟上の請求）を提示し，その当否についての審理および判決を求める訴訟行為（申立て）であり，訴えの提起によって，第一審の判決手続が開始される。

　民事訴訟においては，その対象とする私法上の権利関係について妥当している私的自治の原則に対応して，訴訟の開始・審判の範囲・訴訟の終結（訴えの取下げなど裁判によらない訴訟の完結）についての決定を当事者に任せるという処分権主義が妥当している。訴訟の開始段階についてみれば，訴訟は裁判所に対する当事者の申立てがある場合にのみ開始され（「訴えなければ裁判なし」），しかも，裁判所は，その申立ての範囲内の事項についてのみ審理・判決することができる（民訴246条参照）というのが原則なのである。したがって，裁判所の判決を求める者（原告）は，裁判所に対して，だれ（被告）との間で，どのような権利・義務ないし法律関係について争いがあり，それについてどのような内容の判決を求めているのかを明らかにして，申立てをしなければならない（同133条参照）。この裁判所に対する申立てが，訴えである。

　訴えは，原告と被告間の一定の権利・義務ないし法律関係についての争い，すなわち原告の被告との関係における一定の権利主張の当否について裁判所の審判を求めるものである。この訴えの内容となる原告の被告に対する関係での権利主張を，訴訟上の請求または単に請求という。訴えの提起によって開始される訴訟手続においては，この訴訟上の請求が審判の対象となり，被告による

51

防御の対象にもなる。訴えには，訴訟上の請求を特定表示して審判対象を指定する重要な意味があるのである。

訴えの提起により判決手続が開始されるが，裁判所が訴えによる原告の求めに応じて請求の当否についての判決（本案判決）をするためには，一定の要件（訴訟要件）が備わっている必要があり，それが欠けているときは，訴え却下の判決（訴訟判決）がなされる。

訴えの種類　訴えは，起訴の態様・時期によっても分類されるが（単一の訴えと併合の訴え，独立の訴えと係争中の訴えに区別される。第11章参照），重要なのは，請求の内容による分類であり，そこでは，訴えは，給付の訴え・確認の訴え・形成の訴えの3つの類型に区別される。

(1) **給付の訴え**　原告の請求が被告に対する給付請求権（被告の給付義務）の主張である訴えをいう。主張される給付請求権の典型例としては，金銭の支払いや物の引渡し・明渡しを求めるものがあるが，登記申請などの意思表示を求めるものや，その他の作為・不作為を求めるもの（たとえば，建物収去請求や差止め請求など）でもよい。また，債権に基づくと物権に基づくとを問わない。給付請求権についての履行期がすでに到来しているかどうかによって（口頭弁論終結時が基準となる），現在の給付の訴えと将来の給付の訴え（民訴135条）とに分けられる。

給付の訴えに対する請求認容の判決は，被告に原告への給付を命じる給付判決であり，原告は，被告が任意に履行しない場合には，これを債務名義として強制執行を求めることができる（すなわち執行力を有する）点に，その特色があるが（民執22条1号・2号参照），裁判所の判断としては，給付請求権の存在を確認するものであり，この点につき既判力を生じる。他方，請求棄却の判決は，給付請求権の不存在を確定する確認判決である。

給付の訴えは，沿革的には，最も古くから認められている類型であり，また，現在における訴訟の大部分がこれに属する。

(2) **確認の訴え**　原告の請求が特定の権利または法律関係の存在または不存在の主張である訴えをいう。権利関係の存在を主張するもの（たとえば，所有権の確認を求める訴え）は，積極的確認の訴え，その不存在を主張するもの（た

(※訴状モデル)

訴　　状

2011年（平成23年）2月3日

大阪地方裁判所民事部　　御　中

原告　甲野太郎　㊞

〒541-0041　大阪市中央区北浜一丁目1番地
原　　告　　甲野　太郎
〒100-0013　東京都千代田区霞が関1-2
被　　告　　乙野　次郎

貸金返還請求事件
　　訴訟物の価額　　金500万円
　　貼用印紙額　　　金30,000円
　　予納郵券　　　　金4,800円

請　求　の　趣　旨

1　被告は，原告に対し，金500万円及びこれに対する平成22年7月5日から支払済みまで年6分の割合による金員を支払え。
2　訴訟費用は被告の負担とする。
　　との判決並びに仮執行の宣言を求める。

請　求　の　原　因

1　原告は，平成22年7月5日，被告の経営する店舗の運転資金として，金500万円を以下の約定で被告に貸し渡したものの，その返済がなされていない。
(1)　被告は，平成23年1月4日までに元金を返済する。
(2)　利息は年6分とし，上記期限までに発生したものを元本とともに支払う。
2　よって，原告は被告に対し，金500万円及びこれに対する平成22年7月5日から支払済みまで年6分の割合による金員の支払いを求めて，本請求に及んだものである。

証　拠　方　法

甲第1号証　　　借用証書

付　属　書　類

1　訴状副本　　　　　　　　　　　　　1通
2　甲号証写し　　　　　　　　　　　各2通

以上

とえば，債務の不存在の確認を求める訴え）は，消極的確認の訴えと呼ばれる。確認の訴えの対象は，特定の具体的な権利関係の存否に限られるのが原則であるが，法律関係を証する書面（遺言書・定款・手形など）が作成名義人の意思に基づいて作成されたものかどうかの確認を求める訴え（証書真否確認の訴え）は，例外的に許容される（民訴134条）。

確認の訴えに対する本案判決は，請求認容の判決も請求棄却の判決も，いずれも権利関係の存否を確認する確認判決であり，その存否の判断について既判力を生じる。

この確認の訴えは，権利関係の存否を観念的に確定することによって，当事者間の紛争を解決し，ひいては以後の派生的な紛争を予防しようとするものである（確認訴訟の予防的機能）。その前提としては，権利・義務の体系としての実体法秩序が確立し，また，それを支えるだけの権利意識ないし法意識が一般に浸透していることなどが必要とされるのであり，この訴えが独立の類型として一般的に承認されたのは，近代（19世紀後半）になってからである。

(3) **形成の訴え**　原告の請求が一定の法律要件（形成権・形成要件・形成原因）に基づく特定の権利または法律関係の変動（発生・変更・消滅）の主張である訴えをいう。私法上の権利関係は，その当事者間の合意により自由に変動させることができ，また，法律の定める要件（形成権──取消権・解除権など）があれば一方当事者の意思表示によっても変動を生じさせることができるのが原則である。しかし，法は，権利関係の変動を多数の利害関係人の間で明確かつ画一的に生じさせ，また，法律関係の安定をはかる必要がある一定の場合（身分関係や社団関係など）については，訴えをもって形成要件に該当する事実が存在することを主張させ，裁判所がその存在を確定したうえで判決によって法律関係の変動を宣言することとしている。この場合の訴えが形成の訴えである。

形成の訴えは，このように，法律にとくに定めがある場合に限って認められるものであり，たとえば，婚姻の取消し（民743条〜747条，人訴2条1号），離婚（民770条，人訴2条1号），嫡出否認（民775条，人訴2条2号），認知（民787条，人訴2条2号）などの人事訴訟や，会社の設立無効（会社828条1項1号），株主総会決議の取消し（同831条）などの会社関係訴訟などが，これに属する。なお，

婚姻無効の訴え（民742条，人訴2条1号）や株主総会決議無効確認の訴え（会社830条2項）などが形成の訴えであるかどうか，すなわち，その無効が判決によって宣言ないし確認されないかぎり，別訴の前提問題として主張することも許されないと解すべきかどうかについては，争いがある。

　形成の訴えに対する請求認容の判決は，法律関係の変動・形成を宣言する形成判決であって，その内容どおりの変動を生じさせる効力すなわち形成力を有するとともに，形成要件の存在につき既判力を生じる。なお，形成の効果が将来に向かってのみ生じるか（離婚判決など），過去にさかのぼるか（認知判決など）は，場合により異なる。請求棄却の判決は，確認判決であり，形成要件の不存在について既判力を生じる。

　なお，法律関係の形成に訴え・判決が必要とされていても，共有物分割の訴え（民258条），父を定める訴え（民773条，人訴2条2号・43条）などのように，形成の基準となる具体的な要件が定められていない場合がある。このような場合は，判決の内容が裁判所の裁量にまかされ，請求棄却判決はなされえない点で，本質的には非訟事件であるとされ，形式的形成訴訟と呼ばれている。争いはあるが，土地の筆界（境界）確定の訴えもこの一種であるとするのが通説・判例である（最判昭43・2・22民集22巻2号270頁など参照。なお，不動産登記法上の「筆界特定制度」について，不登123条以下参照）。

　このような形成の訴えは，確認の訴えより新しい時期（20世紀初頭以後）に独立の類型として認められたものである。

　以上にみてきたように，訴えには3つの類型があるが，従来の学説においては，理論上は，確認の訴えが訴えの基本的類型であって，給付の訴えや形成の訴えはその特殊な場合である，とする考え方が有力である（確認訴訟原型観）。しかし，近時は，これらの3類型は，それぞれ，歴史的・社会的所産として，独自の目的と機能を有しているのであるから，むしろその差異を重視すべきであるとする考え方が有力になっているようである。

訴訟上の請求　　**(1) 意　義**　訴訟上の請求は，前述のように，訴えの内容としての原告の被告に対する関係での一定の権利主張であり，訴訟物とも呼ばれる（ただし，訴訟物の語は，被告に対して主張される権利

関係そのものを意味して用いられることが多い)。すなわち，訴訟における審判の対象を訴訟上の請求というのである。

　この「請求」概念は，実体法上の請求権(ないし履行の請求)に由来するが，訴えの類型として給付の訴えのほかに確認の訴えや形成の訴えが承認されるに至って，あらゆる類型の訴えに共通する訴訟法上の概念に転化したものである。

　訴訟上の請求は，一定の権利主張，すなわち権利・義務または法律関係の存否の主張である。ただし，このことは，請求が客観的に権利主張と認められるということであって，原告の特定の権利を主張する旨の表示が必要であるという意味ではない。原告の請求をどのような権利関係として判断するかは，法を適用する裁判所の職責であるからである。なお，最近の学説においては，こうした権利主張としての請求を狭義の請求とし，これに裁判所に対する判決要求を含めたものを広義の請求として，場合に応じて用いるべきであるとする考え方も有力である。

　請求は，被告に対する関係での権利主張である。主張される権利関係が同一であっても，相手方が異なれば，請求も別個になる。

　(2)　**請求特定の必要性**　　訴訟上の請求は，訴訟における審判の対象であるから，訴訟手続のはじめから特定されていなければならない。対象が明確でなければ，裁判所としては審理・判決することができないし，被告も防御のしようがないからである。また，裁判所は，訴えが適法であるかぎり，請求の全部について裁判しなければならないし(民訴258条参照)，請求の範囲を超えて，または請求として主張されたものと異なる権利関係について判決することはできない(同246条)という点でも，請求の特定が必要である。さらに，訴えの併合の有無(同136条)，訴えの変更の有無(同143条)，二重起訴にあたるかどうか(同142条)，既判力の客観的範囲(同114条1項)などの問題を決するうえでも，請求は決定的ないし重要な基準となるのである。

　(3)　**請求(訴訟物)の範囲**──特定識別・単複異同の決定基準──　　訴訟上の請求は，一般に，権利主張としてとらえられているが，その具体的内容をどのように考えるか，とくに，請求がどのような基準によって特定され，他の

ものと区別されるとみるべきかについては，いわゆる訴訟物論の中心問題として従来から議論がなされており，伝統的な考え方（旧訴訟物理論）とこれに反する新たな考え方（新訴訟物理論）とが鋭く対立している。もっとも，確認の訴えについては見解はほぼ一致しており，主に議論されているのは，給付の訴えと形成の訴えについてである。

　(a)　旧訴訟物理論　　訴訟上の請求は，実体法上の個別的・具体的な権利関係そのものの主張であり，その特定識別については，実体法上の個々の権利が基準になる，とする考え方である（旧実体法説ともいう）。従来の通説的な考え方であり，判例もこれによっているとみられる。この考え方によると，確認の訴えについて実体法上の権利が訴訟物になると解されるだけでなく，給付の訴えについても，所有権に基づく返還請求権・占有権に基づく返還請求権（民200条）・貸金返還請求権（同587条）・不当利得返還請求権（同703条）などの実体法上の請求権が訴訟物となり，また，形成の訴えについても，不貞行為（同770条1項1号）・悪意の遺棄（同項2号）などの個々の形成要件ないしこれらによる個々の形成権（離婚権など）が訴訟物になる，と解されている。したがって，たとえば，同じ物の返還を求める場合でも，所有権に基づくか占有権に基づくかによって訴訟物は異なるし，これらが同時に主張されていれば訴えの併合（請求の併合）になる。ただし，離婚訴訟については，離婚原因としては「婚姻を継続し難い重大な事由があるとき」（民770条1項5号）の1個しかなく，不貞行為などは例示的なものであると解すれば，旧訴訟物理論をとっても，訴訟物は1個である。

　旧訴訟物理論には，このような実体法上の請求権が競合して認められる（請求権競合の）場合は，二重の給付判決を避けるために，原告はそのいずれか一方のみの認容を求めているもの（選択的併合）として取り扱うべきである，とするものが多い（第11章参照）。また，たとえば，契約責任と不法行為責任とは特別法・一般法の関係にたち，両者が競合するようにみえても実は特別法たる前者の責任のみが問題になる，というような法条競合を認めることで，実体法上の請求権は1個しか存在していないとされる場合もある。

　(b)　新訴訟物理論　　これに対し，給付・確認・形成のそれぞれの訴えの目

的ないし機能の差異を重視し，また，紛争解決の一回性を強調して，確認の訴えにおいては，実体法上の個々の権利が訴訟物となるが，給付の訴えにおいては，相手方から一定の給付を求めうる法律上の地位（受給権）が訴訟物となり，形成の訴えにおいても，裁判による一定の形成を求めうる法的地位が訴訟物になる，とする考え方を新訴訟物理論という（後二者について訴訟物と実体法上の権利との結びつきが切断されている点から，訴訟法説とも呼ばれる）。この考え方によれば，給付の訴えについては，実体法秩序が1回の給付しか認めない場合には訴訟物は1つであり，同一の給付を目的とする数個の実体法上の請求権が競合して認められる場合であっても，それらは訴訟物を基礎づける法的観点ないし法的根拠（すなわち，請求を理由づけるための攻撃方法）でしかない，とされるのである。たとえば，特定物の返還を求める訴えでは，返還を求めうる法的地位または権利が訴訟物としてとらえられるのであり，所有権に基づく返還請求権と占有権に基づく返還請求権が同時に主張されても，訴訟物は1個であり，その理由が複数主張されているにすぎないのである。また，形成の訴えについても，同様に考えられており，たとえば，離婚訴訟では，離婚を求めうる法的地位が訴訟物となるのであって，個々の離婚原因ごとに訴訟物が異なるものではない，とされている。

(c) 新実体法説　なお，学説の中には，訴訟物概念と実体法上の権利は切り離すべきではないとして，給付の訴えにおいては，実体法上真に保護するに値する法的地位＝実体的給付請求権を訴訟物としてとらえるべきであり，形成の訴えについても同様に解すべきであるとする新たな考え方（新実体法説）もみられる。訴訟物として主張される実体法上の請求権（および形成権）を再構成して，数個にみえる権利ないし法的地位を，法的かつ経済的にみて実質的には1個の給付が認められるにすぎない場合には，実体法上1個に統合し，その権利主張を1個の訴訟物として考えようとするものである。

以上のように，訴訟上の請求の具体的内容・訴訟物の特定識別の基準については考え方が対立しているが，現在の学説においては，新訴訟物理論が多数説になっているといえよう。もっとも，新訴訟物理論にも諸説がみられるのであり，その間の理論的な対立は，種々の面で増幅されつつあるように思われる。

わが国の新訴訟物理論は，その多くは給付・形成を求める法的地位のみを訴訟物識別の基準としている点で，一分肢説ということができるが，手形債権と原因債権が競合する場合や形成の訴えの一部については，あるいはより一般的に，法的地位と事実関係とを基準とする二分肢説によるべきである，とする見解も有力である。また，新実体法説によりつつ，既判力の客観的範囲は具体的な実体権に限られるとする見解も主張されている。

また，近時は，請求・訴訟物概念の果たすべき役割を訴訟の各段階ごとに再検討してみることが必要であることや，給付の訴え・形成の訴えの中での紛争類型の差異に応じて訴訟物概念を再考してみる必要のあることなども指摘されている。

訴え提起の方式　　**(1) 訴状の提出**　　訴えの提起は，訴状という書面を裁判所に提出してするのが原則である（民訴133条1項。ただし，簡易裁判所への起訴は口頭でもできる。同271条）。訴状には，一定の事項を記載し（同133条2項），その作成者である原告またはその代理人が記名押印する（規則2条。なお，同53条4項参照）ことを要するほか，手数料の納付として，訴額に応じて収入印紙を貼らなければならない（民訴137条1項，民訴費3条・4条・8条）。被告に送達するために（民訴138条），被告の数だけの副本を添付することが要求される（規則58条1項参照）ほか，送達費用を予納しなければならない（民訴費11条～13条）。

なお，民事関係手続の改善のための民事訴訟法等の一部改正（平成16年法152号）においては，民事訴訟手続等の申立て等のオンライン化として，一定の範囲で，インターネットを利用した申立て等ができることとされている（民訴130条の10）。近い将来には，訴状もインターネットでということになるかもしれない。

(2) 訴状の記載事項　　**(a) 必要的記載事項**　　訴状には，当事者（および法定代理人）と請求の趣旨・原因を記載しなければならない（民訴133条2項）。この点で不備がある場合には，訴状は不適式なものとして却下されうる（同137条）。

(i) 当事者（および法定代理人）の表示　　当事者の表示は，訴訟の主体を

明らかにするものであるから，原告・被告を特定できるように記載すればよい。自然人については氏名と住所，法人などについては名称（商号など）と所在地によるのが通常である。なお，当事者が無能力者である場合には，法定代理人の表示を要し，また，法人などの場合は，代表者の表示を要する（民訴37条）が，これは現実の訴訟追行者を明らかにするためである。

　(ii)　請求の趣旨　　原告が，請求の内容・範囲を示して，どのような内容の判決を求めるか簡潔に表示する部分である。原告の請求を認容する判決の主文に対応する形で記載されるのが通常であり，たとえば，「被告は原告に対し金500万円を支払え，との判決を求める」，「別紙目録記載の家屋は原告の所有に属することを確認する，との判決を求める」，「原告と被告とを離婚する，との判決を求める」というように記載される。なお，金銭の支払請求については，一定金額の明示を必要とし，裁判所が相当と認める額の損害賠償を支払えというような記載では足りない，とするのが通説・判例である。

　(iii)　請求の原因　　ここでいう請求の原因とは，原告の請求を特定の権利主張として構成するのに必要な事実，すなわち，請求を特定するのに必要な事実（規則53条1項参照）をいう（識別説）。訴状にこの記載が要求されているのは，請求の趣旨を補足して審判の対象である請求を特定するためである。すなわち，請求を特定するのに必要な範囲の事実は，請求の原因として，訴状に必ず記載しなければならない。したがって，請求の趣旨だけで請求が特定できる場合は，理論的には請求の原因の記載は必要ないことになる。たとえば，所有権確認の訴えでは，前述のように，請求の趣旨の中で権利の主体と内容が表示されるが，1個の物については同一内容の所有権は1個しか存在しえない（一物一権主義）から，それだけで請求が特定される。

　この請求の原因の記載がどのような場合に必要であり，どの範囲の事実を記載する必要があるかは，請求の特定識別の基準をどのように考えるか（訴訟物論）によって差異が生じる。すなわち，旧訴訟物理論では，給付の訴え・形成の訴えについても実体法上の請求権・形成権が基準とされ，請求を特定するためには，請求の趣旨で給付の目的や形成の内容が示されているだけでは足りず，権利の発生原因である具体的事実が示されなければならないから，その事

実を請求の原因として記載する必要がある。しかし，新訴訟物理論では，給付の訴え・形成の訴えにおいては特定の給付・形成を求めうる法的地位が明らかになれば足りるから，請求の原因による補足は原則として不要であることになる。ただし，金銭の支払いや代替物の一定数量の引渡しを求める給付の訴えにおいては，同一当事者間で同一内容の給付を求める請求が複数存在する可能性があるから，新訴訟物理論によっても，主張される給付請求権の発生原因事実（いつの売買代金か，いつ貸した金を返還せよといっているのかなど）を請求の原因により補足する必要がある。なお，問題となる事実をどの程度まで詳しく記載しなければならないかは，ほかに誤認混同を生じる余地がないかどうかによって相対的に決められることになる。

(b) 任意的記載事項　以上の記載事項のほか，民訴規則によれば，訴状には，請求を理由づける事実（権利の取得原因などの主要事実）を具体的に記載し，かつ，立証を要する事由ごとに，当該事実に関連する事実で重要なもの（重要な間接事実）および証拠を記載しなければならない（規則53条1項）。また，事実の記載については，できる限り，請求を理由づける事実の主張と当該事実に関連する事実についての主張とを区別して記載しなければならない（同2項）。早期に争点や証拠の整理がなされるためには，訴え提起の段階から原告の基本的な主張や証拠が明らかになっていることが望ましいからである（なお，添付書類につき，同55条参照）。これらの攻撃防御方法を記載した訴状は，原告の最初の準備書面をかねるものとされ（同53条3項），準備書面に関する規定（民訴161条3項など）が適用される。もっとも，これらの事項は，その記載が欠けても，訴状としての効力には影響はなく，訴状が却下されることはない（同137条参照）。このような事項を任意的記載事項という。

訴え提起後の措置　(1) **事件の配付**　裁判所（書記官）は，訴状を受け付けたときは，これに受付日付などを記入して事件記録を作成した後に（年度・符号・番号・事件名が表記される。地方裁判所の通常の民事訴訟事件は平成△△年(ワ)第△△号△△△事件となる），あらかじめ決められている事務分配の定めに従って，特定の裁判官または合議体に事件を配付する。

(2) **訴状の審査**　事件の配付を受けたときは，裁判長（単独裁判官または合

議体の裁判長)は,訴状を審査し,必要的記載事項(民訴133条2項)が記載されていないかまたは手数料額の印紙が貼られていないときは,相当の期間を定めて原告に補正を命じる(民訴137条1項。なお,規則56条参照)。この補正命令に応じて原告が補正しない場合は,裁判長は命令で訴状を却下する(民訴137条2項)。この訴状却下命令に対しては即時抗告することができる(同3項)。なお,この段階で訴状の不備が看過され,訴状が被告に送達されれば,命令による訴状却下はなしえず,終局判決をもって訴えを不適法却下すべきであると解される。

(3) **訴状の送達**　裁判長が訴状を受理すべきものと認めたときは,訴状は副本によって(規則58条1項)被告に送達される(民訴138条1項)。原告が送達費用を予納しなかったり,被告の住所表示が不正確であったりして,送達ができない場合には,裁判長は,その補正を命じ,原告が応じなければ,命令で訴状を却下する(同2項)。なお,被告の住所・居所が不明の場合は,公示送達の方法(民訴110条)によることになる(送達一般については,同98条以下参照)。

　この訴状の送達がなされるときは,裁判長は,第1回の口頭弁論の期日を定めて,当事者双方を呼び出さなければならない(民訴139条。なお,規則60条・61条参照)。ただし,不適法な訴えでその不備が補正できないことが明らかであるものについては,口頭弁論を経ないで裁判所が判決をもって却下できる,とされている(民訴140条)。また,当事者に対する期日の呼出しに必要な費用の予納を相当の期間を定めて原告に命じた場合に,その費用の予納がないときは,裁判所は,被告に異議がない場合にかぎり,決定で,訴えを却下することができる(同141条)。

Ⅱ　訴えの利益——当事者適格

総説　(1)　裁判所に訴えを提起して本案判決を求めるには,そうするだけの正当な利益ないし必要性がなければならない。民事訴訟は,民事紛争を解決するための一制度として設けられているのであるから,どのような訴えでも許されるというわけではなく,制度を利用する正当な利益・必要

性のある訴えのみが許容されるのである。このような訴えの正当な利益・必要性を，広義の訴えの利益（訴権的利益）という。裁判所は，この訴えの利益の有無によって，取り上げるべき事件とそうでない事件とを選別しているのである。

(2) この広義の訴えの利益が認められるためには，①原告の請求が本案判決をうける一般的な資格（請求適格または権利保護の資格）を有し，かつ，②原告がその請求について判決を求める現実の必要性（権利保護の利益ないし必要）があること（なお，訴えの利益は，最狭義には，この現実の必要性を意味して用いられる），および，③原告・被告がその請求について訴訟を追行し判決をうける資格（当事者適格）を有していることが必要である。前二者は，結局，訴えに含まれる請求の内容そのものからみて正当な利益・必要性がなければならないこと（訴えの客体についての正当な利益）を意味するものであり，後者は，訴えの主体たる当事者の方からみて正当な利益・必要性がなければならないこと（訴えの主体についての正当な利益）を意味するものである。すなわち，広義の訴えの利益は，訴えの客体と主体との2つの面に分けて考えることができるのである。この場合の訴えの客体についての正当な利益を狭義の訴えの利益という。以下では，この意味での訴えの利益と，主体についての正当な利益の問題である当事者適格についてみていくこととする。

訴えの利益 (1) **意 義** （狭義の）訴えの利益は，請求内容からみた正当な利益ないし必要性である。原告の請求が本案判決をうける一般的資格をもたない場合や，その資格があっても，原告がそれについて判決を求める現実の必要性がない場合には，その訴えを排除することが制度上要請される。訴えの利益は，この意味で必要とされているものであり，無益・不必要な訴えを排除し，また被告を応訴の負担から解放しようとするものである。このような訴えの利益は，種々の局面で問題となるが，一般には，各種の訴えに共通するものと，各種の訴えごとに特殊なものとに分けて考察されている。

(2) **各種の訴えに共通する訴えの利益** 訴えの種類を問わず問題となるものとしては，次のようなものがある。

(a) 請求内容が裁判所の処理できる具体的な権利関係の存否の主張であること（裁3条1項参照）　　民事訴訟は，法律上の具体的な紛争の解決を図る制度であるから，請求はそれに応じたものでなければならないのである。したがって，単なる事実の存否の主張は，原則として許されない（民訴134条はその例外を定めるものである）。また，法律的な主張であっても，抽象的に法令の解釈や法令の効力を論じるものは，民事訴訟の対象とすることはできない。さらに，判例によれば，三権分立の建前から，高度の政治性を有するいわゆる統治行為にかかわる請求や，行政権に関する請求を包含する請求は許されないし（最判昭56・12・16民集35巻10号1369頁など参照），憲法上保障されている信仰の自由（憲20条）との関係で，宗教上の教義にかかわる事件は法律上の争訟にあたらず，司法審査に服さないとされているが（最判昭56・4・7民集35巻3号443頁，最判平元・9・8民集43巻8号889頁など参照），これらの点については異論もみられる。なお，現在の学説においては，司法審査・司法権の限界の問題は，訴訟制度の内在的限界の問題である訴えの利益とは切り離して議論すべきであるとする見解も有力である。

(b) 法律上起訴が禁止されていないこと　　二重起訴の禁止（民訴142条）・再訴の禁止（同262条2項）・別訴禁止（人訴25条）などは，それぞれ特別の理由から定められているものであるから，これらにあたる場合には訴えの利益は否定される。

(c) 通常の訴え以外の特別の手段のみによるべきものとされていないこと

たとえば，訴訟費用額の確定手続（民訴71条・73条）や破産債権の行使の手続（破100条1項・111条以下）などによるべき事件について，通常の訴えを提起しても訴えの利益はない。

(d) 当事者間に訴訟を利用しない旨の特約がないこと　　当事者間に仲裁合意（仲裁13条）が存在する場合には，被告の申立てにより，訴え却下判決がなされる（同14条1項）。不起訴の合意についても同様に解されている。

(e) その他，起訴を不必要とする特別の事情がないこと　　たとえば，原告がすでに同一請求について確定判決を得ている場合には，原則として訴えの利益は認められない（ただし，時効中断など特別の必要があるときは，なお訴えの利益

> **■ オアシス 5-1　将来の給付の訴え・大阪空港訴訟**
>
> 　生活妨害ないし公害事件で将来の不法行為による損害賠償請求がなされる場合，従来一般には，あらかじめその請求をする必要があるかが問題とされているが，最高裁は，大阪空港事件で，原告らが空港の夜間利用が禁止されるまでの将来の損害賠償を求めたのに対して，民訴135条（旧226条）は，「およそ将来に生ずる可能性のある給付請求権のすべてについて……将来の給付の訴えを認めたものではなく，主として，いわゆる期限付請求権や条件付請求権のように，既に権利発生の基礎をなす事実上及び法律上の関係が存在し，……将来具体的な給付義務が成立したときに改めて訴訟により右請求権成立のすべての要件の存在を立証することを必要としないと考えられるようなものについて，例外として将来給付の訴えによる請求を可能ならしめたにすぎないものと解される」として，原告らの主張する将来発生すべき損害賠償請求権は，将来の給付の訴えにおける請求権としての適格（請求適格）を欠くものであるとした（最判昭56・12・16民集35巻10号1369頁）。これには，一定の金額と期間の限度では訴えは適法であるとする少数意見も付されているし，学説でも，同様の状態の継続・反復が明確で損害賠償請求権発生の事実関係が現在確定できる範囲では，将来の給付の訴えを認めうるとする考え方が有力である。

が認められる）。

(3)　**各種の訴えにおける訴えの利益**　　(a)　給付の訴え　　(i)　現在の給付の訴えは，履行期の到来した給付請求権を主張するものであるから，そのことだけで訴えの利益が認められるのが通常である。訴えの提起前に原告が催告したか，被告が履行を拒絶したかということなどは問題ではない。また，給付判決を得ても給付の実現が不可能ないし著しく困難であるという場合でも，訴えの利益がないとはいえない。

　(ii)　将来の給付の訴えは，まだ履行すべき状態にない給付請求権を主張するものであるから，あらかじめその請求をする必要がある場合に限って許される（民訴135条。**オアシス 5-1**参照）。この場合にあたるかは，義務者の態度や給付義務の目的・性質などを考慮して判断されるが，たとえば，義務者が義務の存在・履行期などを争っており，適時の履行が期待できないとか，義務の性質上履行期に履行がないと原告が著しい不利益をうける（たとえば，扶養料の請求）とかの事情があれば，訴えの利益が認められる。なお，本来の目的物の給付を求めるとともに，将来の執行不能・履行不能に備えて，あらかじめそれに代わ

る損害賠償の請求（代償請求）をしておくことも許される。

　（b）　確認の訴え　　確認の訴えにおいては，あらゆる具体的な権利関係の存否の主張がなされうるので，訴えの利益が最も問題となるが，一般的には，原告の提示した請求について判決することが原告の権利または法律的地位の危険・不安を除去するために必要かつ適切である場合に，訴えの利益（確認の利益）が認められるといえる。

　　（i）　確認の対象　　確認の訴えの対象は，原則として現在の権利または法律関係でなければならない。過去の法律関係の確認は，現在の法律上の地位の不安を直接に除去することにならないのが通常であるから，原則として許されないが，それによって現存する紛争の直接かつ抜本的な解決が図れる場合には訴えの利益が認められる。判例上過去の法律関係の確認が許容された例としては，死者との間の親子関係の確認（最判昭45・7・15民集24巻7号861頁），遺言無効確認（最判昭47・2・15民集26巻1号30頁），学校法人の理事会決議無効確認（最判昭47・11・9民集26巻9号1513頁）などがある（なお，株主総会決議不存在確認については，会社830条参照）。なお，確認の対象となる権利は，原告・被告間に存するものに限らず，他人間の権利関係でもさしつかえない（たとえば，後順位抵当権者が先順位抵当権の不存在確認を求める場合）。

　　（ii）　即時確定の利益　　原告の権利または法律的地位の危険・不安を除去するために，判決によって権利関係を即時に確定してもらう法律上の利益ないし必要がなければならない。この即時確定の利益は，被告が原告の権利・法律的地位を争っていることから認められることが多いが，公簿（戸籍など）の記載の誤りを訂正するために裁判上の確定を必要とする場合などについては，被告がとくに争っていなくても，確認の利益があるとされる。

　　（iii）　手段としての適切性　　確認の訴えは，原告の権利・法律的地位の不安を除去する手段として有効適切なものであることを要する。たとえば，給付請求権について確認判決を得ても，相手方が任意に履行しなければ，さらに給付の訴えによることが必要となるから，請求権存在確認の訴えは，特別な事情がないかぎり，有効適切な手段であるとはいえない。また，所有権について争いがある場合に，自己の所有権の存在確認を求めることができるときは，それ

によるべきで，相手方の所有権の不存在確認を求めることは原則として許されない。

(c) 形成の訴え　形成の訴えは，もともと法律に規定のある場合にのみ許されているものであるから，その要件の存在を主張するものであれば，原則として訴えの利益が認められる。ただし，すでに形成判決と同一の効果が生じている場合（清算中の会社についての設立無効の訴え〔会社644条2号参照〕など）は，訴えの利益は否定されるし，また，訴訟中の事情によって訴えの利益が失われることもある（たとえば，会社役員を選任した株主総会決議の取消訴訟中に，その役員の任期が満了した場合。最判昭45・4・2民集24巻4号223頁参照）。

当事者適格

(1) 意　義　当事者適格とは，訴訟物たる権利または法律関係について，当事者として訴訟を追行し，判決をうける資格をいう。当事者の権能としてみた場合には，訴訟追行権とも呼ばれる。また，この資格・権能を有する者を正当な当事者という。訴えの主体の方からみた正当な利益・必要性，すなわち訴訟物たる権利または法律関係についての争いを誰と誰との間で解決するのが必要かつ有意義であるかという問題である。要するに，誰が当事者になるべきかが問題とされるのである。

なお，当事者適格は，特定の訴訟物との関係から具体的・個別的に決められるものである点で，当事者能力や訴訟能力のような一般的な能力・資格とは区別される。

(2) 正当な当事者——一般の場合——　当事者適格は，一般には，訴訟物たる権利関係について法律上の利害（法的利益）が対立している者に認められる。すなわち，正当な当事者は，原則として，訴訟物たる権利関係についての実体的利益の帰属者である（必ずしも権利・義務の主体に限られない）。各種の訴えについてその内容をみておくと，次のようである。

給付の訴えでは，自己の給付請求権を主張する者が正当な原告であり，その義務者と主張される者が正当な被告である（ただし，主張された権利関係において請求権者・義務者たりえない者は，当事者適格を有しないと解される）。確認の訴えでは，確認の利益を有する者が正当な原告であり，その確認を必要ならしめている者が正当な被告である。確認の訴えにおいては，確認の利益が特定の原告・

被告間の紛争についての確認判決の必要性を問うものであるところから，確認の利益があるとされる場合の当事者に適格が認められることとなるのである。形成の訴えでは，それを認める法規によって原告・被告となるべき者も定められているのが通常である（民744条・774条，会社828条2項・834条など参照）。なお，場合によっては，数人の者が共同して訴えまたは訴えられなければ当事者適格が認められないこともある（固有必要的共同訴訟。第11章II参照）。

第三者の訴訟担当　当事者適格は，以上のように，一般的には，訴訟物たる権利関係についての実体的利益の帰属者に認められるが，特別の理由によって本来の利益帰属主体（本人）の代わりにまたはこれと並んで第三者が当事者適格を有する場合がある。これを第三者の訴訟担当という。この場合には，その第三者が訴訟当事者となるのであり，訴訟上の代理とは異なるが，訴訟担当者たる第三者の受けた判決の効力は本来の利益帰属主体にも及ぶものとされている（民訴115条1項2号）。この第三者の訴訟担当には，次のようなものがある。

(1)　**法定訴訟担当**　法律の規定により第三者が利益帰属主体の意思に関係なく訴訟追行権を有する場合である。その実質的な根拠の差異によって，これはさらに2つに大別される。

(a)　**管理処分権の付与に基づく法定訴訟担当**　法律上財産の管理処分権能が帰属主体から奪われて第三者に付与されていることに基づいて，第三者が訴訟追行権をもつ場合である。たとえば，債権者代位権に基づき債務者の権利を代位行使する債権者（民423条），債権差押命令により執行債務者の債権につき取立権を取得した執行債権者（民執155条・157条），質入債権について訴訟する債権質権者（民366条），責任追及等の訴え（代表訴訟）をする株主（会社847条），破産財団に関する訴訟についての破産管財人（破78条1項・80条），遺言執行者（民1012条。ただし，同1015条参照）などが，この場合の第三者にあたる。これらの訴訟担当は，いずれも，訴訟担当者自身またはこれと同等の地位にある者の利益保護を直接の目的としているとみられるもの（担当者のための法定訴訟担当）である。もっとも，管理処分権能が第三者に付与されている理由やその権能の内容・範囲はそれぞれに異なるので，これらの場合を画一的に考えるべきかど

うかについては，なお争いがある（第9章Ⅲ参照）。

　（b）　職務上の当事者　　法律上ある職務を有する者にその資格に基づき一定の請求について訴訟追行権が与えられている場合である。婚姻事件・親子関係事件などの人事訴訟において，本来の適格者の死亡後当事者とされる検察官（人訴12条3項）や成年被後見人のために当事者となる成年後見人・成年後見監督人（人訴14条），海難救助料請求訴訟について当事者となる船長（商811条2項）などが，職務上の当事者である。これらの者による訴訟担当は，権利義務の帰属主体のための法定訴訟担当とも呼ばれる。

　(2)　任意的訴訟担当　　本来の利益帰属主体の意思（授権）に基づいて第三者に訴訟追行権が認められる場合である。法律上許容されている例としては，選定当事者の制度（民訴30条）や手形の取立委任裏書（手18条），区分所有建物の管理者（区分所有26条4項）などがある。しかし，これら以外に，任意的訴訟担当がどの範囲で許されるかについては，訴訟代理人が原則として弁護士に限られていること（民訴54条）や，訴訟行為をさせることを主たる目的とする信託が禁止されていること（信託10条）に関連して従来から議論がある。この点については，正当な業務上の必要がある場合（たとえば，頼母子講関係の訴訟における講元，使用者・労働組合員間の労働契約関係の訴訟における労働組合など）にかぎって任意的訴訟担当が許される，とするのが従来からの通説であるが，近時の学説においては，要は，係争権利関係に無縁な素人の訴訟追行により手続が混乱し，権利主体の利益が害される事態を排除すればよいのであるから，係争権利関係につき第三者が有する実質的な利害関係に従い，より広い範囲で任意的訴訟担当を許容すべきである，とする見解も有力である。一方，判例も，任意的訴訟担当は，弁護士代理の原則や訴訟信託の禁止による「制限を回避，潜脱するおそれがなく，かつ，これを認める合理的必要がある場合には許容するに妨げない」，と解している（最判昭45・11・11民集24巻12号1854頁。具体的には，民法上の組合の業務執行組合員が組合財産に関する訴訟について訴訟担当することを認めたものである）。

訴えの利益・当事者適格の訴訟上の取扱い

（1） 訴えの利益および当事者適格（広義の訴えの利益）の存在は，本案判決をするために必要な要件であり，この点では他の手続的な訴訟要件（序章 3 頁以下参照）と異ならない。その存否は裁判所の職権で調査されるのが原則であるし，また，その欠缺があるときは，訴え却下の判決がされることとなる。ただし，訴えの利益や当事者適格は本案の審理と密接に関連していることなどから，その調査の資料は原則として当事者の提出したものにかぎられる（弁論主義型），と解されている。

（2） 訴えの利益・当事者適格の欠缺を看過して本案判決がされたときは，上訴により争うことができるが，再審は認められない。もっとも，第三者の訴訟担当の場合には，担当者の受けた判決の効力は，その者が真に適格を有していた場合にのみ本来の利益帰属主体に及ばされ，また，この点はその判決で確定されるわけではないから，利益帰属主体としては，担当者に適格がなかったことを主張して，自己に判決の効力が及ぶことを争うことができる。また，判決の効力が一般第三者に拡張される場合（人訴24条1項など参照）において，その当事者に適格がなかったときは，そうした対世的効力は生じないといわれるように，判決がその内容上の効力を生じないこともある。

なお，訴訟中に当事者が適格を失ったときは，訴訟承継が問題となる（第11章 II 4 参照）。

III 訴え提起の効果

訴訟係属

（1） **意　義**　訴えの提起によって，原告・被告間の特定の請求が，特定の裁判所で判決手続により審判されるという状態が生じる。この状態を訴訟係属という。その発生時期については，訴状が裁判所に提出された時とする説もみられるが，訴状が被告に送達された時と解するのが通説である。訴訟は原告と裁判所の関係だけでなく，原告と被告が対立的に関与してはじめて成立するとみられるからである。

（2） **効　果**　訴訟係属を前提として，その訴訟事件に関して，訴訟参加や訴訟告知が可能となる（民訴42条・47条・52条・53条）。また，訴えの変更などの

係争中の訴えも，訴訟係属を前提としたものである。しかし，訴訟係属の効果として最も重要なものは，次にみる二重起訴の禁止である。

二重起訴の禁止　**(1) 意　義**　裁判所に係属する事件については，当事者はさらに訴えを提起することができない（民訴142条）。これを二重起訴（または二重訴訟）の禁止という。訴訟係属中の事件と同一の事件についてさらに訴えの提起を許すと，後訴の被告および裁判所にとって二重の負担となるだけであり，また，同一事件につき矛盾する判決がなされるおそれもあるからである。

(2) 要　件——事件の同一性——　二重起訴となるのは，係属中の事件と同一の事件についての別訴の提起である。事件の同一性は，当事者および請求内容（訴訟物）を基準として判断され，裁判所の異同は関係がない。

(a) 当事者の同一　当事者が同一であれば，原告と被告の立場が逆になっていてもよい。これに対し，当事者が異なれば，請求内容は同じでも事件は同一ではないが，訴訟担当者と実質的利益帰属主体（たとえば，代位債権者と債務者）は，判決の効力が拡張される関係にあるから（民訴115条1項2号），当事者が同一の場合と同様に扱うべきである，と解されている。

債権者代位訴訟の係属中に債務者が同一の権利について別訴を提起するのは，二重起訴となるが，債務者が債権者の代位権限を争って民訴47条の参加をする場合は，併合審理がなされるので，二重起訴の禁止にはふれないと解されている（最判昭48・4・24民集27巻3号596頁）。

(b) 請求内容の同一　請求内容の同一については，どのような訴訟物理論をとるかによって異なった結論が導かれる場合もあるが（たとえば，所有権に基づく引渡訴訟の係属中に占有権に基づく引渡訴訟を提起する場合など），従来一般には，訴訟物たる権利または法律関係が同一であれば足り，要求する判決内容（請求の趣旨）は同一であることを要しないとされている。たとえば，同一の権利関係の積極的確認の訴えと消極的確認の訴えは，同一事件である。また，同一請求権についての確認の訴えと給付の訴えも，いずれがさきに係属した場合でも，後訴は二重起訴となるとするのが現在の多数説である（ただし，別訴ではなく訴えの変更・反訴によることは許されている）。

このように，訴訟物が同一であれば，原則として事件の同一性が認められるといえるが，近時の学説においては，審理の重複と矛盾判決（既判力の矛盾抵触）の防止という二重起訴の禁止の趣旨を強調し，より広い範囲で事件の同一性を認めるべきであるとする傾向も強くみられる。たとえば，事件の同一性は請求の基礎の同一性を基準として判断すべきであるとする見解，訴訟物たる権利関係が同一でなくても，2つの事件における主要な争点が共通であれば，同一事件として後の別訴を禁じるべきであるとする見解，権利関係が反対関係・先決関係に立つ場合にも事件の同一性を肯定すべきであるとする見解などが主張されているのである。なお，同一債権の数量的一部について訴えを提起した後にその残部につきさらに訴える場合や，係属中の訴訟で相殺の抗弁を提出した後にその自働債権について別訴を提起する場合などが二重起訴となるかどうかについては，このような学説の対立にも関連して争いがある。

　(3)　効　果　　二重起訴の禁止にふれる訴え（後訴）は不適法であるから，裁判所は訴え却下の判決をすべきこととなる。ただし，最近では，同一の事件であっても，併合審理すれば二重起訴禁止の趣旨に反しないとみられる場合については，後訴を却下しないで，前訴との併合審理の方向にもっていくべきである，とする見解も有力である。

　二重起訴であることを看過して後訴について本案判決がなされた場合には，上訴によって争うことができるが，再審は認められない。したがって，前訴の係属中に後訴の本案判決が確定してしまうと，その既判力が前訴に影響を及ぼすこととなる。なお，前訴と後訴の判決がともに確定し，内容が抵触する場合は，後に確定した判決が再審で取り消されうる（民訴338条1項10号）。

訴え提起の実体法上の効果

　(1)　総　説　　訴えの提起には，民法その他の実体法によって，特別の効果が認められていることがある。たとえば，時効の中断（民147条・149条），法律上の期間（出訴期間・除斥期間）の遵守（民201条・777条，会社827条1項・831条など），善意占有者の悪意の擬制（民189条2項），手形法上の償還請求権の消滅時効期間の開始（手70条3項）などの効果が認められているのである。これらの場合には，その効果の発生・消滅も，それぞれの規定の趣旨により定められるのが原則である。以下では，とくに重

要な時効の中断の効果についてみておくこととする。

(2) 時効の中断　訴えの提起すなわち裁判上の請求による時効中断の効果は（民147条・149条），訴状または訴状に準ずる書面を裁判所に提出した時に発生する（民訴147条）。権利者の提起する給付の訴えに限らず，積極的確認の訴えでも同様であるが，相手方の提起する債務不存在の消極的確認の訴えについては，権利者が訴訟上その権利を主張した時に中断の効力が生じるとする判例・多数説と，この場合にも起訴のときに中断の効力が生じると解すべきであるとする有力説が対立している。

この時効中断の効力は，原則として訴訟物たる権利関係についてのみ生じる。ただし，訴訟上攻撃防御方法として主張された権利関係についても，一定の条件の下で（訴訟物たる権利関係と先決・派生関係のあるもの，または主要な争点となったもの）中断の効力を認めるべきかについては，時効中断の根拠をどのように考えるかにより見解が分かれている（なお，最判昭43・11・13民集22巻12号2501頁，最判昭44・11・27民集23巻11号2251頁など参照）。また，債権の一部のみの給付を求める訴えの提起によりどの範囲で中断の効力が生じるかについても，争いがある。

訴えの提起による時効中断の効果は，訴えの却下または取下げにより，さかのぼって消滅する（民149条。ただし，却下の場合には裁判上の催告としての効果を認めるべきであるとする見解が有力である）。却下・取下げがなければ，中断の効果は裁判の確定まで持続し，裁判が確定したときから新たに時効が進行することになる（民157条2項。なお，同174条の2参照）。

第6章
口頭弁論

I　口頭弁論とは

1　総説

訴訟の審理と口頭弁論　民事訴訟では，原告が訴えを提起し，原告，被告等の訴訟当事者が主張や証拠を提出し，裁判所が当事者の主張を聴き，証拠調べをして（なお，一定の証拠調べは裁判所の職権でもできる），これらの結果に基づいて判決をするという手続がとられるのが原則である。

訴え提起後，判決までの間に，当事者が裁判所に判決の基礎となる資料（主張や証拠）を提出し，裁判所がそれを調べる手続を「審理」という。審理は，口頭弁論という一定の方式をもった手続によって行われる。このことは，民事訴訟法の条文上も，次に述べる必要的口頭弁論の原則（民訴87条1項）や訴えの提起後の裁判長による口頭弁論の期日の指定（同139条）に表れている。ただし，「口頭弁論」という語はいくつかの違った意味で用いられる。このことについては，後の「口頭弁論の多義性」の項で述べる。

口頭弁論の必要性　民事訴訟法87条1項本文は，当事者が訴訟について裁判所において口頭弁論をしなければならないと定める。当事者の行為という観点からの定めとなっているが，当事者に口頭弁論をする義務があるわけではなく，裁判所が当事者に口頭弁論をする機会を与えなければならないということである。これは，実質的には，一定の基本原則（その内容は後記**2**のとおり）に基づく口頭弁論の方式によって審理をしなければならないことを意味する。判決は，それが確定すれば当事者間の実体的な権利義務や法律関係の存否に最終的な決着をつけることになるので，その基礎となる

審理手続には一定の基本原則に基づく口頭弁論が必要的なものとされるのである。それが審理の手続的な公正さ（同2条参照）や正統性を基礎づける。このような口頭弁論の方式をとることは，憲法32条・82条1項の要請でもある。

必要的口頭弁論　**(1) 原　則**　このように判決手続において口頭弁論が必要とされること，または，そのことに基づいて実施される口頭弁論の手続を「必要的口頭弁論」という。実体的な権利義務や法律関係を対象とする本案判決について必要的口頭弁論が妥当するのみならず，訴訟要件を欠いて訴えが不適法であることを理由とする訴え却下判決（訴訟判決）をするにも，原則として口頭弁論は必要的である（ただし，次の(2)のように，民訴78条本文・140条等の一定の場合には口頭弁論を経ずに訴え却下判決が可能である）。

　なお，必要的口頭弁論の対象となる判決手続でも，審理のすべてが口頭弁論の手続で行われなければならないわけではない。憲法82条1項の要請を満たすために審理の基本的部分は公開の法廷で口頭弁論の方式で行われなければならないが，争点および証拠の整理について弁論準備手続（民訴168条以下）が用いられ，そこでは事実の主張や書証の取調べが可能である（同170条参照）など，民事訴訟法が口頭弁論以外の審理手続を定めている場合がある。弁論準備手続の結果は口頭弁論で陳述されることになっており（同173条），これにより，判決が口頭弁論の結果に基づく必要があるという原則との結合が図られている。また，口頭弁論以外の手続でも，当事者の手続保障を十分に図るために，口頭弁論における基本原則は，その性質に応じて遵守または尊重されるべき要請が働く。

　(2)　必要的口頭弁論の例外　必要的口頭弁論の原則については，法律で例外規定が置かれることがある（民訴87条3項）。そのような定めとして，民事訴訟法78条・140条・256条・290条・319条・355条・359条がある。これらの規定は，いずれも，当事者に口頭弁論の機会を与える必要性が実質的に低いことなどを考慮したものである。

　ところで，上告審においては，上告裁判所が，一定の要件があれば，口頭弁論を開かずに書面のみの審理に基づき，決定による上告の却下（民訴317条1項），決定による上告の棄却（最高裁判所に限る。高等裁判所ではできない。同条2

項),判決による上告の棄却(民訴319条)をすることができる(また,口頭弁論を経ない訴え却下判決をすることもできる。同313条・297条が準用する同140条)。他方,これら以外の裁判を判決によってする場合には,上告審についても他に特別の定め(同87条3項)はないので,民事訴訟法87条1項本文の原則に従うかぎり,口頭弁論を開く必要があるということになる。しかし,近時の最高裁判所の判例では,形の上では以上の例外規定の要件に直接あてはまらないが,上告審で口頭弁論を経る必要がない場合があるとの判断が示されている(最判平14・12・17判時1812号76頁,最判平18・9・4判時1948号81頁,最判平19・1・16判時1959号29頁,最判平19・3・27民集61巻2号711頁,最判平19・5・29判時1978号7頁,最判平22・3・16民集64巻2号498頁等)。これらの判例は,民事訴訟法319条や140条(民訴313条・297条により上告審に準用)の規定の趣旨等を理由としているが,その中には口頭弁論の意義を軽視しすぎではないかとの疑問が妥当する事案も見られる。

任意的口頭弁論 決定で完結すべき事件は,迅速な処理の要請が働くもの,または,暫定的な措置を目的とするものであり,かつ,当事者間の実体的な権利義務や法律関係の終局的な確定をもたらすものではないことから,簡易な手続でも足り,口頭弁論が任意的とされている(民訴87条1項但書)。このように口頭弁論の方式による手続をとるかどうかが裁判所の裁量に委ねられること,または,そのことに基づいて実施される口頭弁論の手続を「任意的口頭弁論」という。「決定で完結すべき事件」の例として,移送(同16条~19条),除斥(同23条),忌避(同24条),訴訟引受け(同50条・51条),訴訟救助(同82条)の各申立てに係る事件等があげられる。

なお,決定手続で口頭弁論をしない場合には,裁判所は当事者を審尋することができる(民訴87条2項)。「審尋」とは,当事者や利害関係人に対し,書面または口頭で,陳述をする機会を与えることをいう。審尋の手続には,口頭弁論に適用されるような基本原則の適用はない。一般的には,口頭審理,公開審理の必要がなく,当事者の一方のみを審尋することも適法である。実務上,決定で完結すべき事件で口頭弁論の手続が用いられることはまれであり,当事者等に陳述の機会を与える必要がある場合には,簡易な手続である審尋の方法に

第6章　口頭弁論

よることが多い（審尋が必要な場合の例として民訴50条2項がある）。

口頭弁論の多義性　民事訴訟における「口頭弁論」という語の定義や整理の仕方は論者によって異なるが，次のように，3つの異なる観点から用語法を整理するのが適当である。すなわち，①審理の方式としての口頭弁論，②手続の時間的・場所的空間としての口頭弁論，③当事者等の訴訟行為としての口頭弁論である。そして，②と③の各観点からは，「口頭弁論」という語に広狭いくつかの意味がある（口頭弁論の多義性）。ここでは，これらの3つの観点から，「口頭弁論」の概念について確認しておきたい。

(1)　**審理の方式としての口頭弁論〔観点①〕**　民事訴訟の審理は，当事者が裁判所に裁判の基礎となる資料を提出し，裁判所がそれを調べる手続である。民事訴訟の審理の方式には，大きく分けて口頭審理と書面審理とがあり，法律に基づいて一定の基本原則（とくに，後記 **2** のような公開主義，双方審尋主義，口頭主義，直接主義）に従って行う口頭審理の方式を「口頭弁論」という。このように「口頭弁論」は，民事訴訟における一定の審理の方式を指すものとして用いられている。

前記のように必要的口頭弁論の原則を定める民事訴訟法87条1項本文の規定は，表現上は③の観点である当事者の行為としての口頭弁論を定めるが，実質的には，口頭弁論という上記の基本原則に従った一定の方式による審理の必要性を定めるところに重要性がある。

(2)　**手続の時間的・場所的空間としての口頭弁論〔観点②〕**　この観点は，民事訴訟の手続が実施される時間的・場所的な空間（場面）を表す用語法である。一定の期日（民訴93条参照）が「口頭弁論期日」かどうか，また，その期日に裁判所と当事者が実施している手続が「口頭弁論」の手続かどうかという区別を主として念頭に置く。そして，この観点からの「口頭弁論」（当該期日やその期日の手続が「口頭弁論」に含まれるかどうか）の理解や法文上の用法には，広狭各種の意味がある。

まず，観点②からの最広義の「口頭弁論」は，当事者および裁判所が，観点①の意味での一定の方式によって訴訟行為を行うすべての時間的・場所的空間（場面・手続）の意味で用いられ，当事者の訴訟行為である申立てや攻撃防御方

法の提出をする場面のほか，証拠調べを実施する場面や判決言渡しをする場面もこの意味での口頭弁論に含まれる（民訴148条1項・150条・154条1項・160条1項，規則66条・67条の「口頭弁論」がこの意味である）。証人や当事者本人の尋問をする期日や判決言渡しをする期日の調書も「口頭弁論調書」（民訴160条）であり，実務上そのように表示されている。

　他方，弁論準備手続（民訴168条以下）や書面による準備手続（同175条）は，観点①のような一定の方式に則って行われるわけではないので，この最広義の「口頭弁論」に含まれず，裁判の基礎とするためには，その結果を口頭弁論で陳述するなどの手続が必要である（同173条・177条参照）。

　つぎに，この最広義の口頭弁論から判決言渡しの実施される場面を除いた意味で「口頭弁論」という語が用いられることがあり（民訴149条・151条・152条・153条・155条・158条・251条1項・253条1項4号），これを広義の口頭弁論という。また，憲法82条2項とこれを受けた裁判所法70条は，「対審」のみを非公開にすることができ，「判決（の言渡し）」は必ず公開しなければならないことを定めているので，民事訴訟法91条2項の「口頭弁論」は，この意味での「対審」に対応する広義の口頭弁論ということになる。証拠調べもこの（広義の）口頭弁論期日に行われるのが原則である。広義の口頭弁論は，複数の期日にわたって実施されることが多いが，それらの期日に審理がされた結果が一体となって，判決の資料となる。これを「口頭弁論の一体性」という。

　さらに，広義の口頭弁論から，証拠調べを行う時間的・場所的空間（場面・手続）を除いた，当事者の申立てや攻撃防御方法の提出のみを行う場面を指して，「口頭弁論」ということがあり，これをもって，狭義の口頭弁論という。この狭義の口頭弁論を行う期日と区別して，証人尋問や当事者本人尋問を主として行う期日を実務上「証拠調べ期日」と称することがある。民事訴訟法182条の定める集中証拠調べの原則は，このような証拠調べ期日を1回，2回等の少ない回数に抑え，実効的かつ集中的に証人および当事者本人の尋問を行うべきであることをいう。

(3)　**当事者等の訴訟行為としての口頭弁論〔観点③〕**　「口頭弁論」という語は，当事者や裁判所の訴訟行為という観点からも用いられる。この観点か

ら，口頭弁論は，観点②からの最広義，広義，狭義の各場面（期日）に行われるべき当事者と裁判所の訴訟行為を意味する。したがって，最広義では裁判所の判決言渡しが含まれ，広義では証拠調べが含まれるが，通常は，狭義の口頭弁論に対応して，当事者による申立および攻撃防御方法の提出を意味するものとして用いられる。

そこで，「（当事者が）口頭弁論をする」または「弁論をする」という語は，当事者が一定の裁判を求める申立てをしたり，事実や法律上の主張をしたり，証拠の申出をしたりすることを意味することになる。弁論主義の第1原則（本章Ⅱ 1 参照）について，裁判所は「弁論」に現れた事実でなければ裁判の基礎にしてはならないと表現されることがあるが，この場合の「弁論」は，ここでいう当事者の訴訟行為としての狭義の口頭弁論を意味する。この意味での「弁論」は，当事者による証拠の申出も含むが，証拠調べの実施までは含まないので，裁判の基礎にできるのは「弁論」（狭義の口頭弁論）に現れた事実に限られるという言い方ができるのである。

なお，観点②からの広義の口頭弁論についての「口頭弁論の一体性」は，観点③からは，ある訴訟行為がどの期日においてされたかによってその訴訟行為の価値は影響を受けないという「口頭弁論の等価値性」を意味することになる（ただし，遅い時期にされた訴訟行為が，民訴157条により時機に後れた攻撃防御方法の提出であるとして却下されることはありうる）。

2　審理に関する諸原則

公開主義　訴訟の審理および判決の言渡しを一般公衆に公開すること，つまり，誰でもこれらの手続を傍聴できることをいう（一般公開主義）。憲法82条1項の要請である。公開主義違反は民事訴訟法312条2項5号で絶対的上告理由とされる。

最近の法改正で，プライバシーや営業秘密の保護の観点から，一定の範囲で非公開審理手続が定められるようになってきている（人訴22条，特許105条の7，不正競争13条等。憲82条2項本文に該当することから合憲であると解される）。また，訴訟記録の閲覧や謄写については，秘密保護のための制限がされ得る（民訴92

条)。

　なお，通常，「公開主義」というとこの「一般公開主義」のことを指すが，これに対して，当事者が，相手方や裁判所の行為を含む審理の状況や訴訟資料の内容を知り，手続に関与する機会を与えられなければならないという原則を「当事者公開主義」という。当事者が攻撃防御を尽くすためにそのような機会が必要であり，次に述べる双方審尋主義を実質化するための原則である。そのため，一般公開主義の例外が認められる場合でも当事者公開主義の制限はできないことに注意が必要である（上記非公開審理手続や民訴92条の訴訟記録の閲覧等の制限も当事者には制限が及ばない）。

双方審尋主義　双方審尋主義は，当事者双方が，攻撃防御方法の提出（主張や立証）を十分に尽くす機会を平等に与えられることである。より具体的には，当事者が審理の場（そこには口頭弁論期日のみならず弁論準備手続等の口頭弁論以外の手続が行われる期日も含まれると解すべきである）に出席する機会を与えられ，かつ，出席した場合には攻撃防御方法を提出する権限を保障されるということを意味する。その趣旨は，当事者に十分な手続上の権限を保障し（手続保障），裁判の公正を実現し，訴訟の結果に対する当事者の満足・納得や，裁判制度に対する社会の信頼を確保することである。双方審尋主義によって裁判の正統性が認められるといってもよい。憲法上の権利でいうと，裁判を受ける権利（憲32条）の実質的保障を目的とする。民事訴訟における各種の審理原則の中で順序をつけるとすれば，最も重要な原則がこれであろう。

口頭主義　口頭主義は，判決の基礎となる申立て，主張，証拠申出，証拠調べの結果は，裁判所に口頭で陳述または顕出されなければならないという原則である。反対概念として，書面主義がある。口頭主義は，次の直接主義と組み合わせられることで，裁判所が当事者の口頭での陳述を直接聴取することにより事件の内容（当事者の主張や争点）を明瞭に認識し，争いのある事実について新鮮な心証を形成することができるという長所を有している。その意味で，実体的真実に迫るのに優れた手続であるといえる。

　ただし，口頭ですべてのことを行うことには，とくに複雑な事実関係に関する主張・説明や法律問題に関する精緻な議論のことを考えると，実際上，無理

があり、また、正確性や記録化の点で不都合なところもあるので、訴訟手続においては、書面が活用される場面が多い。とくに当事者の主張については準備書面（民訴161条）が重要な機能を果たす。そして、口頭弁論の実情では、訴訟上の申立て、主張、証拠申出等は、期日において「訴状〔または準備書面〕に記載のとおり陳述する。」「証拠申出書に記載のとおり証拠を申し出る。」といった言葉のみでされる。このことから「口頭主義の形骸化」が指摘されることもある。現行民事訴訟法では、その改正の際の議論等に照らすと、争点および証拠の整理手続のための準備的口頭弁論（同164条以下）や弁論準備手続（同168条以下）で、当事者や裁判所が口頭で活発にやりとりをすることが想定されている。

直接主義　判決をする裁判官自身が直接、当事者の弁論を聴取し、証拠調べをするという原則をいう。その趣旨は、裁判官自身の認識を判決に直接反映できるようにすることで、事案の適切な把握や真実発見という意味で内容的に適正な判決がされるようにすることである。この効用は、前記のように口頭主義と結びつくことでよりよく発揮されるとされている。

「判決は、その基本となる口頭弁論に関与した裁判官がする。」との民事訴訟法249条1項の定めが直接主義を定めており、直接主義に違反して判決をしたことは、絶対的上告理由（民訴312条2項1号）となり（最判昭33・11・4民集12巻15号3247頁）、再審事由（同338条1項1号）にもあたる。

もっとも、裁判官が交代した場合にすべての手続をやり直すことは予定されておらず、口頭弁論の更新により直接主義の建前が維持される（民訴249条2項。控訴審では同296条2項）。それは、実質的には間接主義に近い手続となる。しかも、実際の口頭弁論の更新手続では裁判所との間で当事者が「従前のとおり陳述する」ことを確認するのみである。

証人尋問については、民事訴訟法249条3項が、一定数の裁判官が交代した場合に当事者の申出により再尋問をすべきことを定めている。

3　口頭弁論の経過

口頭弁論の経過の概要　ここでは，前記 **1** の「口頭弁論の多義性」の項の(2)の時間的・場所的空間としての口頭弁論（そこでの最広義の口頭弁論）の経過を概観する。より広く，訴訟手続の概要，期日の概念等については第**4**章を参照されたい。

原告が訴えを提起すると（民訴133条），裁判長（裁判体の構成が合議制の場合は文字どおり裁判長，単独制の場合はその1人の裁判官のことを意味する）が，訴状審査（同137条）の後，第1回口頭弁論期日を指定し，当事者を呼び出す（同139条）。口頭弁論期日の指定は，その後の期日も含め，裁判長の権限である（同93条1項）。第1回口頭弁論期日の後，さらに口頭弁論期日を指定するなどして審理を継続させることを口頭弁論期日の続行という。そして，口頭弁論は裁判長が指揮することとされており（同148条），これを裁判長の訴訟指揮権という（訴訟指揮と職権進行主義につき，本章Ⅲ参照）。

第1回口頭弁論期日には，通常，原告が訴状を，被告が答弁書をそれぞれ陳述する。第1回口頭弁論期日に一方の当事者が出頭しなかった場合には，その当事者が提出していた訴状，答弁書等の陳述が擬制され（これを「擬制陳述」という），出頭した他方当事者が弁論をすることになる（民訴158条）。

第1回口頭弁論期日以降，口頭弁論期日には裁判所と当事者の訴訟行為が行われる。当事者の訴訟行為（詳しくは本章Ⅴ参照）として重要なものは，「判決を求める申立て」とこの申立てを基礎づける「攻撃防御方法」である。当事者がこれらを口頭弁論期日に提出する行為を前記 **1** の「口頭弁論の多義性」の項の(3)で述べた意味で「弁論」という。

「判決を求める申立て」として，原告は，訴状に「請求の趣旨」（民訴133条2項2号）としてどのような判決を求めるのかを記載しており，通常は第1回口頭弁論期日にこれを陳述する。これに対して被告は反対の申立てをすることになり，それには請求棄却判決を求める申立て，訴え却下判決を求める申立て等があるが，裁判所が判決をするために被告の反対申立てが必要となるわけではない。ただし，被告が請求の認諾（同266条1項）をすれば，裁判所は判決ができない。原告が判決を求める申立てと被告が請求棄却判決を求める申立てを

「本案の申立て」といい，訴えの却下を求める被告の申立てや移送の申立て（同16条〜19条参照）を「本案前の申立て」という。本案の申立てか本案前の申立てかは，応訴管轄の要件（同12条），訴え取下げの要件（同261条2項本文）等との関係で違いをもたらす。

「攻撃防御方法」には，当事者の主張，相手方の主張に対する認否，証拠申出（民訴180条），証拠に対する陳述（文書の成立に対する認否等）があり，これらが裁判所の判断のための訴訟資料となる。「攻撃防御方法」のうち，原告がその本案の申立て（求める判決）を基礎づけるために提出するものが「攻撃方法」，被告が反対申立てを基礎づけるために提出するものが「防御方法」である。

争点および証拠の整理は，通常の口頭弁論期日にも行われるが，実質的な整理をするためには，民事訴訟法164条以下の「争点及び証拠の整理手続」で行われることが多い（第7章参照）。そのうち準備的口頭弁論（民訴164〜167条）は口頭弁論の一種である。

証拠調べの手続も口頭弁論期日に行われるのが原則である（例外として民訴170条2項・185条等）。集中証拠調べの原則（同182条）については後述する。

なお，以上のような経過の中で，和解の試み（民訴89条。「和解勧試」ともいう）がされることも多い。和解は，口頭弁論期日に試みられるほか，とくに和解期日が指定されることもある。

裁判所は，審理を遂げ，終局判決ができる状態になったとき（民訴243条1項は「訴訟が裁判をするのに熟したとき」と表現している）には，口頭弁論を終結し，裁判長が判決言渡しのための口頭弁論期日（判決言渡期日）を指定する。事実審の口頭弁論終結時は，既判力の基準時となり（民執35条2項参照），口頭弁論終結の日は，判決書に記載される（民訴253条1項4号）。そして，裁判所は，判決言渡期日に終局判決を言い渡す（同243条・250〜254条）。

なお，口頭弁論の終結後，判決の言渡しまでの間に，裁判所が，さらに審理が必要であると考えることにより，口頭弁論を再開することがある（民訴153条）。口頭弁論の再開は原則として裁判所の裁量によるが，事情によっては口頭弁論を再開することが裁判所の義務となる場合がある（最判昭56・9・24民集35巻6号1088頁参照）。

口頭弁論の制限・分離・併合　裁判所は，口頭弁論の制限，分離，または併合の決定をすることや，その決定を取り消すことができる（民訴152条1項）。条文の文言上は「命令」であるが，裁判の種類は裁判所の「決定」である。「口頭弁論の併合」等を単に「弁論の併合」等と表すことが多いので，以下では，その用語法による。

　原告は複数の請求を併合した訴えの提起（民訴136条・38条参照）や訴えの変更（同143条）ができ，被告も反訴の提起（同146条）ができるので，当事者の行為によって複数の請求が併合されて1つの訴訟で審理対象となることがある（第11章参照）。これに対して，弁論の併合は，裁判所がその職権で行うものである。当事者が権利として審理の併合を求めることができない場合（たとえば，判例・通説は，法定のものを除いて，主観的追加的併合を認めない）であっても，裁判所が弁論の併合をすることは可能である。

　また，裁判所は，当事者の行為によって請求が併合されている場合に，弁論を分離することもできる。さらに，弁論の制限をして，請求の併合関係を変えることなく，一定の事項についてのみ弁論を集中して行うように当事者に命ずることもできる。

　裁判所は，審理を整理して効率的に手続を進めたり，紛争を実効的に解決したりできるように，その訴訟指揮権の行使として，裁量によりそのような決定をする権限を与えられている。決定に際しては，これらの目的に資するように手続選択上の裁量（いわゆる手続裁量）が働き，複数の請求の弁論や証拠調べを同時に行うことによる便宜，裁判の矛盾抵触の回避等の併合審判の利点と，併合審判によって手続が複雑化して遅延すること等の欠点とが比較考量される。具体的には，請求または当事者の同一性や関連性，訴訟の進行状況や訴訟資料の状況，弁論終結や判決の時期および判決の内容についての見通し，当事者の意思等が考慮されることになる。当事者は，弁論の併合，分離，制限の申立権をもたず，裁判所の職権発動を促すことができるのみであると解するのが通説的見解である。

弁論の併合　弁論の併合とは，同一の裁判所（官署としての裁判所）の中で別々に係属している（別々に審理されている）複数の請求を1

つにまとめて，その後は同一の手続内で審理・判決することとする裁判所の決定である。同一当事者間の請求の併合（客観的併合）の場合もあるし，複数原告や複数被告の併合（主観的併合）の場合もある。

弁論の併合は，明文の例外規定（例として人訴17条）がないかぎり，同種の訴訟手続による請求の間でしかできない（民訴136条）。弁論の併合は，一定の場合に，明文の規定により法律上義務づけられることがある（会社837条〔その後の分離も禁止される〕，人訴8条2項・17条3項〔その後の分離は禁止されない〕）。

裁判所が当事者を異にする事件について弁論の併合を命じた場合に，その前に尋問した証人について尋問の機会がなかった当事者が尋問の申出をしたときは，その尋問をしなければならない（民訴152条2項）。併合前の各手続での訴訟資料は併合後の手続でも訴訟資料になることを前提として，その当事者の証人尋問権を保障する趣旨の規定である。

弁論の分離 弁論の分離とは，複数の請求が併合審理されている訴訟の係属中に，それらを分けて，その後は別々の手続で審理・判決するという裁判所の決定である。同一当事者間の複数の請求を分離する場合もあるし，共同原告または共同被告が追行している訴訟で原告ごとまたは被告ごとに手続を分離して1つの手続で審理される当事者の数を減らす場合もある。

請求相互の関連性等から1つの手続で審理・判決することが必要不可欠であり，弁論の分離が許されない場合がある。具体的には，予備的併合（最判昭38・3・8民集17巻2号304頁は，予備的併合において主たる請求を排斥する一部判決が許されないとした），選択的併合，予備的反訴の場合，必要的共同訴訟の場合（民訴40条），同時審判の申出のあった共同訴訟や引受承継のされた訴訟の場合（同41条1項・50条3項），独立当事者参加がされた訴訟（同47条。一部判決が許されないとした判例として最判昭43・4・12民集22巻4号877頁がある。ただし，参加人に異議がないときには弁論の分離も可能であると解するのが相当であろう）等である（前項であげた会社837条も参照）。これらに反した弁論の分離は，訴訟手続の違法をもたらし，その訴訟手続を経た判決は，控訴審における取消事由（民訴305条・308条2項）や上告審における破棄事由（同325条1項・2項）となりうる。

以上にあげたものとは異なり，請求の単純併合の場合や通常共同訴訟（民訴

39条参照）の場合（同時審判の申出に係るものを除く）には，裁判所に弁論を分離するかどうかの裁量がある。ただし，請求相互の関連性や審理の状況等の考慮要素を総合的に勘案して，事案によっては，弁論の分離が裁量権を逸脱しており不当または違法であるとの評価を受けることがあろう。

弁論の制限　弁論の制限は，弁論や証拠調べの対象となる事項が複数ある場合（複数の請求が併合されている場合，複数の攻撃防御方法がある場合，本案の問題以外に訴訟要件の具備が問題となる場合等）に，そのうちの一部についてのみ弁論を集中して行うよう当事者に命じ，その部分についてのみ審理をするという裁判所の決定である。請求の併合関係には変動を及ぼさないので，弁論の分離が禁止されている場合にも用いることができる。

口頭弁論調書と記録閲覧の制限　裁判所書記官は，口頭弁論について，期日ごとに調書を作成しなければならない（民訴160条1項）。期日にどのような方式で何が行われたかの記録を残し，後日に争いが生じないようにし，また，裁判官が交代した場合や上訴審に移審した場合に従前の手続を裁判官等が認識できるようにすることが目的である。調書の具体的な記載事項，方式等については，民事訴訟規則66条から69条までに規定されている。

口頭弁論の方式に関する規定の遵守は，調書が滅失しないかぎり，調書のみが証拠となり，他の方法で証明することはできない（民訴160条3項）。口頭弁論の方式に関する調書の記載には，形式的記載事項（規則66条1項各号），判決の言渡しの方式（民訴252条），弁論更新のための従前の口頭弁論の結果陳述（同249条2項・296条2項）が含まれる。当事者や証人の陳述の内容等の実質的記載事項（規則67条1項各号参照）については，調書以外の方法による証明の余地が残されている。

誰でも訴訟記録の閲覧を裁判所書記官に請求することができ（民訴91条1項），当事者や利害関係人は訴訟記録の謄写等を請求することもできる（同3項・4項）。前記 **2** の諸原則との関係では，前者は一般公開主義の趣旨，後者は当事者公開主義や双方審尋主義の趣旨に基づいている。

その一方で，訴訟記録の閲覧や謄写等を無制限に認めると，訴訟記録に当事者の個人的なプライバシーにかかわる事項や営業秘密に関する事項が記載され

ている場合に，これらの事項を秘密にしておく当事者の利益が侵害されることになる。そこで，訴訟記録中に一定の要件を満たす秘密が記載されている場合に，当事者の申立てがあれば，裁判所は，その秘密記載部分の閲覧，謄写等の請求ができる者を当事者に限る旨の決定ができる（民訴92条1項）。

　これは，一般公開主義の例外を認めるものであるが，当事者公開主義を制限するものではない。秘密保護を理由に相手方当事者が訴訟記録を閲覧，謄写する権利を制限するわけにはいかないのである。ただし，相手方当事者のこのような権利も，訴訟手続上の必要性によるものであるから，他の目的のための利用は制限されることがあってよく，そのような見地から営業秘密等を保護する方法として，秘密保持命令（特許105条の4，不正競争10条等）の制度がある。

随時提出主義から適時提出主義へ　民事訴訟法156条は，攻撃防御方法は訴訟の進行状況に応じ適切な時期に提出しなければならないという「適時提出主義」を定める。旧民事訴訟法では，攻撃防御方法の提出時期について，原則として口頭弁論の終結までいつでも提出することができるとする「随時提出主義」が採られていた（旧民訴137条。なお，随時提出主義に対立する原則としては，攻撃防御方法をその種類に応じた一定の段階に提出しなければ提出できなくなるという「法定序列主義」ないし「同時提出主義」があり，かつてドイツでとられたことがある）。これに対し，現行法は，適正で充実した迅速な審理と裁判を実現することを目的として，当事者は攻撃防御方法を適切な時期に提出しなければならないとする適時提出主義を採用した。したがって，適時提出主義は，信義則（民訴2条），争点および証拠の整理手続（同164条〜178条），集中証拠調べの原則（同182条）などと共通の目的に基づく。

　攻撃防御方法を提出すべき「適切な時期」がいつであるかは，具体的な事案の「訴訟の進行状況に応じ」て個々に定まるものである。一般論として述べるのは難しいが，たとえば，一方当事者の新たな主張に対する認否は次の期日までにするのが適切であり，主張の変更はその必要が生じた後速やかにするのが適切であるということができよう。

　ところで，口頭弁論は，期日が複数回にわたる場合であっても，一体ないし一連のものとして取り扱われるので（前記**1**の「口頭弁論の多義性」の(2)であげた

「口頭弁論の一体性」および(3)であげた「口頭弁論の等価値性」)，判決の基礎になるかどうかという観点からは，訴訟行為がどの時期に行われたかは，原則として意味をもたない。そして，現行法の解釈としても，民事訴訟法156条の「適切な時期」より後に提出された攻撃防御方法が直ちに同法157条1項の「時機に後れて提出」されたものに当たるわけではないという考え方が強い。

　しかしながら，現行法で随時提出主義から適時提出主義に改められたことは，上に触れた信義則や集中証拠調べ等の定めとあいまって，当事者に対し，より早期に攻撃防御方法を提出すべき要請をするものである。また，近時の裁判所の訴訟指揮も攻撃防御方法を早期に提出させる方向で進められることが多い。そうすると，随時提出主義から適時提出主義に改められたことで，民事訴訟法157条1項（その条文自体は旧民訴139条1項を口語に改めたのみで，内容に変化はない）の「時機に後れた」といえるかどうかの解釈に影響が生じうる。そこで，適時に提出されなかった攻撃防御方法の後日の提出は「時機に後れた」との要件を満たすと考えることにも相当の理由があると思われる。それでも，故意または重過失，訴訟の完結の遅延という他の要件も満たされない限り民事訴訟法157条1項によって却下されるわけではないので，具体的な妥当性を欠くことにはならない。

集中証拠調べの原則　民事訴訟法182条の定める集中証拠調べの原則は，証人および当事者本人の尋問を，争点および証拠の整理が終了した後に集中して行うこととする原則である。争点と証拠が整理されたことを前提に，そこで浮かび上がった真の争点に関する事実の立証や反証に集中して，証人および当事者本人の尋問を1回，2回等の少ない期日に，実効的かつ集中的に行うべきことをいう。

　旧民事訴訟法下の実務においては，複数の人証を取り調べる場合に，証拠調べ期日の間隔が2〜3か月といった長い期間に及び，各期日に人証を順次取り調べる（事件や人証によっては，1人の人証を複数の期日にわたって取り調べることもある）という方式が常態化しており，継続することなく少しずつ繰り返すことから「五月雨式審理」などと呼ばれていた。こういった従来型の審理方式では，人証調べの結果によってはじめて争点が明らかになるといったこともあり，争

点が人証調べの結果によって揺れ動き，これによりさらに別の人証調べが必要になるといった「漂流型審理」ともいうべき状況も生じていた。しかし，これでは，それ自体により審理が長期化するばかりでなく，争点を探るような尋問をすることで尋問時間が長くなったり，争点が変遷することによりすでにした人証調べの結果が無駄になったりすることが往々にしてある。また，期日の間隔が開きすぎて訴訟代理人や裁判官が事件についての記憶を保持するのが難しく，期日の準備として同じような作業（記録読み等）を何度もしなければならなかったり，適正な心証を採ることに支障が生じたりするといった問題もある。担当裁判官の転勤等による交代も起きやすくなり，これは口頭主義や直接主義の趣旨（前記 **2** 参照）からしても望ましくない。そこで，これらの問題を解消することを目的として，現行法は，集中証拠調べの原則を明文で定めたのである。

集中証拠調べの原則は，人証調べの手続を集中して実施することのみを意味するのではなく，その前提として，争点および証拠（ここでいう証拠には人証以外の書証等も含む）の整理が的確にされることによって，人証調べが真の争点を対象としてされるべきことや，証拠調べの結果によって新たな争点が現れるといった状況はできるだけ生じないようにすべきことをも意味している。

集中証拠調べは，審理期間の短縮をもたらすとともに，裁判所と当事者（訴訟代理人）の双方にとって，証拠調べのための準備の回数が少なくて済み，複数の人証の供述を一気に聴いて比較対照することなどにより心証も形成しやすくなるなど，効率的で適正な審理と判断に資することが期待される。実務上も相当広く実施されるようになっている。

なお，現行法上の集中証拠調べの原則とは違う意味で「集中審理主義」という言葉がある。これは，裁判所が複数の事件を審理する場合に，そのうちの特定の事件について数回にわたる期日を集中的に指定して審理を実施し，その終了後に他の事件の審理をするという方法をとる原則であり，継続審理主義ともいう。これに対して，裁判所が，特定の事件については期間を置いた期日を断続的に実施することで，複数の事件を併行して処理するという方法をとることを「併行審理主義」という。これらの区別に関しては，現行の民事訴訟の審理

では併行審理主義がとられている。

計画審理の原則　現行民事訴訟法は、裁判所および当事者は、適正かつ迅速な審理の実現のため、訴訟手続の計画的な進行を図らなければならないと定めている（民訴147条の2）。これは、平成15年の改正（平成15年法律第108号）により追加された条文であり、第2編第2章として「計画審理」という章が加えられ、同条と、「審理の計画」（審理計画）に関する同法147条の3が置かれた。また、審理計画が定められた事件についての攻撃防御方法の却下について、同法157条の2も加えられた。同法147条の2が定めるように、適正かつ迅速な審理の実現のために計画的に訴訟手続を進行させるべきことを「計画審理の原則」と呼ぶことができる。もっとも、計画的な訴訟進行の要請は、この改正の前から働いていたといえる。

Ⅱ　弁論主義

1　弁論主義の意義と内容

弁論主義とは、判決の基礎（根拠・理由）となる事実・証拠の収集・提出について、これを当事者の責任かつ権能であるとする原則である。弁論主義を直接に示す条文はないものの、訴訟物レベルでの処分権主義（民訴246条）と並んで、本案審理・判断における当事者主義を表す民事訴訟の大原則である。具体的には、①「裁判所は、当事者の主張しない事実を判決の基礎としてはならない。」（第1原則。ここから「主張責任」が派生する）、②「裁判所は、当事者間に争いのない事実をそのまま判決の基礎としなければならない。」（第2原則。裁判上の自白（同179条））、③「裁判所は、争いのある事実主張を証拠によって事実認定するには、当事者が申し出た証拠によらなければならない。」（第3原則。職権証拠調べの禁止）の3つの原則に集約される。

弁論主義は、いくつかの側面から眺めることができる。まず、当事者（原告・被告）は、請求を定立し、あるいは棄却の申立てをするだけで自動的に正しい判決を得ることはできない。訴訟のもととなった紛争の詳細な事情については、当事者のみが裁判所の面前に提出することができる。したがって、当事者

は，本案において自己に有利な事実主張をしない限り，自己に有利な判決を得ることができない。裁判所は，あくまでもレフェリーとしての立場にある。また，民事訴訟は，もともと，実体私法が妥当する私的領域の紛争であるから，原告と被告の意思によりいかようにも調整可能なものでもあり，訴訟をいかなる事実主張によって根拠づけるかも当事者の意思によるとする方が筋が通るという理論的な側面もある（これが，弁論主義の根拠づけに関する通説たる本質説の言わんとするところである。これに対して，手段説，多元説等が対立する）。

　他方，訴訟構造を理解する際に重要な側面があることも忘れてはならない。民事裁判は，法と事実に基づいて判断するものであると言われる。弁論主義は，この「法」と「事実」に関して，裁判所と当事者との役割分配を定めるものである。すなわち，「法」については裁判所の専権に属しており，「事実」については当事者の権能・責任のもとにあるとする。したがって，裁判所は，当事者のうちいずれかから主張されている事実を判決の基礎とできる（主張共通の原則）。とは言え，「事実」について両当事者が異なる事実主張をするとき，どちらの事実主張が真実であるのかを判定するのは裁判所である（事実認定。なお，主要事実につき争いのないときは第2原則の自白が成立し（自白については第**8**章**Ⅰ**参照），証拠調べをする必要はなく，むしろ積極的に当該事実を判決の根拠に据えなければならない）。この事実認定について，民訴法247条は，これを裁判所の自由な判断に委ねている（自由心証主義）。すると，たとえば交通事故による損害賠償請求訴訟において被害者である原告が脇見運転が事故の原因であるとの主張をしていたとして，裁判所が証拠の中から酒気帯び運転の心証を得たとき，これを事実認定することが可能に思われるかも知れない。しかし，これは，少なくとも被告にとっては不意打ちであり，原告が棚ぼた的な勝訴判決を得ることは不公平であるというそしりを免れえない。第1原則は，裁判所の自由な事実認定に一定の枠を設けるものであり，理論的には，口頭弁論における事実主張（訴訟資料）と証拠調べにおいて得られた証拠資料を峻別し，裁判所は，証拠があるからと言って当事者の事実主張を代用してはならないとも言われている。

2　弁論主義の対象（適用される事実）

事実の種類　　民事訴訟は，法の解釈を争う場であると同時に，その適用，つまり，法に事実があてはめられることを争う場でもある。当事者が責任を負うのはこの事実についての主張である。一般に，民事訴訟で問題となる事実は，主要事実，間接事実，補助事実，事情に区別される。

(1)　主要事実とは，権利の発生・変動・消滅という法律効果をもたらす法律要件に該当する事実とされる（直接事実とも呼ばれる）。たとえば，消費貸借契約に基づく貸金返還請求訴訟では，貸金返還請求権を発生させる法律要件である「返還の約束」と「金銭の授受」（民587条）が，訴訟物たる貸金返還請求権を発生させるものであり，発生した請求権を消滅させる要件である「弁済」が主要事実となる。

(2)　間接事実とは，経験則により主要事実の存否を推認させる事実を言う（事実上の推定）。いわゆるアリバイは，交通事故を起こした自動車の運転をしていたと主張される被告が同一時点において他の場所にいたというアリバイは，車を運転していたという主要事実の不存在を推認させる間接事実である。貸金返還請求訴訟において「金銭の授受」が争われたときに，当該金銭が授受されたと主張する日以降，被告の金回りがよくなったという事実も「金銭の授受」があったことを推認させる間接事実である。間接事実は徴表（徴憑）とも呼ばれ，主要事実を証明する証拠と同様の機能を有するが，事実主張としてなされ，かつ相手方から争われた場合には立証の必要性が生じる。

(3)　補助事実とは，証拠の信用性に影響を与える事実であり，たとえば，証人が当事者の一方と特別な関係であるという事実である。

(4)　(1)〜(3)以外の事実（事情）。契約をした動機など，その他の事実である。

主要事実と間接事実の区別の必要性とその基準　　通説は，弁論主義がすべての事実に及ぶと自由心証主義という裁判所に与えられた事実認定の権限が大幅に認められなくなるとの考慮から，弁論主義の及ぶ事実を主要事実に限るものとしている。実体法上の権利を発生，変動，消滅させる法律要件を基準として，裁判所の訴訟運営や当事者の訴訟活動を規律し，訴訟における争点形成，立証活動，心証形成の道標とするものと言うことができる（実体法基準と

第6章　口頭弁論

> **オアシス 6-1　弁論主義に関する主要判例**
>
> 　弁論主義の第1原則ついては，なおも問題となる判例がある。まず，契約における代理人につき，本人がしても代理人がしても法律効果に変わりはなく，被告本人が締結したものとして請求がされた場合，裁判所が代理人により締結されたと事実認定しても弁論主義違反はないとする（最判昭33・7・8民集21巻11号1740頁）。代理の法律要件につき主張を省略することが問題となる。次に，過失相殺について，当事者の主張によらず，裁判所の職権で判断することが認められているが（最判昭41・6・21民集20巻5号1078頁）債権者に過失があった事実については債務者に証明責任がある（最判昭43・12・2民集22巻13・3454頁）。実質において弁論主義の適用があると考える。さらに，所有権移転の来歴経過について，当初，判例は，来歴経過に弁論主義の適用はないとしていたが（最判昭25・11・10民集4巻11号551頁），これを改め，来歴経過にも弁論主義の適用があるものとした（最判昭41・4・12民集20巻4号548頁．最判昭55・2・7民集34巻2号123頁）。来歴経過という事実はすでに主張されていて，ことは法的評価の問題あるいは事実主張の解釈の問題ではないかという疑問もあるが，弁論主義の第1原則の適用においては妥当な方向であろう。

言うこともできる）。

主要事実・間接事実の区別についての新しい考え　通説の区別については，実際の裁判では間接事実についての争いが重要である場合が少なくなく，裁判所の自由心証に一定の制約をかける弁論主義の意義が減殺されること，また，現実に，ある事実が主要事実にあたるかどうかの判断は必ずしも容易であるとは言えないことなど，批判が強い。新しい考え方の1つは，通説の区別を前提とした上で，訴訟の勝敗に直接影響を与える間接事実については当事者の主張を必要とするものである（重要な間接事実について弁論主義の適用があるとする）。この考え方と連続性をもつものとして，実体法基準を組み替えて，訴訟の勝敗に直接影響を与える事実を主要事実，そうでない事実を間接事実とする考え方もある。さらに，ある事実について証明責任を負わない当事者からする積極否認（たとえば，売買代金請求訴訟で，原告が売買目的物と主張する物は贈与によって被告の手に渡ったものであるとの主張。裁判所が贈与であるという被告の事実主張を容れたとしても，それは原告の主張が認められないとの理由づけとなるだけである）の場合を除いて，請求を基礎づけ，あるいは抗弁を基礎づけるような事実については主要事実であろうと間接事実であろうとすべて口頭弁論に顕出さ

> **🏺 オアシス6-2　職権探知主義と職権調査**
>
> 　職権探知主義とは，裁判の基礎となる訴訟資料・証拠資料の収集を裁判所の責任で行うとする原則である。これを採る裁判手続としては，人事訴訟法（20条），家事事件手続法（56条1項），非訟事件手続法（49条1項）などがある。人訴法20条は，「裁判所は，当事者が主張しない事実をしん酌し，かつ，職権で証拠調べをすることができる。」と規定する。前半で弁論主義の第1原則を，後半で第3原則を斥けている。第1原則と第3原則の否定から，第2原則の自白も効力をもたないものと考えられる。
>
> 　訴訟要件のような職権探知事項について採られる審理方式として職権調査がある。当事者の申立て・異議によらずに裁判所自らが調査し判断する。したがって，弁論主義の第1原則は排除される。しかし，第2原則・第3原則については，判断資料の収集の問題として別異に取り扱う。すなわち，訴えの利益や当事者適格といった本案判断に近い訴訟要件については，自白の成立を認め，かつ，職権証拠調べは認めない（弁論主義の適用があるとされる）。その他については，自白の拘束力を認めない。職権証拠調べについては，管轄権に関する事項（13条）や裁判官の除斥原因の有無についてはこれを認める。
>
> 　なお，第3原則が通用する民事訴訟法の中に職権証拠調べを認める条文が散見される（186条・207条1項・218条・233条）。これらは，第3原則との関係で客観性の高い証拠資料として必要最小限で利用されるべきである。

れなければならないする考え方がある。これらの諸説は，訴訟法的基準を採るものと言えよう。

　ここで問題となったのが，一般条項や規範的概念と呼ばれる規定の取扱いである。たとえば「権利濫用」「信義則」「（借地借家法上の）正当事由」「過失」などは，通説のように，これ自体を主要事実と構成すると，上記自動車事故の例における「脇見運転」や「酒気帯び」という事実は間接事実とされ，弁論主義の適用がない。しかし，当事者に不意打ちを与えないという手続保障の観点からは問題である。ただ，このような規定は法的評価を伴うものであり，実務の大勢は，「過失」というレベルの下に「脇見運転」「酒気帯び運転」というあてはめの必要な具体的法律要件を置き，これを基礎づける（該当する）事実を主要事実と捉えるようになっている。

　このように，弁論主義の適用を定める基準は，実体的基準だけでは十分でなく，訴訟法的基準も取り入れるべきである。ただ，訴訟法的基準を導入するにあたっては，アドホックな判断とならないよう検討が加えられる必要がある。

第6章 口頭弁論

主張責任 弁論主義の第1原則によれば，自己に有利な事実を主張しないと，裁判所はその事実に基づいた判決ができなくなる。このような不利益を主張責任という。原告が自らの請求を基礎づける事実の全部を主張しないときは，裁判所は主張自体失当として請求棄却の判決をする。証明責任は職権探知主義などでも問題となるが，主張責任は弁論主義のもとでのみ観念しうる。主張責任の分配は証明責任の分配と等しいというのが通説であるが，必然性はないとする異説もある。

3 弁論主義の補充

釈明権（求釈明権） 釈明権（求釈明権。民訴149条1項）は，裁判所の訴訟指揮権に属するものである。つまり，当事者の主張あるいは立証につき不明瞭なところがあれば，「訴訟関係を明瞭にするため，事実上及び法律上の事項に関し，当事者に対して問いを発し，又は立証を促すことができる」。当該事案について正しい理解を得るために裁判所が後見的に当事者に働きかけ，審理の充実と効率が図られるものとして，釈明権は弁論主義を補完・補充するものであると考えられている（なお，釈明処分（同151条）も同様の機能を有する）。ただ，民事訴訟以外の裁判制度まで視野を拡大すれば，釈明権は，司法制度に内在する裁判所の調査権能というべきものであり，民事訴訟においては弁論主義という制約があるものと捉えることもできよう。

釈明権は，一方当事者に対して行使されることもあり，他方当事者とすれば不公平感をもつ場合もある。したがって，裁判所の中立性を侵してはならず，裁判所には，中立義務の範囲内においてのみ釈明権を行使する慎重さが求められる。

問題は，釈明をすべきなのに釈明しなかった場合と，逆に，釈明すべきでないのに釈明した場合である。前者の場合は，釈明義務の範囲の問題である。もし釈明義務違反が認められたとすれば，上告審による原判決の破棄事由（民訴312条3項・325条1項後段・2項）にあたるとするのが判例・通説である。釈明権と釈明義務の範囲は一致せず，釈明権のほうが広いとするのが通説であるが，裁判所に釈明義務はないが釈明権は存在するというグレーゾーンを認める

べきかについて争いがある。後者の場合，釈明権は存しないのであるが，上告審による原判決の破棄事由にはならないとされている。訴訟の勝敗を左右するような釈明の場合には問題が大きい（たとえば消滅時効の釈明）。これについて，当事者の不明瞭な主張を明瞭にするための消極的釈明と，当事者に必要な申立てや主張をするように示唆する積極的釈明とを区別して，積極的釈明はより慎重に行うべきだとする考え方もある。ただ，消極的釈明と積極的釈明とが截然と区別しうるものであるかは疑問である。

法的観点指摘義務 とは，裁判所が当事者の主張しているのとは異なる法的観点または主張されていない法的観点を判決の基礎とするとき，裁判所はその点について指摘して当事者に攻撃防御の機会を与えねばならない旨の義務，あるいは，少なくとも一方当事者に知られていない法的観点について，当事者に攻撃防御の機会を与えるために，裁判所が当事者に指摘をすべき義務として理解されている。明文はないが，このような法的義務の存在については異論がない。このような義務に反して，裁判所が当事者に攻撃防御の機会を与えずに判決したときは，当事者にとって不意打ちとなり，手続保障に欠ける事態が生ずるため，ドイツ法やフランス法のように，当事者の主張していない法的観点を判決の基礎とするための要件として規定化した国もある。法解釈の専権が裁判所にあることや法律上の釈明の問題とも絡んで，弁論主義との関係を以下に捉えるかが問題である。

真実義務 狭義の真実義務は，当事者が主張する事実が真実ではないと知りつつ主張してはならず，また，相手方の主張する事実を真実と知りつつ争ってはならないというものである（ドイツの通説）。これは，弁論主義と矛盾・対立するものではなく，民訴法230条や209条の制裁規定もこの義務を前提として置かれたものと言うことができる。これに対して，広義の真実義務（完全陳述義務）は，知っているすべての事実の陳述を義務づけるものであり，少なくとも建前の上では，裁判資料の提出につき当事者に選択の自由を認めている弁論主義との抵触は避けられないであろう。

書面の記載要求と弁論主義 民事訴訟規則は，訴状（規則53条1項・2項）・答弁書（同80条1項）・準備書面（同79条2項）において，「請求を理

由づける事実」,「抗弁事実」,「再抗弁事実」および「当該事実に関連する事実で重要なもの」の記載が求められている。また，準備書面においては「相手方の主張する事実を否定する場合には，その理由」(同3項)を記載しなければならず，「文書の成立を否定するときは，その理由」(同145条)を明らかにしなければならない。これらが弁論主義と矛盾するのではないかが問題となる。たしかに，これらを記載しないことから直接に制裁を受けることはなく，その意味で，なお当事者の自由は残っているものではあるが，適時提出主義（民訴156条）および時機に後れた攻撃防御方法の却下（同157条）の規定からは何らかの不利益を被るおそれがある。

Ⅲ　職権進行主義

職権進行主義　　訴訟は，裁判所と両当事者が紛争解決を目指して行う共同作業である。共同作業の進行について，だれにどの程度の主導権を認めるかについては，さまざまな方法がありうるが，日本は，訴訟手続を迅速，能率的に進めることを目指して，裁判所に主導権を与えている。これを職権進行主義といい，これと対立的な建前を当事者進行主義という。裁判所に主導権を認めたからといって，両当事者の意思を無視して強引に進めることを許容したわけではない。職権進行主義と当事者進行主義との対立は，力点の置き方の差異にすぎない。

訴訟指揮と職権進行主義の内容　　訴訟が適正かつ能率的に行われるようにするために裁判所（または裁判長）の行う行為を訴訟指揮といい，訴訟指揮を行う権限を訴訟指揮権という（民訴148条の見出しが「訴訟指揮権」となっているが，内容はその一部である「弁論指揮権」である）。

訴訟指揮権のうちの基本的なものをあげておこう。

①　訴訟の基本的な進行に関するもの——民訴93条・94条・98条・129条・131条・153条・243条・253条1項4号。

②　審理を整理し，促進させるための措置——民訴147条の3・156条の2・157条の2・152条・157条・162条・149条・151条。

③　期日になされる訴訟行為の整理——民訴148条・202条・203条・215条，規則114条2項。

　職権進行主義の中核となるのは，期日の指定である。次回期日を開くべきか否かは裁判所が判断する。開くべき場合に，いつ開くかは裁判長が指定する（民訴93条）。いったん指定された期日の変更は，厳しく制限されている（同93条3項・4項）。ただ，最初の期日は，当事者（とくに被告）の都合を聴くことなく指定されるので，比較的緩やかな要件の下で変更することができる（同93条3項但書）。送達も手続進行上重要であり（たとえば同285条参照），職権でなされる（同98条1項）。

　期日の到来前に期日指定を取り消して，新たな期日を指定することを期日の変更という。期日を開いたうえで，予定された訴訟行為（たとえば証人尋問）をすることなく期日を閉じて，新たな期日を指定することを期日の延期という。予定された訴訟行為をしてその期日を閉じ，新たな期日を指定することを期日の続行という。

訴訟指揮権の主体　　訴訟指揮権は，当事者から見れば，合議体とその構成員を区別しない意味での裁判所に属する。しかし，裁判所内部においては，裁判所が合議体から構成されている場合に，合議体とその構成員（とくに裁判長）との役割分担が問題となり，①訴訟指揮権の行使の前に合議すべきか否か，また，②合議を経ずに行使される訴訟指揮権について，その不服申立てをどうするかが問題となる。この視点から，訴訟指揮権は，次の3つに分類される。

(1)　**合議体が合議のうえ行使するもの**　指揮権を定める条文において主語が裁判所となっているもの（民訴151条～155条など）。

(2)　**合議体の監督の下に裁判長等が行使するもの**　指揮権を定める条文において主語が裁判長等になっているが，合議体への異議申立てが認められている指揮権である。口頭弁論の指揮（民訴148条）・釈明権（同149条）がこれに該当する。これらは，いちいち合議してから行使すべきものとするのは適当でないので，個々の裁判官（主として裁判長）が臨機応変に行使して，それに当事者が異議を申し立てた場合にのみ合議に付し，裁判所が決定で異議について裁判

する（同150条・202条3項，規則117条）。

　(3)　**合議体から独立して裁判長が行使するもの**　　指揮権を定める条文において主語が裁判長になっており，かつ，合議体への異議申立てが規定されていないものである（民訴35条・93条1項・137条1項・2項・156条の2・162条など）。

<u>訴訟手続の進行と当事者の地位</u>　訴訟手続は裁判所が職権で進行させるとはいえ，当事者間の紛争解決のための手続であり，当事者双方の意思に反して手続を強行しても適正な解決は得られない。裁判所が当事者の意見を聴きながら手続進行を図ることも必要になる。この目的のために，次のような規定が置かれている。民訴法147条の3・168条・170条3項・175条・202条・207条，規則121条・123条1項・95条1項・96条・68条・170条。

　また，手続進行に関する処分について当事者に申立権が認められていることも多い（法文において「申立てにより」と規定されている場合がこれにあたる。この場合には裁判所や裁判長は応答義務を負う）。当事者に申立権が認められていない場合でも，裁判所等に職権の発動を求める申立てをすることは許される（この場合には裁判所等は応答義務を負わない）。

<u>訴訟手続の停止</u>　訴訟手続の進行が止まることを一般に停止といい，これには中断（民訴124条以下）と中止（同130条以下）がある。

　財産関係の訴訟の係属中に当事者が死亡した場合には，相続人が実体法上の地位とともに訴訟上の当事者の地位を承継する。しかし，相続人が直ちに訴訟行為をなすことができるとは限らないので，訴訟手続を法律上当然に停止して，相続人が現実に訴訟行為をなすことができるようになってから手続を再開（続行）するものとされている。この停止を中断といい，相続人が手続を続行することを受継という（民訴124条1項1号）。訴訟代理人がいる場合には，中断の必要が少ないので，中断しない（同条2項）。当事者の死亡以外にも多数の中断事由が規定されている。

　手続の停止中は，原則として訴訟行為をすることができない（しても効力を生じない。民訴132条1項がその例外を定めている）。上訴期間等の各種の期間は，受継通知または続行の時から新たに全期間が進行を始める（同2項）。

Ⅳ 当事者の不熱心な訴訟追行

総説 一方当事者または双方当事者が訴訟期日に正当な理由なしに欠席する場合は少なくない。単に敗訴が濃厚であるために訴訟追行の意欲を欠く場合や、欠席戦術により訴訟を長期化させ、訴訟外の交渉を有利に運ぼうとする場合など、欠席の理由はさまざまである。いずれにせよ、出席した当事者の迅速な裁判を受ける利益を侵害するばかりでなく、訴訟追行に不熱心なために遅滞した事件が積み重なると、他の事件処理にも悪影響が生じ、ひいては裁判制度に対する市民の信頼を失うこととなる。

このような当事者の不熱心な訴訟追行に対する方策として、大正15年の民事訴訟法改正以前には、原告欠席の場合は訴えを却下し、被告欠席の場合は請求認容の判決をする、いわゆる欠席判決主義を採っていた。しかし、欠席判決に対する原状回復手段が広く認められており、これを当事者が利用して訴訟引き延ばしを図ったため、大正15年の法改正の際、当事者の一方の欠席の場合も出席しているのと同様に扱って判決する対席判決主義を採用した。平成8年に成立した新民事訴訟法は対席判決主義を継承しつつ、審理の現状に基づく判決などの新制度を導入し、不熱心な訴訟追行に対する対応策を強化した。

新法は当事者の欠席が最初の期日か続行期日か、および一方当事者か双方当事者かによって異なる扱いを規定し、それぞれの対応策として、欠席当事者の陳述の擬制や自白の擬制による審理の促進、裁判所の新期日の指定による審理の続行、あるいは訴えの取下げの擬制や審理の現状に基づく判決による訴訟の終了などを規定する。いずれの場合も裁判所の裁量権は大きく、それだけに裁判所と当事者のコミュニケーション(期日または期日外での裁判所の釈明権の行使〔民訴149条〕など)をいっそう密にすることが要請される。

最初の期日における当事者の一方の欠席 最初の口頭弁論期日に原告が欠席して訴状の陳述がないと訴状の内容が口頭弁論に上程されないから、訴訟を進めることができない。そこで訴状を陳述したものとみなし(陳述擬制)、これに対応して被告の欠席の場合も答弁書を同様の扱いとした。

したがって，当事者の一方が最初の期日に欠席した場合，または出席したが本案の弁論をしないで退廷した場合（以下，単に「欠席の場合」という），欠席した当事者が提出した訴状・答弁書その他の準備書面に記載した事項は欠席者が陳述したものとみなされる（民訴158条）。これに対して出席当事者はすでに提出した準備書面等に記載した事項に限って陳述でき（同161条3項），裁判所はこれらの陳述に基づいて審理を行う。

出席者が準備書面において記載していた事実について，欠席者が準備書面で明らかに争っていない場合は自白が成立する（民訴159条3項）。また，欠席者が答弁書や何らの準備書面も提出していない場合，公示送達による呼出しを受けたものでないかぎり，同様に擬制自白の成立する余地がある。とくに答弁書未提出の被告が欠席した場合は，直ちに弁論を終結し，原告の主張が首尾一貫した（有理性がある）ものであれば，原告勝訴の判決を言い渡す。実務では欠席判決と呼ばれている。

欠席当事者が争っているとみられる場合は，準備書面記載の証拠の申出につき裁判所が必要であると認めた場合（民訴181条），証拠調べが相手方欠席のまま行われる（同183条）。裁判に熟すれば弁論は終結するが，弁論の続行が必要であれば続行期日が指定される。なお，口頭弁論期日に欠席した被告が原告の請求を認諾する旨の書面を提出していた場合，裁判所は欠席被告がその旨を陳述したものとみなすことができる（同266条2項）。

被告が欠席して原告の主張する請求原因事実を自白したものとみなされ，その結果，原告の請求が認容される場合は，判決の言渡しは判決書の原本に基づかないですることができる（調書判決。民訴254条1項）。この場合は判決書の作成に代えて，主文その他の判決書に必要とされる事項等を記載した調書が裁判所書記官によって作成される（同2項）。

続行期日における当事者の一方の欠席　最初の期日における欠席の場合と異なり，続行期日における当事者の一方の欠席の場合は，提出されている準備書面の記載事項を陳述したものと擬制することはできない（通説・判例）。最初の期日における訴状の陳述擬制のような必要性もないし，また，続行期日まで陳述擬制を認めると口頭主義ではなく書面主義になってしまうからであ

る。なお，簡易裁判所では簡易な手続であることを理由に，続行期日でも陳述擬制を認める（民訴277条）。

　裁判所は欠席者の従前の弁論と出席者の弁論とを突き合わせて審理を進め，裁判に熟すれば弁論を終結し，さらに続行が必要と判断すれば続行期日を指定する。場合により終局判決をすることもできる（後述「審理の現状の基づく判決」参照）。

当事者双方の欠席　当事者双方が欠席の場合は弁論の実施はできないが，判決の言渡し（民訴251条1項）や予定した証拠調べ（同183条）は当事者が不出頭の場合もできる。しかし，裁判に熟していない場合，弁論を終結させることはできないので期日を終了せざるをえない。この場合，裁判所がとりうる措置として次の3つの選択肢がある。

（1）　1か月以内に当事者のいずれも新期日指定の申立てをしない場合，両当事者に訴訟追行の意思なしとして訴えの取下げがあったものと擬制する（民訴263条前段）。新期日の申立てをしながら繰り返し欠席する不熱心な当事者に対応するためである。訴えの取下げにより訴訟は初めから係属していなかったものとみなされる（同262条）。この訴えの取下げの擬制は上訴審でも準用される（同292条2項・313条）。

（2）　職権により次回期日を指定する（民訴93条1項）。または「追って指定する」として期日指定の意思を明らかにする。欠席した双方当事者が裁判外で和解を進めているなど，訴訟追行の意思が残っている場合には有用な措置である。なお，このように当事者が欠席した期日後に裁判長が職権で新期日を指定した場合，取下げの擬制における1か月の起算日は新期日からと解すべきである。

（3）　下記の審理の現状に基づく判決をして当該紛争を既判力によって最終的に解決する道を残す。

審理の現状に基づく判決　新法は，当事者が欠席した場合に，一定の要件のもとに終局判決をすることができるとの審理の現状に基づく判決制度を導入した（民訴244条）。旧法下の実務・判例（最判昭41・11・22民集20巻9号1914頁）を明文化したものである。訴えの取下げの擬制では，従前の審理内容

を無駄にするばかりでなく，敗色濃厚な当事者の敗訴回避策の途を封じることができないことから，判決により訴訟を終了させる本制度は有用である。

当事者双方が欠席した場合は，審理の現状および当事者の訴訟追行の状況を考慮して相当と認められるときは終局判決をすることができる（民訴244条）。当事者の一方が欠席の場合は，出席した当事者の申出があるときにかぎり終局判決をすることができる（同条但書）。出席した当事者に不利な終局判決になる可能性や，出席した当事者によって裁判に熟するに必要な資料が得られる可能性を考慮したものである。

裁判所は，欠席当事者に訴訟追行の熱意が欠如しているかどうかをそれまでの訴訟追行の状況を見て慎重に判断しなければならない。この判決の効力は通常の対席判決と同じであり，不服申立てできるが，判決がそのまま確定することも予想され，その場合は再訴の道が封じられることを留意すべきである。

また，本制度は欠席者に対して懲罰を課すものではないから証明度の軽減や主張・証明責任の転換を認めるものではない。したがって，出席当事者は攻撃防御方法を可能な限り提出することが要求される。

当事者の申出に対して審理の現状に基づく判決をするかどうかは裁判所の裁量であり，裁判所は相当でないと判断した場合は申出を却下する。

V 当事者の訴訟行為

訴訟手続と当事者の訴訟行為

(1) 訴訟手続 民事訴訟は，紛争の解決を目標として開始，発展，終了する手続である。訴訟手続は，当事者および裁判所が行うさまざまな行為によって構成される。具体的に言えば，訴訟は原告の訴え提起により開始する。訴えが提起されると，裁判所は原告から提出された訴状を被告に送達する。その後，両当事者は，自らの言い分を主張し，相手方の主張を争ったり認めたり，証拠を提出するなどの訴訟活動を行う。また裁判所は，紛争が適正・迅速に解決するように，釈明権を行使するなど各種の訴訟指揮を行う。このようにして訴訟手続は進められ，訴訟は裁判所がなした終局判決の確定によって終了する。訴えの取下げ，請求の放棄・

認諾，訴訟上の和解といった当事者の行為によって終了することもある。

(2) **当事者の訴訟行為** 上にみたように，訴訟行為には，当事者の訴訟行為と裁判所の訴訟行為とがある。両者の内容や性質は大きく異なり，それに応じて法の規制も異なる。処分権主義や弁論主義が支配する民事訴訟においては，当事者の訴訟行為が手続の形成にとくに大きな役割を果たしている。また，当事者の訴訟行為は私法行為と交錯・隣接する面があるため，これをめぐり理論上も実務上も重要な諸問題が生じている。そこで，単に「訴訟行為」と言うと，当事者の訴訟行為を意味する場合が多い（本書においても，「訴訟行為」と言う場合には，当事者の訴訟行為だけを指す）。

訴訟行為の種類とその評価

(1) **訴訟行為の種類** 訴訟行為は，その内容を基準として，裁判所に特定の裁判をなすことを求める行為と，直接に訴訟上の効果を発生させる行為に分けられる。前者には，「申立て」「主張」「挙証（立証）」が該当し，裁判という効果の取得を目的とする行為という意味で（裁判を離れて独自の意味はない），取効的訴訟行為と呼ばれることがある。後者としては，訴えの取下げや訴訟上の和解などがあげられ，当事者自らがその行為によって直接に訴訟上の効果を与えるという意味で，与効的訴訟行為と呼ばれることがある。

「申立て」とは，裁判所に対して一定の行為（たとえば，裁判，証拠調べ，送達）を求める訴訟行為である。「申出」と呼ばれるものもある（たとえば，民訴43条・180条）。なお，訴え（同133条）とは，原告の被告に対する権利主張（請求）の当否についての裁判要求であり，民事訴訟における最も重要な申立てである。「主張」とは，訴えによって提示された請求を理由づけるための資料を裁判所に提出する訴訟行為である。主張された事実の存否が争われると，当事者はこれを証拠によって証明する訴訟活動を行うことになるが，これを「挙証」と言う。

(2) **訴訟行為の評価** 訴訟行為に対しては，①成立・不成立，②有効・無効，③適法・不適法，④理由あり・理由なし，という4つの評価が行われる。

(a) **成立・不成立** 訴訟行為は，訴訟法がその行為について要求している定型に適合してはじめて成立する。たとえば，裁判所に対して電話で訴えを提起する旨を伝えてきても，民訴法133条が定める訴え提起の定型と適合してい

🛥 オアシス 6-3　訴訟行為の瑕疵の治癒

　無効や不適法な訴訟行為を瑕疵ある訴訟行為というが，訴訟においては，手続の安定の要請から，このような行為であっても直ちに排斥せずに，できるだけ瑕疵を是正して，その訴訟行為を活かすことが企図されている。このような観点から，一定の事由があると瑕疵が治癒することになっているが，以下では，これを手続横断的にみていくことにする。

　訴訟行為は原則として撤回が可能であるから，瑕疵ある訴訟行為をした当事者は，これを撤回して，あらためて瑕疵のない訴訟行為をすることで，瑕疵を除去することができる。しかし，これでは当初の訴訟行為をしたときに遡って有効にすることができない。そこで，訴訟行為をしたときに遡って瑕疵を治癒するために，次のような方法が認められている。すなわち，①訴訟能力または代理権を欠く者が行った訴訟行為について，その能力を取得した本人または適法に授権された代理人が「追認」をすれば，行為の時に遡って有効となる（民訴34条2項・59条等）。②訴訟行為に瑕疵がある場合に，当事者は，自発的にまたは裁判長の補正命令を受けて，「補正」，すなわち訂正または補充することができる。補正には，過去の瑕疵ある行為を追認するとともに，将来に向かって瑕疵のない行為をする場合（同34条1項・59条等）と，瑕疵ある行為を撤回して，瑕疵のない行為を新たにする場合とがある（同137条）。③公益規定ではない手続法規に違反する行為は，「責問権の放棄・喪失」によって，その瑕疵が治癒する（同90条）。④判決が確定すると，再審事由（同338条1項）に該当しないかぎり，すべての訴訟行為の瑕疵は治癒する。⑤ある一定の行為としては瑕疵がある場合でも，当事者の意思に反しなかぎり，それを他の有効・適切な訴訟行為として活用することができる。これを「訴訟行為の転換」という（たとえば，独立当事者参加の申立てとしては不適法であるが，別訴の提起として有効とする）。

ないので，不成立と評価される。不成立であれば，裁判所は，この行為を排斥する余地がなく，応答の必要もない。

　(b)　**有効・無効**　有効か無効かは，成立した訴訟行為に加えられる評価である。有効とは，成立した訴訟行為につき本来の効果が生じることである。逆に，無効とは，それに本来の効果が生じないことである。たとえば，訴訟無能力者の訴訟行為（民訴31条）や，訴訟中断中の訴訟行為は無効である。

　(c)　**適法・不適法**　適法か不適法かは，有効な訴訟行為に対して，さらに，その内容について判断することが訴訟法上許されるか否かの評価である。たとえば，有効な訴えであっても，訴訟要件を欠いていれば不適法と評価されて，裁判所は，訴えに理由があるか否かという内容についての審理をすることな

く，訴えを却下しなければならない（訴訟判決）。

(d) **理由あり・理由なし**　理由があるか理由がないかは，適法な申立てについて，その内容が実体法ないし訴訟法に照らして是認されるか否かの評価である。たとえば，適法な訴えに対して，裁判所は，理由がある場合に請求認容の判決を，理由がない場合に請求棄却の判決をする（本案判決）。

訴訟法律行為と訴訟契約　**(1) 訴訟法律行為**　訴訟法律行為とは，訴訟上の効果の発生を目的とする意思表示である。これは，「単独行為」と「合意」（契約）に分類される。前者の例としては訴えの取下げ（民訴261条）が，後者の例としては管轄の合意（同11条）や不控訴の合意（同281条1項）などがあげられる。学説のなかには，さらに，「合同行為」（たとえば，訴訟上の和解，同267条）を加えるものもある。

(2) 訴訟契約　訴訟上の合意（訴訟契約）については，かつては，上述の管轄の合意など，訴訟法が特に明文規定で認めているもの以外は許されないと考えられていた。訴訟法が公法であることや，訴訟手続の迅速・安定を重視すべきことを理由に，当事者が合意で訴訟手続を任意に形成することは許されないというのである（任意訴訟の禁止）。しかし今日では，処分権主義や弁論主義が適用される場面では，当事者の合意も許容されることが承認されるようになった。具体的には，不起訴の合意，訴え取下げの合意，上訴取下げの合意，証拠に関する合意（証拠契約。たとえば，ある事実の証明は書証に限るという証拠制限契約）などが認められている。

ただし，これらの合意がいかなる法的効果を発生させるのかという点については見解が一致していない。通説・判例は，これらの合意は直接には私法上の効果を発生させるだけである，と解している（私法契約説）。たとえば，訴え取下げの合意であれば，それは訴えを取り下げるという私法上の義務を原告に負わせるだけだが，その結果，訴えの利益がなくなり，合意に違反して原告が訴えを取り下げなければ，訴えは不適法となり却下される（最判昭44・10・17民集23巻10号1825頁）。これに対して，私法上の義務から訴えの利益の消滅という迂遠な理論構成をとるのではなく，訴訟上の合意に対して端的に訴訟上の効果を生じさせるべきと主張する学説もある（訴訟契約説）。

第6章 口頭弁論

訴訟行為と私法法規　訴訟手続には，私法上の取引にはみられない特色がある。すなわち，訴訟手続は終局判決に向かっての行為の連鎖であり，後行する行為は先行する行為を基礎として行われるので，手続の安定性への配慮が強く要請される。また，訴訟においては，正しい裁判をするために，真実の発見がとくに重視される。こうしたことから，訴訟行為には，法律行為・意思表示に関する私法の規定は適用（正確には，準用ないし類推適用）されないと考えるのが，伝統的な考え方であった。しかし，近時では，訴訟行為にもさまざまなものがあり，私法上の規定の中には，その設けられた趣旨が訴訟行為にあてはまるものもある。そこで，私法法規の訴訟行為への適用を総じて否定してしまうのではなく，個々の私法上の規定の趣旨と，個々の訴訟行為の性質や内容などを考慮して，その適用の可否を決定すべきである，との見解が有力である。以下では，個々の重要な私法規定について，その適用の可否を検討する。

(1) 行為能力に関する規定　民事訴訟法は，訴訟能力，訴訟無能力者の法定代理につき，特別の定めがある場合を除き民法等の法令に従うと規定しているが（民訴28条），未成年者および成年被後見人の訴訟能力（同31条），ならびに被保佐人，被補助人および法定代理人の訴訟行為（同31条）については，特別の規定を設けている。したがって，民法の行為能力に関する規定が訴訟行為に適用されることはない。ただし，私法上の取引に結合して行われることが多い管轄の合意（同11条）については見解が分かれている。通説はこれについても訴訟能力が必要であるとするが，行為能力があれば足りるとする見解もある。

(2) 表見法理に関する規定　表見代理（民109条等）や表見代表取締役（会社13条・354条等）の規定の訴訟行為への適用についても，見解が分かれている。判例はその適用を否定するが（最判昭45・12・15民集24巻13号2072頁），学説上は肯定する見解が有力である。この問題についての詳細は，第3章のⅤを参照されたい。

(3) 錯誤，詐欺・強迫に関する規定　判例は，錯誤，詐欺・強迫に関する規定は訴訟行為に適用されることはないとしながらも，刑事上罰すべき他人の行為によって訴訟行為がなされた場合には，再審事由に関する民訴法338条1

項5号を類推適用して，当該訴訟行為の効力を否定している（最判昭35・10・5民集15巻9号22712頁〔裁判上の自白に関する事例〕，最判昭46・6・25民集25巻4号640頁〔訴えの取下げに関する事例〕）。これに対して，学説上は，訴訟前ないし訴訟外で行われる訴訟行為（たとえば，管轄の合意，訴訟代理権の授与）や，訴訟を終了させる訴訟行為（訴えの取下げ，請求の放棄・認諾，訴訟上の和解）については，再審に関する規定の類推適用によるのではなく，錯誤，詐欺・強迫に関する規定の類推適用によってその効力を否定すべきである，という見解が有力である。

(4) 条件や期限に関する規定　申立てや主張に条件をつけることは，手続の安定を害し，裁判所や相手方を不安定な状態に置くことにもなるので，一般的には許されない。しかし，予備的申立て（第11章Ⅰ参照）や，予備的主張・抗弁（第6章Ⅰ3参照）は，手続の安定を害さないので許される。

また，訴訟行為に期限をつけることは，手続の安定を害するので許されない。

形成権の訴訟内行使と訴訟上の相殺の抗弁　**(1) 形成権の訴訟内行使**　私法上の形成権，たとえば，取消権，解除権，相殺権，建物買取請求権（借地借家13条）が，訴訟において抗弁として行使されることがある。こうした抗弁についての法的規制は，実体法と手続法の両領域にまたがる困難な問題を引き起こす。訴訟における形成権の行使が訴訟行為なのか私法行為なのかという法的性質が，まず理論上の問題となる。そして，実際上の問題として，この抗弁が訴訟において取り上げられなかった場合（たとえば，時機に後れた攻撃防御方法として，民訴157条1項により却下された場合）でも，形成権を行使した結果として，その実体法上の効果が生じるのか否かが問題となる。以下では，最もよく議論されている訴訟上の相殺の抗弁について，具体的に検討する。

(2) 訴訟上の相殺の抗弁　いま貸金返還請求訴訟において，被告が有する売買代金債権で相殺を主張したとする。この抗弁が時機に後れたものとして却下された場合でも，相殺をしたことによって被告の売買代金債権（自働債権。訴求債権に対抗する債権と言う意味で，反対債権とも呼ぶ）は消滅するのか，という点が問題となる。この場合，相殺の主張はその訴訟上の目的を達していないのであるから，反対債権が消滅するとすれば，被告に気の毒である。そこで，反

対債権の消滅という結果を回避しようとする点では，現在の諸説はほぼ一致している。しかし，その理由づけについては，さまざまな見解が対立している。

併存説（私法行為説，実体法説とも呼ばれる）は，訴訟上の相殺の法的性質につき，外形上は1個の行為に見えても，その中には，相殺の意思表示（私法行為）と，その効果である訴求債権の消滅を訴訟上主張する行為（訴訟行為）とが併存しているとみる。この説によると，訴訟行為の部分が時機に後れた等の理由で却下されても，私法上の効果はこれに影響されずに発生するので，相殺の抗弁を提出した被告としては，自己に対する原告の請求は認容されるが，反対債権は消滅するという，気の毒な結果が避けられない。

訴訟行為説は，被告が訴訟において相殺権を行使するのは，防御方法として主張するのであるから，訴訟法上の相殺は，私法行為を含まない純然たる訴訟行為であると解する。この説によれば，訴訟上の相殺の抗弁が却下されれば，そこには何らの効果も残らないのであるから，前述の被告にとっての不利益な結果は回避できる。しかし，この説に対しては，逆に訴訟上の相殺が裁判所によって認められた場合に，私法行為である相殺の意思表示が行われていないにもかかわらず，訴求債権の消滅という私法上の効果が発生することを説明できないとの批判がある。

そこで，近時は，訴訟上の相殺の法的性質については，併存説と同じ立場に立ったうえで，それが訴訟上取り上げられなかった場合には，反対債権の消滅という私法上の効果も生じないと解する新併存説（新実体法説とも呼ばれる）が，有力に主張されている。この説の中の代表的な見解は，私法上の効果の発生を否定する理由を，以下のように説明する。すなわち，訴訟上の相殺は，訴訟において防御方法として提出されるのであるから，私法行為である相殺の意思表示も，裁判所が訴訟行為としての相殺の効果の主張を取り上げるときにのみ行うという，条件付きの意思表示であるとする（条件説）。なお，訴訟上の相殺の法的性質について，私法行為たる性質と訴訟行為たる性質を兼ね具えた1個の行為であると解する両性説と呼ばれる見解もかつては存在したが，この説は行為の性質が不明確であるという批判を免れることができず，新併存説に収斂することになろう。

第7章
口頭弁論の準備

I　はじめに

　弁論主義のもと，口頭弁論で主張された事実のみが判決の基礎となる（第1テーゼ）当事者が主張する事実には，主要事実，間接事実，補助事実とさまざまなレベルのものがあり，またこれらについて当事者間で争いがあるものとないもの，書証で認定が可能なものと，人証を調べる必要があるもの等を区分けして，証拠調手続で認定すべき真の争点を絞り込む作業が必要である。これが争点および証拠の整理手続である。なお，口頭弁論はよく準備されたものであればあるほど充実したものとなることはいうまでもない。それを支えるのは紛争に関する十分な情報収集である。ここではまず当事者の口頭弁論において陳述することが予告される内容（主張，証拠の申出等）が記載された準備書面を取り扱う。

II　準備書面

意義　当事者が口頭弁論において陳述する内容を記載して，弁論の予告をするために裁判所に提出される書面を準備書面という。「口頭弁論は，書面で準備しなければならない」（民訴161条1項）。当事者は，相手方が記載事項に対する応答の準備をするのに必要な期間をおいて，裁判所にこれを提出しなければならない（規則79条1項）。この期間をおいて裁判所に提出される準備書面は，当事者間では直送しなければならない（同83条1項）。準備書面の直送を受けた相手方は，当該準備書面を受領した書面について，これまた直送するとともに当該書面を裁判所に提出しなければならない（同2項）。被告

（ないしは被上訴人）が最初に提出する準備書面を答弁書という（規則79条1項・80条）。裁判長は，答弁書または特定の事項に関する主張を記載した準備書面を提出すべき期間を定めることができる（民訴162条）。

準備書面不提出の効果　準備書面には，①攻撃または防御の方法，②相手方の請求および攻撃または防御の方法に関する陳述を記載する（民訴161条2項。具体的な記載事項については，規則2条1項・79条2項ないし4項・80条1項・81条参照）。準備書面に記載した事項はあらためて口頭弁論で陳述することを要するが，記載のない事項についていきなり口頭弁論で陳述できるかは問題である。もしこれが許されるとすると，相手方に対する予告がないため，相手方としてはこれに対応する機会を奪われることになるからである。そこで「相手方が在廷してしない口頭弁論においては，準備書面（相手方に送達されたものまたは相手方からその準備書面を受領した旨を記載した書面が提出されたものに限る）に記載した事実でなければ，主張することができない」（民訴161条3項）とされている。しかし，当事者の主張内容を知り，これに対応する機会を保障するのが本条の趣旨であるから，在廷していない相手方が当然に覚悟しておくべき単純否認や不知の陳述は，準備書面に記載がなくてもできると解される。

なお，「提出」の効果に関してではあるが，原告または被告が最初にすべき口頭弁論の期日に出頭（ないしは本案の弁論）をしなくても，裁判所は，その者が提出した訴状または答弁書その他の準備書面に記載した事項を陳述したものとみなし，出頭した相手方に弁論をさせることができる（民訴158条）。裁判所としては，両当事者の主張を突き合わせ，争点を明確にする必要があるからであるが，これを続行期日において認めないのは，口頭主義がなし崩しになってしまうからである（もっとも簡裁では，異なった取り扱いになる。同277条）。

III　争点整理手続──総説

争点の整理　争点とは，主要事実のみならず間接事実，補助事実をめぐって当事者間に意見の不一致が存する事項のことをいう（法律解釈や経験則をめぐる争いも争点に含まれる）。訴訟の審理においては，まずこの

争点を明確にすることが必要となる。そのために，証拠結合主義とる法制においては，互いの主張や証拠の突き合わせを行う。これが争点および証拠の整理である。争点がしっかりと整理され，証拠調手続に移行した後に新たな争点が提出されて，審理が行きつ戻りつすることがないことを要する（平成8年の民事訴訟法改正前には，争点整理と証拠調べが繰り返し行われる，締まりのない審理が行われ，五月雨型ないしは漂流型審理といわれていた）。現行法では，確実かつ早期の争点整理を達成し，絞りきられた争点について集中証拠調べ（主として人証）を行うことを目標としてさまざまな手立てが講じられている。たとえば初期の段階で主張が出揃うように，訴状，答弁書，準備書面等の内容の充実が図られている（訴状の記載事項，添付書類，補正の促し，参考事項の聴取，答弁書や準備書面の記載事項における具体的な事実の記載，証拠の提示の要求，期日外釈明，準当事者に対する釈明処分など。規則53条ないし56条・79条ないし82条，民訴149条，規則63条，民訴151条1項2号参照）。また実際にこれを可能にするため，証拠収集手続が整備されている（調査嘱託，文書送付嘱託，文書提出命令の一般義務化，提訴予告通知に基づく訴え提起前におけるこれらの利用のための処分，なお，当事者照会は，証拠収集手続とまではいえないが，主張準備のための情報収集としての役割を果たす。また争点が多岐にわたるような複雑訴訟において争点整理を円滑に行うため，専門委員の活用がなされる。民訴186条・220条4号226条・132条の2・92条の2）。このようにして早期に提出された主張やそれを根拠づけるための証拠（文書）を突き合わせて，争点を絞り込んでいくための手続は，事案に見合った形で行われるのが望ましい。そのために三種類の争点整理メニューが用意されている（争点を確定するためには，主張のみならず証拠を整理することが必要である。そこで両者は一体として「争点及び証拠の整理手続」とされている。以下で争点整理手続という場合は，争点確定のための証拠の整理手続を含むものである）。

　当事者照会についていえば，当事者が主張，立証を準備するには，事件に関して十分な情報を得ておくことが望ましい。しかし実際には，その入手手段を欠くために十全な主張をすることができず，それどころか立証方法についての手がかりすら得ることが困難な場合がある。そこで民事訴訟法163条は，「当事者は，訴訟の係属中相手方に対し，主張又は立証を準備するために必要な事項

について，相当の期間を定めて，書面で回答するよう，書面で照会することができる」と規定して，事件に関する情報を相手方から提供してもらう制度を設けている。これが当事者照会である。これは当事者間の関係強化の一環として裁判所を介さずに，当事者で直接やりとりをすることを前提としている（回答義務の根拠は民訴2条の信義則）。他方で，この制度が濫用されることが懸念されるため，原則として，「当事者間」で「訴訟係属中」にこれが認められるとしたほか，照会を主張，立証の準備に関する事項に限定し，さらに個別に照会できない場合を規定した（民訴163条但書）。もっともこの照会に応じない場合に制裁は明記されていない。しかし回答拒絶が弁論の全趣旨（同247条）として考慮される他，不回答により生じた訴訟費用を相手方に負担させたり（同67条），訴訟の進行状況によっては，その後の攻撃防御方法の提出を適時性を欠くとして却下することが考えられる（同157条）。なお訴え提起前にも当事者照会を使うことができる（同132条の2参照）。

争点整理手続の種類　争点整理手続のメニューは，①準備的口頭弁論，②弁論準備手続，③書面による準備手続であるが，そのほかに口頭弁論を充実したものとして実施することを支える手続として，④進行協議期日が定められている（規則95条）。争点整理のための手続は，第1回口頭弁論期日以前においても行うことができるが（同60条1項但書），第1回口頭弁論期日を事件の振り分けのために使い，次回期日以降に争点整理手続を設定する運用になっている。また争点整理手続をかませずに弁論を続行することも可能である。すなわち手続を進めるには，3つの争点整理手続のほか，口頭弁論の続行でもよく，全体として4つの選択肢があることになる。

Ⅳ　準備的口頭弁論

準備的口頭弁論の開始要件　準備的口頭弁論とは，目的を争点整理に限定した口頭弁論である。「裁判所は，争点及び証拠の整理を行う必要があるときは，……準備的口頭弁論を行うことができる」（民訴164条）。争点整理の必要性が準備的口頭弁論を行う要件である。他の争点整理手続と同様，時

期的な定めがないので，裁判所は，必要と認めるかぎりいつでもこれを行うことができる。逆に，他の争点整理手続と比べて開始要件の違いは，当事者の意見を聴くことを要しないことにある（同168条・175条参照）。もっとも両当事者が準備的口頭弁論を希望する場合には，とくに支障がない限りこれを尊重すべきであろう。準備的口頭弁論は，裁判長が指定した期日に法廷（証人尋問を行う場合を除き，多くの場合ラウンドテーブル法廷）で行われる（規則60条1項）。このように公開法廷での争点整理が選択されるに適した事件としては，社会的関心が高い事件，当事者が多数に及ぶ事件，具体的には，労働事件や行政事件，公害，薬害等の現代型事件などが考えられる。しかしこれらは例示にすぎない。裁判所は，具体的事件に即して適宜，公開法廷での争点整理の必要性を判断することになる。

準備的口頭弁論の審理内容　準備的口頭弁論が通常の口頭弁論と異なるのは，争点整理目的を明確にしている点にある。したがってこの目的による制約を受ける（ただし，民訴89条の和解の試み，同261条3項の口頭による訴えの取下げは可能である）ほかは，一般の口頭弁論に関する規定が適用される。争点整理目的の範囲内であれば，書証の取調べはもちろんのこと，証人尋問や当事者尋問も行うことができる（ただし，その後に予定される集中証拠調べとの関係で，これらは争点整理の必要上不可欠の場合に限られる）。また釈明権の行使（民訴149条）や釈明処分（同151条）も可能である。裁判所は，この手続によって絞られた争点に関して，その後の証拠調べで証明すべき事実を，準備的口頭弁論終了の際に，当事者との間で確認する（同165条1項。裁判所は，相当と認めるときは，裁判所書記官に確認された事実を調書に記載させなければならない。規則86条1項）。またその際裁判長は，相当と認めるときは，当事者に準備的口頭弁論における争点および証拠の整理の結果を要約した書面を提出させることができる（民訴165条2項，規則86条2項）。この要約書面を当事者のどちらがどのように提出するかについては定めがない。裁判所が適宜指示することになろう。また裁判所が自らこれを作成することも妨げない。このようにして証明すべき事実が何であるかについての認識を裁判所と当事者で共通にすることは，その後の集中証拠調べを効率よく行わせることになる。

第7章 口頭弁論の準備

準備的口頭弁論の終了　準備的口頭弁論の目的すなわち争点整理が完了した場合，準備的口頭弁論は目的を達して終了する。争点整理に向けて当事者の協力が得られない場合，すなわち当事者の不出頭，民訴法162条で定められた期間内に準備書面を提出しなかったり，証拠の申出をしなかったときにも，裁判所は，準備的口頭弁論を終了することができる（民訴166条）。当事者が準備的口頭弁論への不協力を訴訟の引き延ばしの手段にすることを防ぐ趣旨である。

準備的口頭弁論終了後の攻撃防御方法の提出　争点整理ための準備的口頭弁論が右の理由により終了したにもかかわらず，その後に攻撃防御方法を自由に提出できることにすると，それまでの争点整理に向けての努力が水の泡になりかねない。そこで「準備的口頭弁論の終了後に攻撃又は防御の方法を提出した当事者は，相手方の求めがあるときは，相手方に対し，準備的口頭弁論の終了前にこれを提出することができなかった理由を説明しなければならない」（民訴167条）としている（説明は期日において口頭でするか，それ以外では書面でしなければならない。規則87条1項。説明が口頭でなされたとき，相手方はその説明内容を記載した書面を交付するよう求めることができる。同2項）。この説明義務の根拠は信義則である（民訴2条）。相手方は説明要求権（学説はこれを詰問権として，説明要求がうやむやにならないよう注意を喚起している）をもつことになるが，それを行使したのになお十分な説明がなされないときには，適時提出主義（民訴156条）に違反すると考えられ，時機に後れた攻撃防御方法（同157条）との評価に際して，故意，または重大な過失の判断資料となる。したがってこのような攻撃防御方法の提出の申出では，原則として，却下されることになる。もっとも，もし双方当事者の怠慢から，準備的口頭弁論の終了後に，双方から攻撃防御方法が提出されるようなことがあれば，争点整理手続を続けることがはたして効率的か問題となる。その場合には，訴えの取下げの擬制（同263条）ないし事案によっては，審理の現状に基づく判決（同244条）で対処することになろう。

Ⅴ 弁論準備手続

総説　弁論準備手続は，一般公開をせずに裁判所と当事者が法廷外の準備室等でくつろいだ雰囲気の下，膝をつき合わせて争点整理を行う手続である。その意味で旧法の準備手続を引き継いだものであるが，準備手続には，手続終了後の失権効をおそれての仮定的主張がなされるなどさまざまな難点があり，争点整理のために十分に機能をしていたとはいえない状況があった。実務はそのため自らの工夫で，弁論兼和解方式を編み出し，一定の成果を上げていた。しかしこの方式は法律上の根拠を欠いていたうえ，和解で通常行われる交互面接方式が弁論に使用されていて不透明であるとの批判もあって，立法上の措置を必要としていた。そこで平成8年の改正により，これに代わって弁論準備手続が規定されるにいたった。

弁論準備手続の開始　弁論準備手続は，準備的口頭弁論と同様，その必要性を開始要件とするが，その際当事者の意見聴取を要する点で準備的口頭弁論とは異なる。当事者の意見を聴くことが要求されるのは，準備的口頭弁論と比較してこの手続でできる範囲が限定されることから，これを争点整理のために選択することは，当事者の利害に関係するからである。他方，当事者の意見聴取にとどめ，同意を要するとされなかったのは，事件の性質や内容に見合った争点整理の選択を適切に行う見地から，たとえ当事者の一方がこれに反対したとしても，最終的には裁判所の訴訟指揮上の決定に委ねるべき事柄であるからである

弁論準備手続においてできること　旧法の準備手続は，準備手続で裁判官のできる範囲が限られていたため十分に機能しない側面を有していた。これに対して，弁論準備手続は，受訴裁判所がこれにあたることから，弁論期日外で行う裁判（訴訟引受けの決定，補助参加許否の裁判，訴訟手続の受継申立てを却下する裁判，訴え変更の許否の裁判，請求の追加の許否の裁判等）を弁論準備手続の期日において行うことができる（民訴170条2項）。これらは争点整理と密接な関係を有するからである。また証拠の申出に関する裁判（文書提出命

令や検証物提出命令に関する裁判を含む）も同様である。さらに準文書（図面，写真，録音テープ等）を含む書証の取調べや尋問すべき証人の証拠決定などもできる。これらは重要な証拠調べを含むものであるが，手続終結後，その結果を口頭弁論へ上程（同173条）することで公開原則との整合性が保たれる。ほかに弁論準備手続においてできる主な事項としては，①弁論準備手続の対象の制限，分離，併合，②期日外における釈明権，求問権の行使，釈明処分として準当事者に陳述させること，③準備書面の提出期間や証拠申出期間の定めなどがあげられる（同170条5項）。

電話会議装置による弁論準備手続　準備的口頭弁論とは異なり，一般公開されない弁論準備手続においては，電話会議によって争点整理を行うことができる。これは「当事者が遠隔の地に居住しているときその他相当と認めるとき」に「当事者の意見を聴いて」弁論準備手続の期日において行われる手続である（民訴170条3項，規則88条2項～4項）。遠隔の地に居住する当事者が毎回期日に出頭するコストと時間を節減し，その負担を軽減するとともに，期日の調整を容易にすることを狙いとしている。「その他相当と認めるとき」とは，訴訟代理人が遠隔地に事務所を有していたり，当事者，訴訟代理人が怪我や病気で裁判所に出頭することが困難であるが，自宅や事務所で電話によって会議に参加することは可能であるという場合を想定している。電話会議装置を使っての弁論準備手続も期日における手続であるから，書面による準備手続とは異なり，当事者の一方が出頭した場合に限って認められる（民訴170条3項但書）。また電話会議の方法で手続に関与した当事者は，期日に出頭しなくても出頭したものとみなされる（同170条4項）。弁論準備手続において電話会議装置によって手続に関与した当事者と同様に必要な訴訟行為をすることができる（平成15年改正により，訴えの取下げ，和解，請求の放棄，認諾も同一の扱いになった）。

弁論準備手続の主宰者　弁論準備手続の主宰者は，受訴裁判所（民訴168条～170条），または受訴裁判所の構成員である受命裁判官（同171条，規則31条）である。法律上この主宰者には何らの限定も付されていないことからすると，未特例判事補（判事補の職権の特例等に関する法律1条参照）が受命裁判官になることも許される。しかし争点整理には豊富な経験を有する裁判官があ

たることが望ましいことを考えると，この場合，裁判長との連絡を密にして遺漏がないように努めるべきである。

受命裁判官による弁論準備手続　弁論準備手続でできる事項については，前述のとおりであるが，受命裁判官による弁論準備手続については，その性質上，できる範囲が限定される。すなわち前述の事項から，口頭弁論の期日外において行われる裁判が除かれる（民訴171条2項。なお，文書の取調べについては，平成15年改正により可能になった）。これは受訴裁判所が判断すべき事項であって受命裁判官に委ねることは適当でないからである。もっとも調査嘱託，鑑定嘱託，文書を提出してする書証の申出，および文書送付嘱託は，証拠収集のための手続と位置づけられるものであり，後の本格的な証拠調べのための準備行為であるから，受命裁判官に行わせても問題はないと考えられる（同3項）。

弁論準備手続の取消し　「裁判所は，相当と認めるときは，申立てにより又は職権で，弁論準備手続に付する裁判を取り消すことができる。ただし，当事者双方の申立てがあるときは，これを取り消さなければならない」（民訴172条）。弁論準備手続における審理の範囲は，制限的であるため，当事者は口頭弁論において争点整理を行うことに利害関係を有しているからである。

弁論準備手続の終結　弁論準備手続の終結（準備的口頭弁論においては終了という用語が使われていることに注意）にあたっては，準備的口頭弁論と同様に証明すべき事実の確認を行い，相当と認めるときは裁判長が当事者に争点整理の結果の要約書面を提出させることができる（民訴170条5項・165条）。当事者不出頭による終結も準備的口頭弁論と同様である（民訴170条5項・166条・263条も参照）。

弁論準備手続と公開原則　弁論準備手続は非公開の場で裁判所と当事者が膝をつき合わせて行うことができる点にメリットがある。ところが前述のようにそこで書証の取調べや人証の証拠決定といった実質的に重要な審理が行われることになると，これを非公開で行うことが妥当か問題となる。そこでその間の調和をはかるために，まず，「弁論準備手続は，当事者双方が立ち会うことができる期日において行う」（民訴169条1項）として，当事者公開を

保障し、さらに、「裁判所は、相当と認める者の傍聴を許すことができる。ただし、当事者が申し出た者については、手続を行うのに支障が生ずるおそれがあると認める場合を除き、その傍聴を許さなければならない」（同条2項）として、いわゆる関係人公開を規定した。このような範囲での公開を認めても、フランクな雰囲気の下での当事者の訴訟追行に支障はないであろうし、それがかえって争点整理を円滑に行うことにもつながるとも考えられる。もっともその者が傍聴していたのでは当事者を威圧することになったり、当事者が秘密にしておきたい事項がかかわる場合には、関係人公開を制限する必要がある。そこで裁判所は、前述の趣旨からして支障を生ずるおそれがあると認める場合には、第三者の傍聴を制限することができることにしたのである。

弁論準備手続の結果と口頭弁論への上程　民事訴訟の大原則である口頭主義、直接主義、公開主義からすると弁論準備手続で行われた結果、すなわち整理された結果争いがないとされた事実やその後の集中証拠調べで立証すべき事実を明確に主張するため、これを公開法廷に持ち出すことを要する。そのため「当事者は、口頭弁論において、弁論準備手続の結果を陳述しなければならない」（民訴173条）。また「争点及び証拠の整理手続を経た事件については、裁判所は、争点及び証拠の整理手続の終了又は終結後における最初の口頭弁論において、直ちに証拠調べをすることができるようにしなければならない」（規則101条）とされている。すなわち弁論準備手続の結果の口頭弁論への上程は、口頭弁論期日に出頭した証人等の事件関係者の面前で、当事者と裁判所がその後の集中証拠調べのテーマを設定する役割を果たすことになる。したがって、これを単に「要約書面のとおり陳述」というような紋切り型の形骸化された弁論で行うことは適当ではなく、そこでは実質的な弁論を展開することが期待されている。

弁論準備手続終結後の攻撃防御方法の提出　弁論準備手続終結後に攻撃または防御方法を提出した当事者は、相手方の求めがあるときは、相手方に対し、弁論準備手続終結前にこれを提出することができなかった理由を説明しなければならない（民訴174条・167条）。早期の争点整理とその後の集中証拠調べによる訴訟の促進が民事訴訟手続の課題であることを考えると、相手方の説

明要求権（詰問権）と説明義務の運用をルーズに行うことはその趣旨に反するものといえよう。

証拠保全との関係　弁論準備手続に付された後，口頭弁論の終結にいたるまでの証拠保全の管轄裁判所は，受訴裁判所である（民訴235条1項）。またこの場合，裁判所は受命裁判官に証拠調べをさせることができる（同239条）。なお，後述の書面による準備手続においても同様である。

VI　書面による準備手続

意義　書面による準備手続とは，「当事者の出頭なしに準備書面の提出等により争点及び証拠の整理をする手続」という（民訴175条）。このような争点整理手続が行われるのは，「当事者が遠隔の地に居住しているときその他相当と認めるとき」（同条）である。その他相当と認めるときとは，当事者の選任した訴訟代理人の事務所が遠隔の地にあるときや当事者，代理人が病気や怪我により裁判所に出頭することができないときを指す。電話会議装置を補完的に使用するものの（同176条3項），期日を開かずに争点整理を行うことには，一定の難しさが伴うが，もともとこの争点整理手続は，ドイツで広く行われている書面先行型の審理に倣ったものであることを考えると，ドイツにおける場合とは条件が異なるとはいえ，これを例外に位置づけて要件を厳しくする必要はないように思われる。ルーズな運用は許されないが，使いようによっては合理的な争点整理手続となることも考えておくべきであろう。

手続の開始　書面による準備手続は，第1回口頭弁論期日前に限ることなく，訴訟のいかなる段階においても行うことができる。ただこれが期日を開かない争点整理手続であることから，当事者としても利害を考える必要があるし，裁判所としてもこれによって早期に適切な争点整理をすることができるかどうかを見極める必要がある。そこでこの手続に付するに際しては，当事者双方の意見を聴取した上で，裁判所がこれに付する決定をする（民訴175条）。

第7章　口頭弁論の準備

手続の主宰者　書面による準備手続は，期日を開かずに行う関係で，これを実効的に行うためには，経験豊富な裁判官によることが必要である。そこでこれを裁判長が行うとしている（民訴176条1項）。ただし高裁では，陪席裁判官も豊かな経験を持っているが通常であることから，高裁に限って受命裁判官にこれを行わせることができる（同項但書）。

書面による準備手続の審理　期日が開かれないため，裁判長が準備書面の提出，証拠の申出の期間を定めて行う（民訴176条2項・162条）。そうしないと必要な書面が提出されず，争点整理が進まないからである。さらに当事者が期日に顔を合わせないとすると準備書面の交換だけでは双方の主張をうまくかみ合わせることが困難な場合も予想される。そこで電話会議装置を用いて当事者双方との意見交換や協議をする機会を確保することにしている（同176条3項）。これによる場合，弁論準備手続におけるのとは異なり，「裁判所及び当事者双方が音声の受信により同時に通話することができる方法」が用いられる。すなわち裁判所と当事者の一方との通話が他の当事者にも伝わるような装置が使われる。その際，裁判所書記官もこれに立会いし，協議の結果を調書等に記録することができる（民訴176条3項，規則91条2項・3項）。書面による準備手続においても裁判長等（高等裁判所においては受命裁判官も含まれる）は，釈明権を行使し，当事者は求問権を有する（民訴176条4項・149条1項・3項，規則92条・63条）。裁判長等が攻撃または防御の方法に重要な変更を生じうる事項について釈明権を行使したときは，その内容を相手方に通知しなければならない（民訴176条4項・149条4項）。また当事者は，裁判長等の処置について異議を述べることができる。この場合，裁判所は決定でその異議について裁判をする（同176条4項・150条）。

証明すべき事実の確認　書面による準備手続においても，他の争点整理手続と同様，証明すべき事実を確認する必要があるが，この手続自体は，その後に開かれる口頭弁論で陳述する予定の主張を事前に整理しておく手続にすぎない。そこで，「裁判所は，書面による準備手続の終結後の口頭弁論において，その後の証拠調べによって証明すべき事実を当事者との間で確認するものとする」（民訴177条）とされている。

**書面による
準備手続の終結** 　書面による準備手続は，争点整理目的の完了にいたるまで続けられる。その段階に達した場合，裁判所はこれを終結する旨の裁判を行う。この手続においては当事者の不出頭等の怠慢による終結はない。裁判長等が定めた期間内に当事者が準備書面を提出しない場合には，裁判長等は，この手続に付する決定を取り消し（民訴120条），他の争点整理手続の可能性を探ることになる。裁判長等は，相当と認めるときは，書面による準備手続を終結するにあたり，当事者に争点および証拠の整理の結果を要約した書面を提出させることができる（同176条4項・165条2項）。

**書面による準備手続終結後の
攻撃防御方法の提出** 　この手続の終結後に新たな攻撃防御方法を提出することを認めることは，当事者に訴訟の引き延ばしの機会を与えることになる。そこでこの手続をふまえて，その後の口頭弁論において，当事者が右の要約書面を陳述し，または証明すべき事実の確認がなされた後に攻撃防御方法を提出する当事者は，相手方が説明要求権（詰問権）を行使したときは，後れて攻撃防御方法を提出する理由を説明する義務を負うとしている（民訴178条）。

Ⅶ　進行協議期日

意義と内容 　進行協議期日とは，裁判所が指定する期日で，口頭弁論の期日外において，その審理を充実させることを目的として，当事者双方の立会いのもと行われる期日である（規則95条1項）。この期日においては，裁判所と当事者間で，①口頭弁論において行われる証拠調べと争点との関係の確認，②その他訴訟の進行に関して必要な事項について協議が行われる。①は例示にすぎず，それ自体必ず行われなければならないものではない。注意すべきは，進行協議期日が争点整理手続のための期日ではなく，これをそのために利用することはできないことである。②は大規模ないしは複雑訴訟における審理計画の策定（民訴147条の3）や専門技術的問題についての専門家を交えた検討会などを指す。さらにこの期日においては，訴えの取下げならびに請求の放棄，認諾ができる（規則95条2項）。和解ができるかは問題で，否定的

な見解もあるが，和解の勧めは，訴訟のいかなる程度にあるかを問わずにできるものであるから，進行協議期日においてこれを行うことを否定する趣旨ではないと解する。もっともその場合には，手続を和解に切り替えたうえで行うべきであろう。

電話会議装置による進行協議期日の実施 当事者が遠隔地に居住する場合や訴訟代理人の事務所が遠隔地にある場合，さらに当事者，代理人が病気や怪我で期日に出頭することができない場合，裁判所は，当事者の意見を聴いて，電話会議装置を使って進行協議期日における手続を行うことができる（規則96条1項）。当事者の便宜を図り，同時に期日の調整を容易にすることを狙いとしている。これによる場合，手続開始にあたって主宰者は，通話者が当事者であることならびに通話者のいる場所の確認をする必要がある（規則96条4項・88条2項）。当事者の意見聴取を要求するのは，当事者が現実に出頭しなくても，期日に出頭したものとみなされる特別の手続であることから（規則96条2項），当事者が意見を述べる機会を保障することが望ましいからである。電話会議装置による進行協議期日が開かれるのは，当事者の一方が期日に出頭している場合に限られる。双方当事者の立会いの機会を保障する場合，一般的には現実の出頭を要しないとされるが，両当事者が不出頭の期日は観念しにくい。この場合は，当事者の一方の現実の出頭を要すると解すべきである。出頭していない当事者は，訴えの取下げ，請求の放棄，認諾をすることはできない（同3項）。

裁判所外における進行協議期日 事件の現場などの場所において，実際の状況を見ながら，訴訟進行の打ち合わせをしたり，専門技術的な知識を有する者の説明を受けることが有益な場合がある。そこで裁判所外でこの手続を行うことが認められている（規則97条。裁判所外における現地和解を認めた同32条2項に相当する）。しかしこれを行う場合でも，訴訟進行の打ち合わせや説明会に限定すべきであり，検証といった証拠調べをこの期日を借りて行うべきではない。この期日は，調書に記載されることを要しない，経過表程度のもので足りる軽い手続であるから，これを融通無碍に利用することがないよう注意が必要である。

> **☕ オアシス 7-1　プリ・トライアル**
>
> 　アメリカの民事訴訟においては，原告の提出する訴状（complaint）と被告の答弁書（answer）の交換によって行われる訴答手続（pleading）の後，プリ・トライアル（事実審理前手続）といわれる手続に入る。そこでは開示（discovery）手続が中心となる。この開示の範囲はかなり広範に及び，かつこれを拒否した場合の裁判所による制裁（裁判所侮辱, contempt of court）が強力であるため，当事者は相手方の手持ちの証拠や情報を手に入れることができ，争点も明確になると同時に証拠収集もなされることになる（他方で，開示により営業の秘密が相手方に知られたり，プライバシーが侵害されることから当事者を保護するための秘匿特権や弁護士が訴訟の準備のために作成した文書などいわゆるワークプロダクトを開示の対象から外す対応策も採られている）。これによって，トライアル（事実審理手続）の勝敗の見通しが立つことから，開示手続の後は，和解で解決されることが多い。このようにプリトライアル手続には積極的に評価すべき点がある反面，この手続の広範さが戦略的に利用されることによる濫用が懸念される。これを防ぐため，アメリカ民事訴訟法（連邦民事訴訟規則）は，改正を重ねてきた。現在では，開示方法を，当然開示（disclosure）と請求開示（discovery）に区別し，後者の開示請求の件数を，たとえば証言録取は10件まで，質問書（interrogatories）は25項目までというように制限することによって不当な負担を相手方にかけることを防ごうとしている。
> 　日本の民事訴訟における当事者照会（民訴163条）は，アメリカの開示手続の一部（質問書）を参考にして設けられたものと思われる。また，アメリカにおけるプリトライアル手続とトライアル手続の峻別ほどではないにしても，争点整理手続と証拠調手続とを段階的に区別して，審理の効率化が図られている。このように日本の民事訴訟法の中にアメリカ法の影響を見ることができる。

受命裁判官による進行協議期日　裁判所は，受命裁判官に進行協議期日における手続を行わせることができる（規則98条）。この手続の予定している内容からいって，受命裁判官が手続を主宰することに問題はなく，むしろ機動性を確保するためにはそれが適していると思われる。もっともこの期日においては，当事者双方との突っ込んだ意見交換や利害の調整が行われることが予想されることを考えると，相当な経験や力量のある裁判官をあてることが，これを実効性のある手続とすることにつながることは争点整理手続と同様である。

第8章
証明と証拠

I　証　明

1　証拠裁判と自由心証主義

証拠の必要性　国民の権利を保護し，法的紛争を解決するために下される判決は，国民に信頼されるものでなければならない。そのためには，事実関係を正しく確定して，法を確実に適用しなければならない。国内法を正確に把握することは，裁判所の基本的な職責であり，現実にもそれは可能であるので，証拠によって確定することを問題にする必要はない。訴訟では，過去の一回的な事実（とくに当事者の行為）が重要である。過去の事実を確定するために，事実に関する法則を用いることも許される。この法則は，経験則と一括して呼ばれ，物理法則や経済法則のみならず，気温が上がれば着る服を減らすといった日常的な経験法則も含む。誰でも知っているような経験則や一般的事実（太陽は東から昇るといった，過去にも現在にも妥当し，現在において確認することができる事実）は，証拠により確認する必要はない。しかし，それ以外のもの，外国法や，裁判所にとって明白とは言えないような経験則や事実は，証拠によって証明して，裁判の正当性を高める必要がある。

　以下では，外国法や経験則の証明に言及することは避けて，訴訟において，当事者が主張する事実はどのように確定されるか，事実の確定ができないときは，どのように裁判するのかを説明しよう。

証拠の種類　「証拠」の語は，大まかにいえば，裁判所による事実認定のための材料を意味する。細かくいえば，次のようなさまざまな意味で使われる。

図表 8-1　直接証拠と間接証拠

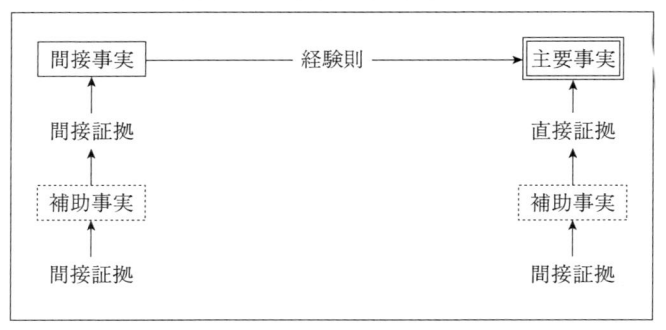

```
間接事実 ────経験則────▶ 主要事実
  ▲                        ▲
  │                        │
 間接証拠                 直接証拠
  │                        │
┌─────┐                ┌─────┐
│補助事実│                │補助事実│
└─────┘                └─────┘
  ▲                        ▲
  │                        │
 間接証拠                 間接証拠
```

直接証拠は，主要事実（直接事実）の証明に直接役立つ証拠である。間接証拠は，間接事実または補助事実の証明に役立つ証拠である。

①　証拠方法　　証拠調べの対象となる有形物
　人証＝証人，鑑定人，当事者本人，当事者の法定代理人・代表者
　物証＝文書，準文書，検証物

②　証拠資料　　裁判所が証拠調べの結果獲得した内容（証言，鑑定意見，当事者の陳述，文書・準文書の内容，検証の結果）。

③　証拠原因　　裁判所が事実の存否につき確信を抱くにいたった根拠。裁判所が事実認定の根拠とした証拠資料および弁論の全趣旨。判決文において，「証人Aの証言により，……と認めることができる」と書かれていれば，その証言は証拠原因である。逆に，「これに反する証人Bの証言は措信（信用・採用）することができない」と書かれていれば，その証言は証拠原因にならなかったことになる。

証明の意義　　訴訟における証明は，時間と費用の制約の中で行われ，しかも，多くは過去の出来事を対象とするから，一点の疑義も許されない自然科学的証明を要求することはできない。民事訴訟では，証明は，「裁判官が要証事実の存在につき通常人として合理的な疑いを差し挟まない程度に真実性の確信を持った状態」を意味する。この意味での証明があれば，証明された事実に法規を適用することが許される。また，紛争の公正な解決のためには，法規の適用の前提としてこの程度の証明を要求するのが妥当と考えら

れ，特別の定めがないかぎり「相当程度の蓋然性」では足りない（最判昭50・10・24民集29号9号1417頁，最判平12・7・18判時1724号29頁）。

さらに，裁判官がこのような心証（心理状態）をもつように，当事者が資料を提出することも証明という。挙証あるいは立証ともいう（民訴220条2号3号・229条4項では，「挙証者」の語が用いられている）。

(1) 厳格な証明・自由な証明　憲法82条・民訴法180条以下の規定に従った証明を「厳格な証明」という。判決手続の本案の問題についてはこれが要求される。憲法82条・民訴法180条以下の規律に縛られない証明を「自由な証明」という。自由な証明にあっては，証拠申出の方法，証拠調べの方法，証拠方法の規制，当事者の立会い，証拠調べの結果の弁論への顕出等の点で，証拠調手続についての当事者公開，直接主義，口頭主義の原則が後退する。次の事項について自由な証明が許される──①判決手続における職権調査事項，②法規，特殊専門的な経験則。これらについて民訴法180条以下の規律からどの程度解放されるかは，証明されるべき事項に依存し，明確に定まっているわけではない。③決定手続における全要証事実についても自由な証明が許されると言われることがあるが，同187条（とくに2項）には従わなければならない。

(2) 参考人等の審尋（民訴187条）　決定で完結する事件については，口頭弁論を開くか否かは，裁判所が決める（同187条1項但書）。口頭弁論を開けば，第三者（証人）または当事者本人を宣誓させて尋問することができる。口頭弁論を開かない場合のために，「審尋」という簡易な証拠調べの方法が用意されていて，そこでは宣誓はなされない。したがって，審尋される第三者は，証人ではなく，参考人と呼ばれる。弁論主義の第3命題に従い，参考人の審尋は，当事者が申し出た者に限られる（同187条1項但書）。当事者本人の審尋は，職権でもできる（当事者本人の尋問に関する同207条も参照）。相手方がある事件については，相手方の立会権が保障されている（同187条2項）。

(3) 疎明（民訴188条）　疎明は，事実の存在が一応確からしいとの認識を裁判官がもった状態を指す。さらに，裁判官が疎明の水準の認識をもつように，当事者が資料を提出することも疎明という。疎明の水準の蓋然性（一応の確からしさ）で要件の充足を認めて法規を適用することは，明文の規定がある

場合にのみ許される（民訴35条1項・91条2項・3項，規則10条3項）。疎明の証拠方法は，即時に取り調べることができる証拠方法に限定される（民訴188条）。文書は，持参する。証人は，一緒に連れていく（同行証人）。

証明の対象（要証事実と不要証事実）

(1) **要証事実** 裁判所は，請求について判断するのに必要な範囲で，事実についての主張が真実であるか否かを判断する。直接事実であるか，間接事実であるか，補助事実であるかを問わない。しかし，弁論主義の下では，当事者間に争いのない主要事実はそのまま裁判の基礎にしなければならないので，そのような事実については，証拠による証明は不要である。また，裁判所が証拠調べを要しないほどに明白であると判断する事実についても，証拠による証明は不要である。それ以外の事実については，弁論の全趣旨および証拠に基づく事実認定が必要である。

(2) **不要証事実** 次の事実については，当事者は，証明活動をする必要がない。裁判所は，証拠による証明を要することなく事実を認定することができる。

(a) **当事者間に争いのない主要事実** 裁判所は，これをそのまま裁判の基礎にしなければならないからである（弁論主義の第2命題）。明示的に自白された事実のみならず，自白が擬制される（民訴159条1項・3項本文・170条5項）事実も含まれる。

(b) **顕著な事実** 裁判所にとって証拠調べをするまでもなく明白で，真実性が客観的に担保される事実については，証拠調べは必要ない。これは，通常，次の2つに分類される。

① **公知の事実** 通常の知識経験を有する一般人が疑問をもたない事実がこれに該当する。一般人にとって公知とはいえなくても，一定の経験を経た裁判官や検察官にとって疑問の余地のない事実も，その客観性は確保されているということができるので，証拠調べは必要ない（これも，「公知の事実」に含めてよい）。

② **職務上知りえた事実** 自己の所属する裁判所に保存された記録や裁判官の職務経験から明らかになる事実（訴え提起の年月日，他の事件の係属，不動産

競売により原告が所有権を取得したこと，あるいは，当該裁判所における実務慣行など）。裁判官の記憶に残っている事実であることを要求する見解もあるが，その必要はない。

(3) **当事者間に争いのない間接事実等** 民訴法179条前段は，伝統的には「当事者の自白」が裁判所を拘束するから自白された事実については証拠調べも必要ないとの論理に基づくものであると理解されてきた（審判排除効を基礎に置く証明不要効）。したがって，当事者間に争いのない間接事実や補助事実は，同179条前段の対象外となる。もっとも，間接事実や補助事実について争いのないことは，同247条の「弁論の全趣旨」に含まれ，それと矛盾する事実が証拠調べの結果等から明らかにならないのであれば，証拠調べをすることなくその事実を認定することは許される。しかし，最近では，自白の効力を審判排除効・証明不要効・不可撤回効の3つに分解して，各効力がどのような種類の事実について認められるべきかを検討し，間接事実の自白についても証明不要効を肯定する見解も有力である（その実定的根拠をどこに置くかが問題になるが，同179条前段の事実の中に間接事実も含めるようにみえる）。

(4) **証拠の提出時期との関係** 「一方の当事者が主張する事実を他方の当事者が争う場合に，裁判所は，証拠調べをして，その事実の主張の真偽を判断する」というのは，1つの理念である。この理念は，証人尋問や当事者尋問のように，争点整理後に取り調べられるべき証拠（民訴182条）には，よく妥当する。しかし，文書（たとえば借用証書）は，争点整理にも役立つ証拠である（同170条2項・171条2項）。規則55条も証拠となるべき文書を早期に提出することを求めている。さらに，自白の撤回がありうること，沈黙が否認に転じうることを考慮すると，重要な証拠（文書）は，相手方の自白の有無にかかわらず，争点整理の段階で提出しておく方がよい。検証物の中にも，同様な性質のものがある。

自白

(1) **意義と効果** 裁判上の自白とは，広義では，相手方の主張と合致する自己に不利益な事実を口頭弁論において陳述することである（典型例は，XがYに不利益な事実を主張している場合に，Yがその主張を認めると陳述することである）。裁判上の自白の内でとくに重要なのは，主要事実に

ついての自白である。この自白により，次の効力が生ずるからである。ⓐ裁判所に対しては，自白された事実をそのまま裁判の基礎としなければならないという効力（「裁判所に対する拘束力」あるいは「審判（権）排除効」という。これから証明不要効も導かれる）。ⓑ当事者に対しては，自白を任意に撤回することができないという効力（「当事者に対する拘束力」あるいは「不可撤回効」という）。以下では，「裁判上の自白」の語は，別段の言及がなければ，「裁判所及び当事者に対して拘束力を有する自白」の意味で用いる。ただ，「自白」の語は，主要事実についてのみならず，その他の事実やさらには権利関係をついてもよく用いられる（「間接事実の自白」など）。自白は，刑事訴訟においては冤罪の温床のイメージが強いが，民事訴訟では，争点を減らして紛争の迅速な解決に役立つ行為である。

(2) **先行自白**　自白者がさきに陳述して，相手方がこれを援用する場合を，先行自白という。たとえば，1990年8月11日にXがYに対して所有権に基づき土地の明渡しを訴求し，弁論においてXが，「Yは1970年2月8日から本件不動産を権原無しに占有している」と主張したのに対し，Yが右陳述を認めたうえ，取得時効を主張したとすると，Xの前記主張（Yの1970年からの占有）は，先行自白となる。

(3) **自白の撤回の要件**　自白は，次のいずれかの要件が備わる場合にのみ許される。

(a) **相手方の同意**　相手方の同意があれば，撤回は許される。同意は，黙示的（異議を述べないまま放置すること）でもよい。自白の撤回が訴訟の完結を遅延させる場合には，自白の撤回は裁判所にとっても迷惑な行為であるが，この場合には，裁判所は民訴法157条1項により自白の撤回を却下する余地がある。

(b) **反真実＋錯誤**　自白が真実に反し，錯誤に基づいてなされたことを証明すれば，撤回は許される。真実に反することが証明されれば，錯誤に基づきなされたと推定される（最判昭25・7・11民集4巻7号316頁）。しかし，訴訟を混乱させるために真実に反することを知りながら自白した場合には，撤回は認められない。

(c) 刑事上罰すべき他人の行為により自白したこと　これは再審事由でもある（民訴338条1項5号）。

　自白の撤回も攻撃防御方法の1つであるので，民訴法157条の規制に服する。

(4) 「自己に不利益な事実」の意味　裁判上の自白には，当事者に対する強い拘束力があるので，自白の成立を広く認めると，錯誤で自白した者に不測の不利益を課すことになる。そこで，「自己に不利益な事実」の意味を限定することによってこれを避けるべきかが問題となる。「自己に不利益な事実」の意味については，証明責任説（相手方が証明責任を負う自己に不利益な事実と解する説）と敗訴可能説（自白者の敗訴をもたらす可能性のある事実と解する説）とが対立している。判例（最判昭35・2・12民集14巻2号223頁）は，証明責任説である。たとえば，貸金返還請求訴訟で，原告が被告から弁済のないことを主張し，被告が当初それを認めたうえで消滅時効あるいは債務免除を主張した場合に，その後に弁済の事実を主張することは，自白の撤回にあたるかを考えてみよう。証明責任説では，弁済がないことを認める被告（債務者）の陳述は，裁判上の自白にあたらない。なぜなら，ⓐ裁判所との関係では，弁論主義の第2命題の適用以前に第1命題が作用し，裁判所は，弁済の事実の主張がないから弁済による債権の消滅の効果は認めないのであり，裁判所を拘束する自白はないからである。ⓑ相手方との関係でもこれを自白と取り扱う意味は少ない。自白は，自白が真実に反し錯誤に基づいてなされたことを証明すれば撤回できるとされており，債務者が「弁済をまだしていない」との自白が真実に反することを証明することは，とりもなおさず「弁済をした」ということを証明することであり，それは，もともと彼が証明責任を負っていることだからである。もっとも，たとえば，被告が「弁済がまだなされていない」との原告の主張を認めたために，原告が被告の弁済の主張に対する反証（たとえば，被告の提出する領収書についてそれが偽造であることを明らかにする証拠）を保全しておかなかったというような特段の事情がある場合には，前言を翻してなされる被告の弁済の主張を抑制する必要があるが，これは民訴法157条あるいは同2条により果たされよう。

(5) 裁判上の自白の対象　裁判上の自白（裁判所および当事者に対して拘束力を有する自白）の対象となるのは，主要事実である。主要事実が争われてい

る場合に，間接事実について自白が成立しても，それは裁判所を拘束しないのはもちろん，自白した当事者を拘束するものでもない（最判昭41・9・22民集20巻7号1392頁）。補助事実についての自白も，拘束力を有しない。文書が特定の者（挙証者により作成者と主張されている者）の意思に基づいて作成されたという事実（成立の真正）も，補助事実にすぎず，自白の対象とならないのが原則である。ただ，法律行為が表示された文書（処分証書）の成立の真正が認められると，主要事実である法律行為が証明されたことになることとの関係で，これも自白の対象になるとする見解も有力である。しかし，判例は，補助事実であることに変わりはなく，自白の対象にならないとする（最判昭52・4・15民集31巻3号371頁）。

(6) **権利自白**　訴訟物たる権利関係について原告の主張に理由があることを被告が認める場合は，請求の認諾になり，理由がないことを原告が認める場合は，請求の放棄になる。他方，訴訟物たる権利関係以外の権利関係（先決的法律関係など）について，自己に不利益な相手方の主張と合致する陳述をすることを権利自白という。たとえば，原告が明渡請求の基礎として所有権を主張している場合に，被告が「原告の所有権を認める」と陳述する場合がそうである。権利自白にどの範囲の拘束力を認めるかについては，否定説，肯定説，折衷説が対立している。

自由心証主義　(1) **意　義**　裁判所は，ⓐ証拠調べの結果およびⓑ審理に現れたそれ以外のすべての資料・状況（弁論の全趣旨）に基づいて，自由な心証により，当事者の主張の真否を判断することができる（民訴247条）。それ以外の資料（とくに裁判官が私的に知っていること）を事実認定の資料にしてはならないとの趣旨を含むが，ⓒ顕著な事実，すなわち，公知の事実や裁判所の職務上明らかな事実も，当事者の主張の真否の判断資料として用いることは許される。伝統的には，自由心証主義の説明の中で，顕著な事実が弁論の全趣旨や証拠調べの結果と並ぶ重要な要素として必ずしも取り上げられてきたわけではないが，これも自由心証主義の要素として取り上げることにしよう。

裁判官の心証形成は恣意的であってはならず，経験法則や論理法則に従った

合理的なものでなければならない。不合理な事実認定は民訴法247条違反となる。同条に違反して認定された事実は，同321条にいう「適法に確定した事実」にあたらず，上告審を拘束しない。事実認定の不合理も，破棄理由になる。

(2) 内　容　　自由心証主義は，次のことを内容とする（自由心証主義の内容は，弁論主義ほどには固まってはおらず，教科書によって異なる）。

(a) 証明の必要　　裁判所が当事者の事実についての主張を真実と認めるためには，その事実が証明されること，すなわち，主張された事実の存在について裁判所が確信を持つことが必要である。

(b) 弁論の全趣旨の斟酌　　審理に現れた一切の資料（裁判所と当事者とが共有する機会を有した資料）で，証拠調べの結果以外のものを弁論の全趣旨という。主張の変遷・矛盾・合理性の欠如，釈明に応じないこと，証拠調べに協力しないことなどが代表例である。当事者間に争いがないことも含めてよい。裁判所は，事実を認定するにあたって，弁論の全趣旨も斟酌することができる。

(c) 証拠調べの結果の斟酌　　当事者間に争いのある事実の認定のために裁判所が用いる基本的な資料は，証拠調べの結果である。証拠方法によっては，そもそも証拠調べの対象としてよいかが問題となる。証拠調べの対象となりうる資格，あるいは，取り調べた後で得られた資料を事実認定に用いることのできる適性を証拠能力という。民事訴訟では，刑事訴訟のような伝聞証拠の排除等を定める規定（刑訴319条以下）はなく，その意味で，原則としてあらゆる人・物が証拠方法となりえ，証拠能力の制限はない。ただし，次の例外がある。①他のよりよい証拠がある場合の証拠制限（書証の対象となる文書の原本が存在し，その提出が可能である場合に，原本提出の原則〔規則143条1項〕・鑑定人の忌避〔民訴214条〕）。②手続法上の要請により，特定または一定範囲の事実の認定のために用いることのできる証拠方法が制限されている場合（法定代理権・訴訟代理権の証明＝書面〔規則15条・23条〕・口頭弁論の方式遵守の証明＝口頭弁論調書〔民訴160条3項〕・疎明事項＝即時に取り調べることのできる証拠〔同188条〕）。③特別訴訟における証拠方法の制限（少額訴訟＝即時に取り調べることのできる証拠〔同371条〕・手形・小切手訴訟＝書証のみ〔同352条1項〕）。④取調方法の限定による制限（証人の取調べは証人尋問の方法で行う・当事者の尋問は当事者尋問の方法で行い，法定代理

人・代理者の尋問もこれに準ずる）。また，⑤違法性の強い方法で収集された証拠の取調べも許されない。

　違法収集証拠の証拠能力については，肯定説，否定説，折衷説（多数説）の対立がある。折衷説は，違法性の程度で場合分けをする（違法性の高い場合に限り証拠能力を否定し〔とくに，他人の住居に侵入して日記を盗写するなど，憲法の保障する基本的人権の侵害をもたらす場合〕），他方，会社の不当労働行為に関する証拠の収集のために，労働組合員が上司の自己に対する組合脱退の要求を内密に録音した場合には，その証拠能力を肯定する（他に適当な証拠収集手段がないことも正当化理由になる）。この問題は，ⓐ証拠の違法収集により侵害される利益と，ⓑ当該証拠により真実を明らかにして守られるべき挙証者の利益（権利）との比較考量の問題にならざるをえない。その意味で，折衷説は，利益衡量説になる。

　証拠調べの結果得られた資料が裁判官の心証形成に与える影響力を証拠の証明力，証拠力あるいは信用力という。裁判官は，証拠の証明力を自由に評価できる。証明力の評価に際しては，顕著な事実との整合性も考慮される。証拠は，その証拠を提出した者に有利にも不利にも斟酌することができる（同一当事者間での証拠共通の原則）。ただし，一定の事実があれば他の事実を推定すべきものと規定されていることがある。当該他の事実が要件事実（要件要素たる抽象的事実）である場合には，証明責任の転換をもたらし，相手方は，反対事実について証明責任を負わされるが，それが要件事実でない場合には，証明責任の転換は生ぜず，相手方は，推定された事実についての裁判官の確信を動揺させれば足りる。証拠力の自由評価の原則の例外となるのは後者であり，法定証拠法則と呼ばれる（民訴228条2項・4項・5項による文書の成立の真正の推定。もっとも，反対説も有力である）。

　(d)　顕著な事実（民訴179条）　　顕著な事実も，事実認定の資料に用いることができる。顕著な事実は，当事者の主張の評価や証拠の証明力の評価に用いることができる。顕著な事実は，主要事実であってもその他の事実であっても，あるいは，具体的事実であっても，社会や自然に関する一般的事実であってもよい。顕著な事実は，それが主要事実であるときは，当事者からの主張が必要であるが，その他の事実であるときは，当事者による主張は必要なく，そ

のまま事実の認定に用いることができる。公知の事実については当事者も認識していると期待できるが，当事者が認識しているとは限らないような事実（とくに職務上顕著な事実）については，裁判所は釈明権の行使により当事者に認識させておくべきである。

　(e)　間接事実による主要事実の推認　　裁判官は間接事実から主要事実または他の間接事実を推認することができる。推認にあたっては，経験則・論理則を用いるのが通常である。

2　証明責任の分配

証明責任の意義　　法規範は，1つまたは複数の要素から成る要件が充足されると，一定の法律効果が発生することを定める。私法上の法律関係を定める法規範については，要件が充足されるか否かが不明な場合が生ずることを想定して法規範を設定しないと，裁判実務の利用に耐えない。要件要素が事実にかかわる場合には，要件要素に該当すると評価される事実の存否（事実主張の真偽）が不明であるときに，法律効果の発生を認めるのか，認めないのか，あるいは中間的な解決（たとえば，裁判官が抱いた心証の度合いに応じて認容金額を決めることができるとの解決）をとるのかを定める必要があるが，通常は，法律効果の発生を認めるか否かの二者択一で法律関係の合理的な規律ができる。

　主要事実の主張の真偽が不明であるにもかかわらず，法規範が定める法律効果の発生を肯定しあるいは否定するのであるから，それは一方当事者の不利益と観念することができる。この不利益を証明責任という。事実の存否不明という客観的状況に対応できるようにあらかじめ（立法の時に）決まっている責任であり，弁論主義とはかかわりなしに妥当し，当事者に対する当為要素（証明すべきであり，しなければ非難されること）を含まない。その点を強調する意味で，客観的証明責任（確定責任）ともいう。

　細かな説明方法については，いくつかの見解が主張されているが，伝統的な多数説は，「事実の存否が不明の場合には，その事実を要件要素とする規範は適用されないとの原則」（法規不適用の原則）を前提にして，法規不適用の結果

生ずる不利益が証明責任であると説明する。

証明責任の分配基準　**(1) 証明責任の分配とその表現方法**　証明責任の分配は，要件要素に該当する具体的事実の存否が不明の場合に，法規範の定める法律効果を認めるか否かの問題であるから，法規範の要件を設定する際に立法者が決断すべき問題である。それは，当該法規が実体法の領域に属する場合には，基本的に実体法の政策問題である。証明責任の分配は，法規の中に表現されなければならない。それを簡潔に表現する立法技術が必要となる。その１つの方法が次に述べる法律要件分類説の考えである。それは，同時に，その立法技術が採用されている法領域における解釈技法であり，立法者と解釈者との間のコミュニケーションのルールである。

(2) 法律要件分類説　証明責任の分配は，「法規は，その要件事実の存在が証明されたときにのみ適用される」との基本命題（法規不適用の原則）を前提にすると法律要件の規定の体裁を通して，簡潔に表現できる。民事法の領域において，証明責任はこの方法であらかじめ法規の中で定められていると考える立場を法律要件分類説という。

法規範の構成方法として，次の３ないし４つが認められている（権利阻止規定を独立の規範類型に挙げない立場もあり，この立場では，３つになる。なお，必要最少限に絞るならば，法律効果の発生の根拠規定とその障害規定の２つで足りる）。

① 権利根拠規定（拠権規定）　　権利の発生を定める規定。
② 権利障害規定（障権規定）　　権利の不発生を定める規定。
③ 権利消滅規定（滅権規定）　　権利の消滅を定める規定。
④ 権利阻止規定（阻権規定）　　権利行使の阻止事由あるいは阻止する権利（同時履行の抗弁権など）を定める規定。

権利の発生を主張する必要のある者は，権利根拠規定の要件事実の証明責任を負う。逆に権利の不発生を主張する者は，権利障害規定の要件事実の証明責任を負う。一旦発生した権利は，その消滅を定める規定の要件が充足されるまで存続すると考えて規定するのが素直であり，かつそれを前提にして規定されていると考えられるので，権利消滅規定の要件事実については，権利の消滅を主張する者が証明責任を負う。権利阻止規定についても，同様である。

図表 8-2　本証と反証

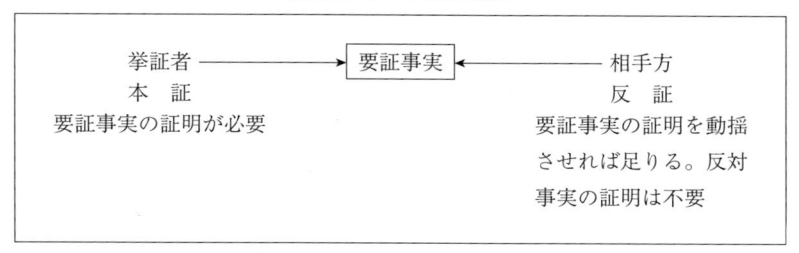

```
挙証者 ───────→ 要証事実 ←─────── 相手方
本　証                              反　証
要証事実の証明が必要              要証事実の証明を動揺
                                 させれば足りる。反対
                                 事実の証明は不要
```

　もっとも，日本の私法分野の法律の立法者が証明責任の分配を細部にわたって考え抜き，その結果を条文の構成の中に完璧に表現しているかと言えば，必ずしもそうでもない。そのうえ，法規は，正義，公平，効率性といった高い視点から妥当性がつねに検証されるべきであり，法規の内容は解釈によって精緻にされ，各時代の社会状況にあわせて変えられる。そのことは証明責任の分配規定にも妥当する。しかし，法律の文言に現れている証明責任の分配の読取りの技法（立法者とのコミュニケーションのルール）と，その妥当性の検証・修正の視点とを混同してはならない。法律要件分類説に属する論者の間でも，日本の法律の規定が証明責任の分配をどの程度考慮して作られているかの認識は論者によって異なる。したがって，規定の体裁・文言をどの程度尊重すべきかの意識も異なる。

　権利障害規定の形式はいくつかあるが，もっともわかりやすいものは，ある項において一定の要件の下で一定の権利が発生することを定め，次の項において「前項の規定は，……の場合には適用しない」とするものであろう（たとえば，国税徴収法24条6項。1項が権利発生規定である）。そのほかに，ただし書の形式をとることが多い。これは，本文で権利あるいは法律効果の発生の根拠を定めた後，「ただし，……の場合は，この限りでない」と規定する形式（たとえば，民法246条〔加工〕），あるいは，「ただし，……の場合は，その法律効果は生じない」と規定する形式（たとえば，同93条〔心裡留保〕）である。しかし，ただし書の形式で定められているものがつねに権利障害規定だというわけではない。本文で定める要件の追加にすぎない場合もある。たとえば，破産法162条1項1号の

図表 8-3　本証と反証と間接反証

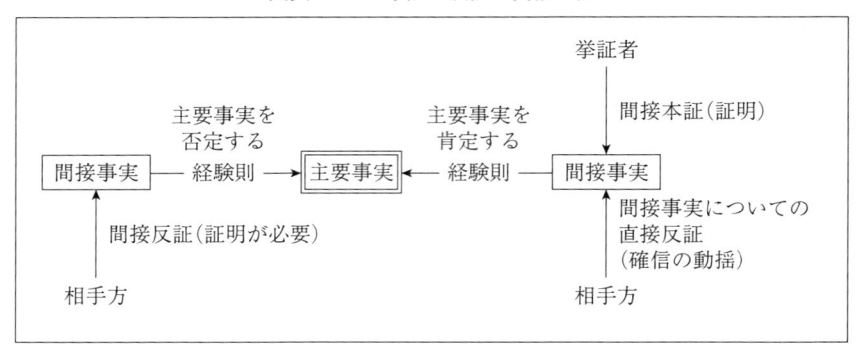

```
                主要事実を              主要事実を           挙証者
                否定する                肯定する            ↓ 間接本証(証明)
   ┌──────┐            ┌──────┐            ┌──────┐
   │間接事実│─ 経験則 ─→│主要事実│←─ 経験則 ─│間接事実│
   └──────┘            └──────┘            └──────┘
        ↑                                        ↑
   間接反証(証明が必要)                    間接事実についての
                                          直接反証
                                          (確信の動揺)
     相手方                                 相手方
```

ように，「ただし，……の場合に限る」と規定されている場合がそうである。

(3) **本証と反証と間接反証**　本証は，要証事実について証明責任を負う当事者の提出する証拠またはこの者の立証活動である。本証は，裁判官に確信を抱かせなければならない。反証は，相手方の提出する証拠またはこの者の立証活動である。反証は，要証事実についての裁判官の確信をゆるがせば足りる。裁判官の確信をゆるがせるためにどの程度の反証をする必要があるかは，裁判官が抱いた確信の度合いに依存する。ある事実について裁判官が抱いた確信が非常に高く，それをゆるがすために必要な反証の度合いが高いこともある。間接反証は，ある主要事実について証明責任を負う者がこれを推認させるのに十分な間接事実を証明した場合に，相手方がその間接事実とは別個のしかもこれと両立しうる間接事実を立証することにより，主要事実の推認を妨げる立証活動である。この間接事実は，経験則の適用の前提となる事実であるので，原則として，証明が必要である（証明されないと経験則が適用されない）。ただし，当該間接事実の証明があったとはいえなくても，その存在について定量的な蓋然性が明らかになれば，経験則自体の推定力と組合わさって一定の反証力を有することを認めるべき場合もある。

(4) **証明責任分配規定の解釈**　証明責任の分配規定も，一般の解釈原則に従い解釈され，また，必要に応じて，解釈により変更あるいは補充されることがある。たとえば，準消費貸借契約の目的となっている旧債務の存否について

は，その不存在を理由に準消費貸借契約の効力を争う者がその事実の立証責任を負う（最判昭43・2・16民集22巻2号217頁）。明文の規定の解釈という形をとって新たな要件（積極的要件または消極的要件）を追加したり，あるいは新たな要件を含む新たな規範を定立する場合にも，その要件の証明責任の分配を明確にする必要がある。たとえば，土地の賃借人が賃貸人の承諾を得ることなくその賃借地を他に転貸した場合においても，「賃借人の右行為を賃貸人に対する背信行為と認めるに足りない特段の事情があるときは，賃貸人は民法612条2項による解除権を行使し得ない」との規範（権利障害規定）が設定され，前記の特段の事情の存在は，土地の賃借人において主張，立証すべきものであるとされた（最判昭41・1・27民集20巻1号136頁）。

(5) **法律上の事実推定** 法律要件の構成を通して証明責任を分配することは，たしかに簡便でありまた実際上も主要なものではある。しかし，これだけでは，証明責任の分配の表現手段が少なすぎる。法律上の推定という方法も，証明責任の分配の表現方法として用いられる。法律上の推定は，ある事実から別の事実または要件要素の充足（抽象的事実の存否，法的評価の成否または権利の存否）を推定することを法規が定めている場合を指す。そのうちで，事実の存否が推定される場合を「法律上の事実推定」という。たとえば，次のような規定がこれにあたる（民186条2項〔2時点での占有からその間の継続的占有を推定〕，特許104条〔生産方法の推定〕，破15条2項〔支払停止から支払不能を推定〕）。

(6) **権利推定** これは，ある事実から権利関係を直接推定するものである。たとえば民法229条（境界線上の物の共有推定）・250条（共有持分の推定）。

(7) **暫定真実** ある推定規定における推定原因事実(A)と被推定事実(B)が他の規定（要件と効果を定める規定＝効果規定）において同時に要件されている場合には，効果規定の要件事実の1つとして推定原因事実(A)の証明が必要である。その証明がなされると被推定事実(B)が推定され，被推定事実の不存在の証明責任を相手方に負わせることになる。効果規定の要件要素Aの証明がなされていることを前提にすると，推定規定から推定原因事実を捨象することができ，この推定規定は被推定事実(B)を無条件で推定する規定（暫定真実）とみることができるので，「暫定真実」と呼ばれる。

(8) その他　　法律の規定では「推定」という言葉が使われているが，証明責任の転換をもたらすという意味での推定ではないものもある。
　(a)　要件要素の充足以外の推定　　これは法定証拠法則と呼ばれる（民訴228条2項）。
　(b)　意思表示の推定　　これは意思表示の解釈規定である（民136条1項・420条3項・569条・573条）。

弁論主義による証明責任の拡大

(1)　**主観的証明責任と主張責任**　　弁論主義を前提にすると，各当事者は，自己に有利な判決を得るためには自己の主張した主要事実を証明しなければならないという責任（行為責任）を負う。これを主観的証明責任といい，客観的証明責任の弁論主義の世界への投影であると説明され，その分配は客観的証明責任の分配に従う。客観的証明責任は，弁論主義か職権探知主義かにかかわりなしに作用する。他方，主張責任は，要件事実が主張されなかったために法規が適用されないことから生ずる不利益であり，弁論主義の下で問題となる。したがって，証明責任の方が一般的ルールであり，「主張責任の分配は，証明責任の分配に従う」と説明される。

(2)　**証明責任の機能**　　(a)　証明責任は，口頭弁論が終結して，裁判所が判決を作成する段階で，主要事実の存否を確定できない場合に，規定を適用できない（証明責任の分配に従って裁判する）という形で機能する。換言すれば，自由心証主義により事実の存否を認定することができる場合には，その認定結果に従って法規の適用の有無を判断することができるので，証明責任は問題にならない。そこで，「自由心証主義が尽きたところから，証明責任が作用する」と言われる。
　(b)　証明責任は，口頭弁論が終結する前でも，各当事者が何を主張立証すべきかの指標として機能する。これにあわせて，当事者に対して主張立証を促すために裁判所が釈明権を行使する際の指標ともなる。

(3)　**否認と抗弁**　　訴訟では，証明責任を負う者が主要事実を主張する。相手方がそれを争うことを否認という。相手方の主要事実の主張を前提にして，自己が証明責任を負う権利障害規定・消滅規定・阻害規定の主要事実を主張することを抗弁という（弁済の抗弁や相殺の抗弁）。

郵便はがき

6 0 3 8 7 8 9

料金受取人払郵便

京都北支店
承　　認
2143

差出有効期限

2013年12月31日
まで〈切手不要〉

4 1 4

京都市北区上賀茂岩ヶ垣内町71

法律文化社
読者カード係　行

ご購読ありがとうございます。今後の企画・読者ニーズの参考，および刊行物等のご案内に利用させていただきます。なお，ご記入いただいた情報のうち，個人情報に該当する項目は上記の目的以外には使用いたしません。

お名前（ふりがな）	年　齢

ご住所　〒

ご職業または学校名

ご購読の新聞・雑誌名

関心のある分野（複数回答可）

法律　政治　経済　経営　社会　福祉　歴史　哲学　教育

愛読者カード

◆書　名

◆お買上げの書店名と所在地

◆本書ご購読の動機
□広告をみて（媒体名：　　　　　　） □書評をみて（媒体紙誌：　　　　　　　）
□小社のホームページをみて　　　　　□書店のホームページをみて
□出版案内・チラシをみて　　　　　　□教科書として（学校名：　　　　　　　）
□店頭でみて　　□知人の紹介　　　　□その他（　　　　　　　　　　　　　　）

◆本書についてのご感想
　内容：□良い　□普通　□悪い　　　価格：□高い　□普通　□安い
その他ご自由にお書きください。

◆今後どのような書籍をご希望ですか（著者・ジャンル・テーマなど）。

＊ご希望の方には図書目録送付や新刊・改訂情報などをお知らせする
　メールニュースの配信を行っています。
　　図書目録（希望する・希望しない）
　　メールニュース配信（希望する・希望しない）
　　〔メールアドレス：　　　　　　　　　　　　　　　　　　　　〕

相手方の主要事実の主張を全部自白するときに，抗弁を付すことがある（たとえば，貸金返還請求の被告が「金は借りたが，すでに弁済した」との趣旨を述べる場合）。この抗弁付自白を，一般に，制限自白という。相手方の主張の一部を自白して残部を否認する場合に，否認部分について理由を付す場合がある（たとえば，「金は受けとったが，贈与されたものであり，返還約束はない」との趣旨を述べる場合）。この理由付きの一部否認を，理由付否認という。規則73条1項が否認に理由を付すことを要求していることとの関係で，理由付否認の語は，理由を付した全部否認の意味で使われることもある（たとえば，原告が「被告と京都市内の原告の事務所で面談して消費貸借契約を成立させた」と主張している場合に，「原告の主張を全部否認する。その日に，被告はニューヨークにいた」との趣旨を述べる場合）。

(4) 抽象的要件要素の主要事実　民法587条の「返還約束」や「金銭その他の物の授受」といった具体的要件要素についても，当事者が主張する具体的な事実がその要件に該当するかどうかについての裁判所による法的評価が必要であるが，「背信行為と認めるに足りない特段の事情」といった抽象的要件要素（規範的要件要素）については，その法的評価の重要性が格段に高い。当事者が主張立証すべき主要事実となるのは，この抽象的事実そのものであるとする見解もあるが，多数説は，要件要素に該当すると評価される具体的事実であるとする（「評価根拠事実」ともいう）。

評価根拠事実も主要事実である以上，口頭弁論において主張されることが必要であり，当事者によって主張され，裁判所によって認定された一切の事実が評価根拠事実となりうる。このように無限定であると，具体的な事件において当事者は何を主張すべきかにとまどうことになる。そこで，抽象的要件要素の具体化が解釈により徐々に行われ，具体化された要件要素に該当する具体的事実を主要事実として主張すれば足りるとされることになる。しかし，その作業を網羅的に行うことは困難であり，一切の事実関係が評価根拠事実になりうることには変わりはない。そのため，裁判所が評価の根拠になると判断する事実を当事者が的確に漏れなく主張することができるだろうかという問題が生ずる。問題となるのは，当事者が主張していないが証拠調べの結果明らかになった事実である。証拠調べの結果を考慮して行われる主張の整理の段階で，主張

の追加がなされるべきであり，裁判所は必要に応じて釈明権を行使すべきである。

3 事実上の推定

事実上の推定　ある事実を直接証明する証拠がない場合に，別の事実（間接事実）から経験則を用いてその事実（直接事実または他の間接事実）を推定することも認められている。たとえば，ⓐ薬剤の副作用については，一般に，原因薬剤を除去すれば症状が軽快することが多く，また，副作用が発生した時期の1，2週間前から投与された薬剤がその原因として最も疑わしいとされることから（経験則），ⓑ併用投与された薬剤A・Bのうち，Aは患者の全身症状が急激に悪化した時期から2週間以上も前に投与が中止されていること，これに対し，薬剤Bは，患者の全身症状急変のほぼ2週間前から2倍に増量して投与されてきたことなどに照らすと（事実），ⓒ患者の症状の眼症状は，薬剤Bの副作用を原因として発症したものと推認される（推認結果）。また，複数年にわたって発行された図書により著作権が侵害され，損害額の算定のために図書の発行により侵害者が得た利益を算定する必要があるが，その図書のある年度の価格を直接証明する証拠がない場合に，当該図書の価格が判明している年度と当該価格不明年度の双方について価格の判明している類似の図書の価格を参考にして，その価格が算定される（東京地判平14・12・13〔平成12年(ワ)第17019号〕）。

法律上の推定は，証明責任を転換させるべきであるとの立法者の政策的判断の表明である。他方，事実上の推定は，裁判所が個々の事件において，自由心証主義の枠内でなすものであり，証明責任の転換を伴わない。しかし，判例法によって法律上の推定規定を作り出すことは，一般の実体規定と同様に，許されることである。そのため，事実上の推定なのか判例法により作り出された法律上の推定なのか，微妙な場合もある。

一応の推定　経験則による事実の認定にあっても，まず主要事実が主張されるのが本来である。しかし，事案によっては，挙証者が主要事実を主張することすら困難な場合がある。これは，過失や因果関係といっ

た抽象度の高い事実的要件要素について，それに該当する具体的事実が挙証者の相手方の生活領域において生じた場合に生じやすい。この場合に，挙証者が「何らかの過失があった」あるいは「相手方は，少なくともAまたはBを怠り，これらは過失と評価されるべきである」と主張することを許し，裁判所が経験則と間接事実から要件要素に該当する事実があったことを推認することを許すことが適正な裁判の実現のために必要であるならば，それを許すべきである。このように，「主要事実が特定的に主張されていなくても，間接事実と経験則から要件要素の充足を認定すること」を「一応の過失」（あるいは「表見証明」）という。もっとも，その語義は確定しているわけではない。主要事実が特定的に主張されている場合を含めて，「間接事実と経験則から要件要素の充足が十分に推認できるが，相手方に反証の余地があり，推認を覆すためには積極的に反証すべきであること」をもって一応の推定ということもある。一応の推定が認められるための要件（あるいは，認める際に考慮されるべき事項）として，次のことをあげることができる。ⓐ主要事実の主張に関し，ある規範の適用を求める者が，その規範中の要件要素に該当する具体的事実を主張することが困難であり，かつ，具体的事実を主張できないことについて，その者に帰責事由がなく，具体的事実を主張させることなく要件の充足を認めても，相手方の利益が不当に害されることがないこと。ⓑ間接事実から当該要件要素の存在を推認することについて，蓋然性の高い経験則が存在し，かつ，その間接事実について証明があり，相手方がその推認を覆すに足るだけの反証をしていないこと。

証拠偏在の対処方法　社会の分業化が進む中で，専門的知識をもつ者ともたない者との間の紛争が多くなる。そのような場合を中心にして，紛争当事者間で裁判の基礎となるべき情報（事実と証拠）の保有量に大きな格差がある場合に，それを放置して弁論主義と証明責任に厳格に従って裁判したのでは，適正な紛争解決を得ることは難しい。その是正のために，さまざまな議論がなされ，手段が用意されるようになってきている。

　第1は，訴訟当事者の証拠収集手段の強化である。提訴前の証拠収集処分の制度（民訴132条の2以下）が新たに用意され，文書提出命令（同220条以下）の制

度も強化された。証拠保全制度（同234条以下）もこの機能を果たしうる。第2は，証明責任を負わない当事者に，事実関係を開示させることである。裁判所の釈明権（同149条1項・2項）や釈明処分の権限（同151条）および当事者の求問権（同149条3項）は，古くからある基本的な手段である（「自分は証明責任を負わないから釈明には応じられない」との主張が許されるとは思われない）。十分な情報を有する者が理由を付すことなく否認する場合には，裁判所は釈明権の行使により否認の理由の開示を求めることができ，釈明に応じない場合には否認を却下して，擬制自白を成立させることができるとの見解は，支持されるべきである。この見解は，否認には理由を付さなければならないとの原則（規則79条3項）と相まって，事案の解明に役立とう。第3に，以上のほかにも，証明責任を負う当事者が事実関係を解明するために証拠申出をすること（模索的証明）を肯定する見解や，証明責任を負わない当事者の事案解明義務を肯定する見解も受け容れられつつある。

II 証　　拠

1　証拠収集手続

武器平等原則の実質化　　対立する当事者の紛争事案について公正な裁判をするためには，主張および証拠の提出について双方の当事者に平等な機会を与えなければならない。これを当事者の側からみて武器平等の原則（当事者対等の原則）といい，裁判所側からみて双方審尋主義という。ところで，現代社会においては，たとえば，病院と患者，大企業と個人，国と個人の間に民事紛争が生じた場合，情報が片方に構造的に偏在し，情報量や情報収集能力に多大の差があるのが普通である。そこで，武器平等の原則を実質的に意味のあるものにするための手当が必要となる。現行民事訴訟法は，訴え提起前の証拠収集手続を設けたり，文書提出義務を証人義務と同様に一般的な義務として認めるなどして，武器平等原則の実質化を図っている。

訴え提起前の証拠収集手続　　当事者本人または依頼者から訴えの提起を依頼された弁護士は，区役所，法務局などの公の機関から取得できる資料，

すなわち，住民票，戸籍謄本，不動産の登記事項証明書などを自ら収集する。そして，弁護士は，受任事件について，所属弁護士会に対し，弁護士会から公務所または公私の団体に照会し必要な事項の報告を求めることを申し出ることができる（弁護士会照会。弁23条の2）。これは，民事訴訟法上のものではないが，実務上頻繁に利用されており，訴えの提起後でも利用することができる。

(1) **訴えの提起前における照会**　訴え提起後の審理がスムースに進められるように提訴前から資料収集ができるように訴え提起前の照会手続が定められた（民訴132条の2）。訴え提起の予告通知をした者は，被予告通知者に対し，予告通知日から4か月以内に限り，訴えを提起した場合の主張または立証を準備するため必要であることが明らかな事項について，相当の期間を定めて，書面で回答するよう照会をすることができる。また，被予告通知者も予告通知者に対し，同様の照会をすることができる（同条の3）。たとえば，医事関係訴訟における手術を担当した医師・看護師の氏名，交通事故訴訟における受診病院名などの照会をすることができる。なお，照会除外事由が定められている（同条の2第1項但書）。

照会を受けた者は，訴訟法上の回答義務があるが，回答しないことに対する制裁規定はない（もっとも，裁判所の心証に影響を与えることはありうる）。

(2) **訴えの提起前における証拠収集の処分**　裁判所は，予告通知者または被予告通知者の申立てにより，訴えが提起された場合に必要な証拠で，申立人がこれを自ら収集することが困難であると認められるときは，次の4つの処分，すなわち，①文書の所持者に対する文書送付嘱託，②官公署等に対する調査嘱託，③専門家の意見陳述の嘱託（たとえば，建築瑕疵による損害額について建築士の意見を求める），④執行官に対する現況調査命令（たとえば，境界紛争事案で現地の状況を調査）をすることができる（民訴132条の4）。要件としては，立証に必要であることが明らかな証拠であることと定められており，その収集に要すべき時間または嘱託を受けるべき者の負担が不相当なものとなるときなどにはできない（同4第1項但書）。

当事者照会　訴訟の係属中に裁判所の関与なしに直接に当事者間で主張立証に必要な事項について書面で回答を求める手続である（民

訴163条）。たとえば，交通事故訴訟において加害車両の同乗者の氏名の照会，医事関係訴訟において治療担当の医師・看護師の氏名の照会などがある。照会除外事由が定められているが（同条但書），訴えの提起前の照会よりも除外事由は少ない（同132条の2第1項の2号・3号は当事者照会では除外されていない）。この当事者照会も前記の訴え提起前の証拠収集手続も実務ではあまり利用されていないようである。強制力や制裁がないこともその理由の1つかもしれないが，裁判長に対する求問権（求釈明申立権。民訴149条3項）はよく利用されているようである。

文書提出命令　**(1) 意 義**　文書提出命令は，書証の申出方法の1つであり（民訴219条），文書を所持している相手方または第三者に文書提出義務（同220条）があることを理由に裁判所に対し文書の提出命令を申し立てる制度である（同221条）。なお，登記事項証明書等のように当事者が法令により文書の正本または謄本の交付を求めることができる場合には申立てをすることはできない。

(2)　**提出義務と除外事由**　文書提出義務は，証人義務（民訴190条）と同様に日本の裁判権に服するすべての者が負う義務であり，現行法においては，所定の除外事由があれば提出義務を免れるものの，文書提出義務は一般義務化された。旧法は，次の3類型，すなわち，①「引用文書」当事者が訴訟において引用した文書，②「引渡・閲覧可能文書」挙証者が所持者に対し引渡しまたは閲覧を求めることができる文書，③「利益文書・法律関係文書」文書が挙証者の利益ために作成され，または挙証者と所持者との間の法律関係について作成されたとき，にかぎって提出義務を認めていた。現行法は，上記3類型（同220条1号ないし3号）のほかに，除外事由に該当しない場合の提出義務を一般的に認めている（同4号）。

除外事由に該当する文書としては，証言拒絶できるような内容の文書（民訴220条4号イ・ハ），公務秘密文書（同号ロ），技術・職業秘密文書（同号ハ），自己使用文書（同号ニ）および刑事訴訟記録等（同号ホ）があり，除外文書はこれらに限定されている。裁判所は，公務秘密文書について民訴220条4号に該当するとして文書提出命令の申立てがあった場合には当該監督官庁の意見を聴か

なければならない（同223条3項）。もっぱら文書の所持者の利用に供するための自己使用文書に該当するかどうかについて争いとなったものとして金融機関作成の貸出稟議書がある。最決平11・11・12民集53巻8号1787頁は，銀行の貸出稟議書について，これは銀行内部の利用目的で作成され外部に開示することが予定されていない文書であり，開示されると銀行内部での自由な意思形成が阻害されるなど銀行に看過しがたい不利益が生ずるおそれがあるので特段の事情のないかぎり自己使用文書に該当すると判断した。ところが，貸出稟議書を作成した金融機関が清算中で，同金融機関の営業の全部を譲り受けた株式会社整理回収機構が貸出稟議書の所持人である事案においては，最決平13・12・7民集55巻7号1411頁は，清算中の金融機関が将来，貸付業務を行う予定はなく，文書の所持者の自由な意思形成が阻害されるおそれはないとして，自己使用文書に該当するとはいえない特段の事情があると判断した。

(3) 手 続　文書提出命令の申立ては，必要的記載事項（民訴221条1項）を明らかにして書面でしなければならない（規則140条1項）。申立人が文書の表示・趣旨を明らかにすることが著しく困難であるときは，文書の所持者が当該文書を識別することができる事項を明らかにすれば足りるとして（民訴222条1項），文書特定の要件を緩和している。裁判所は，第三者に文書提出を命じる場合には，いきなりではなく必ず審尋しなければならない（同223条2項）。裁判所は，文書が除外事由に該当するかどうかの判断をするため必要があると認めるときは，文書の所持者にその提示をさせることができる（同6項）。これは裁判所のみが閲覧するものであり，イン・カメラ手続と呼ばれている。文書提出命令の申立てを認める決定およびこれを却下する決定に対しては即時抗告ができるが（同7項），証拠調べの必要性がないとの理由による却下決定に対しては不服の申立てをすることはできない（最決平12・3・10民集54巻3号1073頁）。

(4) 不提出の場合の効果　裁判所は，当事者が文書提出命令に従わないとき，または使用妨害目的で文書を滅失させるなどしたときは，相手方の主張を真実と認めることができるし（民訴224条1・2項），相手方が当該文書の記載に関して具体的な主張をすることおよび文書により証明すべき事実を他の証拠に

より証明することが著しく困難なときは、当該事実に関する相手方の主張を真実と認めることができる（同3項）。文書提出命令に従わない第三者には過料の制裁規定がある（同225条1項）。

文書送付の嘱託　書証の申出は、当事者が文書を提出し、または文書の所持者に文書提出命令の申立てをすることによってするのが原則であるが（民訴219条）、文書の所持者に文書の送付を嘱託することを申し立ててすることもでき（同226条）、これを文書送付嘱託という。この申立ては、戸籍謄本や登記事項証明書などのように当事者自らが法令により文書の正本または謄本の交付を求めることができる場合には許されない（同条但書）。なお、嘱託先は、文書提出義務を負うか否かには関係なく、文書提出義務を負う者に対して、文書提出命令ではなく文書送付嘱託をすることも実務上よく行われており、文書送付嘱託の制度は頻繁に利用されている。ところで、裁判所に送付された文書は、当然に証拠となるのではなく、裁判所は送付された文書を当事者に提示し、当事者が当該文書を書証として裁判所に提出することによって証拠となる。この点は、後述するとおり、調査嘱託と異なるところである。

調査の嘱託　裁判所は、必要な調査を官公署等に嘱託して、情報の提供を求めることができる（民訴186条）。条文の文言上、職権でもできるが当事者の申立てによってされるのが普通である。たとえば、農業協同組合に対し農作物の作柄や生産状況について、商品取引所に対し取引価格などについて調査嘱託をすることができる。被嘱託者は嘱託に応ずる公法上の義務があるが、制裁規定はない。調査嘱託の結果を証拠とするには、裁判所がこれを口頭弁論において提示して当事者に意見陳述の機会を与えれば足り（これを実務上「顕出」と言っている）、当事者の援用は不要とするのが判例であり（最判昭45・3・26民集24巻3号165頁）、通説である。

2　証拠調手続

証拠の申出・採否と証拠調べの実施　(1) **証拠の申出**　争いのある事実は当事者の申し出た証拠で認定しなければならない、という弁論主義の第3テーゼがあるので、当事者は、証明すべき事実を特定して証拠の申出をし

なければならない（民訴180条1項，規則99条1項）。ただし，職権探知主義が採用されている人事訴訟においては職権証拠調べができる（人訴20条）。証拠の申出は期日前でもすることができるが（民訴180条2項），適切な時期に証拠（主張も）を提出しなければならないという適時提出主義がとられている（民訴156条。旧法では随時提出主義であった）。遅れると，時機に後れた攻撃防御方法の提出であるとして却下されることがある（同157条）。なお，証拠申出の撤回は，証拠調べの開始後は，証拠共通の原則があるので（相手方に有利な証拠資料が得られる可能性もある），相手方の同意がないと撤回はできないし，証拠調べの終了後は裁判官の心証が形成されているので撤回は許されない。

(2) 証拠の採否　裁判所は，証拠の申出があった場合，自由な裁量でその採否を決めることができ，不必要な証拠は取り調べなくてもよいが（民訴181条1項），唯一の証拠の場合には，これを取り調べないことは違法であるとした判例がある（最判昭53・3・23判時885号118頁）。しかし，証人や訴訟代理人が期日に出頭しないなど当事者が怠慢な場合に唯一の証拠方法を取り調べなくても違法ではないとした事例もある（最判昭39・4・3民集18巻4号513頁）。

(3) 証拠調べの実施　人証の証拠調べ（証人尋問・当事者尋問）は，直接主義（民訴249条1項）の観点から受訴裁判所が公開の法廷で行うのが原則であり，できる限り争点および証拠の整理の終了後，集中証拠調べをすべきである（民訴182条，規則100条）。なお，証拠調べは，当事者が不出頭でもすることができる（民訴183条）。

証人尋問　**(1) 意　義**　第三者（当事者および法定代理人以外の者）の経験した事実を口頭で供述させて証拠資料とする証拠調べを証人尋問といい，わが国の裁判権に服する者はすべて証人義務がある（民訴190条）。特別の学識経験を有する者は，鑑定証人として，その知り得た事実に関する尋問を受けることがあるが，その場合は証人尋問の手続で行われる（同217条）。証人は，出頭，宣誓，証言の義務があり，応じないと過料，罰金，拘留，勾引の規定が適用されることにもなるし（同192条・193条・194条・200条・201条），偽証罪に問われることもある（刑法169条）。ただし，証人やその親族が刑事訴追を受けるおそれがある場合や黙秘義務を負う場合等には証言拒絶権が認められ

ている（民訴196条・197条）。

（2） 手 続　当事者は，尋問事項書を提出して証人尋問の申出をし（規則107条），証人を期日に出頭させるように努めなければならない（同109条）。尋問の順序は，申出当事者の主尋問，相手方の反対尋問，申出当事者の再主尋問，裁判長の補充尋問の順で行われるのが普通である（民訴202条1項，規則113条）。証人は裁判長の許可がないと書類に基づいて陳述することはできない（民訴203条）。裁判所は，証人が遠隔地に居住する場合等には，テレビ会議システムを利用して尋問をすることができる（同204条）。なお，証人の述べる内容を記載した陳述書を尋問前に書証として提出することが実務上多く行われているが，尋問時間の省力化や相手方に対する証拠開示的機能があるので尋問の効率化が図れ集中証拠調べを実施しやすいというメリットがある。しかし，書類に基づく陳述禁止規定（同203条）を逸脱してはならず，重要な争点に関する部分について陳述書だけで認定することは相当でないとの批判もある。

当事者尋問　（1） 意 義　当事者や法定代理人の経験した事実を口頭で供述させて証拠資料とする証拠調べを当事者尋問（実務では単に本人尋問ともいう）という（民訴207条1項）。当事者が出頭，宣誓，陳述を拒否したときは，相手方の主張を真実と認めることができる規定があり（同208条），虚偽の陳述に対しては過料の制裁規定（同209条1項）がある。

（2） 手 続　当事者尋問は，申立てのみならず，職権でもできる（民訴207条1項）。証人と当事者本人を尋問するときは，まず証人から調べるが，離婚事件などのように当事者本人が最も事案の真相を知っている事案においては，当事者の意見を聴いて当事者本人から尋問をすることも多い（同2項）。当事者尋問は，証人尋問の規定を準用して行われる（同210条）。

鑑 定　（1） 意 義　裁判官が訴訟で事実認定や法律判断をするために専門的な知識・経験を必要とする場合も少なくないが，裁判官の判断能力を補うものとして鑑定がある。鑑定は，学識経験者の有する専門的な知識・経験に基づく判断を報告させる証拠調べをいい，鑑定する者を鑑定人という。鑑定に必要な学識経験を有する者は鑑定義務を一般的に負うが（民訴212条1項），証人と異なり代替性があるので，鑑定人に対し忌避をすることがで

きるし，不出頭の場合に勾引することは許されない（同216条で194条を準用していない）。

　(2)　**手　続**　鑑定も，証拠調べであるから当事者の申出が必要であり（民訴180条，規則129条1項），職権で鑑定をすることはできない。鑑定は，「鑑定書」という書面でされるか，口頭で意見を述べる方法でされる（民訴215条1項）。鑑定を口頭陳述で行う場合には，裁判所は，鑑定人の意見陳述後に鑑定人質問をすることができ（同215条の2第1項），証人の場合の交互尋問と異なり，まず裁判長から質問をする（同2項）。鑑定人が遠隔地に居住しているときや，その他相当と認められるときは，裁判所は，テレビ会議システムを利用して鑑定人に意見を述べさせることができる（同215条の3）。なお，裁判所は，必要があるときは，職権で官公庁等に対し，鑑定嘱託をすることができる（同218条）。

書　証　(1)　**意　義**　文書に記載された文字その他の記号により表現された特定人の思想内容（意思認識等）を証拠資料とする証拠調べを書証というが，証拠方法としての当該文書自体も書証といっている。図面，写真，録音テープ，ビデオテープなどは，準文書として書証の規定が準用される（民訴231条）。

　(2)　**手　続**　書証の申出は，所持する文書を提出するか，文書提出命令を申し立てる方法でしなければならない（民訴219条）。そして，文書の提出は，原本，正本または認証謄本によってする（規則143条1項）。なお，任意の提出が見込まれる文書は，送付嘱託の申立てによってすることもできる（民訴226条）。

　(3)　**形式的証拠力と実質的証拠力**　公文書も私文書もその成立の真正（形式的証拠力）が認められないと証拠として用いることはできない。文書の成立の真正とは，挙証者が作成者であると主張する作成名義人の意思に基づいて文書が作成されたことが認められることである。私文書の作成名義人の印影が当該名義人の印章によって顕出されたときはその印影は本人（作成名義人）の意思に基づいて顕出されたものと事実上推定され，民訴法228条4項によって当該文書が真正に成立したものと推定される，とするのが判例であり（最判昭39・5・12民集18巻4号597頁），これを「2段の推定」という。売買契約書や遺言書

などの処分証書（法律行為が記載されている文書）は，その形式的証拠力（証拠能力）が認められれば，特段の事情のないかぎり，文書に記載どおりの法律行為の存在が認定される。形式的証拠力が認められると，次に当該文書の実質的証拠力（証拠価値）があるかどうかの判断をすることになるが，これは裁判官の自由心証によって判断される（民訴247条）。

検証 　検証とは，裁判官が，その五官を利用して，事物の性状・現象を直接観察し，その得られた認識を証拠資料とする証拠調べである。たとえば，境界確定訴訟において現地の状況を直接見たり，建築瑕疵を理由とする損害賠償訴訟において建築物を検分することなどがある。検証の手続には，書証の規定が準用されている（民訴232条1項）。検証物を所持する者は，検証物提示義務や検証受任義務があり，これらは証人義務と同様に一般的義務であると解されている。検証に協力しない場合，当事者には事実認定で不利益を受けるとの規定があるし（同232条1項・224条），第三者には過料の制裁規定がある（同232条2項）。

3　証拠保全

(1)　**意　義**　　重要な証人となるべき者が余命幾ばくもなく訴え提起後の証人尋問が困難であるような場合など，あらかじめ証拠調べをしておかないと当該証拠の使用が困難であるときに備えて証拠保全の手続が設けられている（民訴234条）。訴え提起前のみでなく訴え提起後でも証拠保全の申立てをすることができるし（同235条1項），必要があれば職権でもできる（同237条）。

(2)　**証拠保全事由**　　申立人は，「あらかじめ証拠調べをしておかなければその証拠を使用することが困難となる事情がある」との証拠保全事由を疎明しなければならない（民訴234条，規則153条3項）。医療機関の所持するカルテについて改ざんのおそれがあるとして証拠保全が多く申し立てられているようであるが，抽象的な改ざんのおそれでよいか，それとも具体的な改ざんのおそれが必要かについては争いがある。ところで，証拠保全は，本来，証拠を保全するためのものであるが，実際上，相手方の手持ち証拠を収集するという証拠開示的機能が証拠保全によってもたらされている面がある。

☕ オアシス 8-1　原本の重要性

　当事者は，その所持する文書を書証として裁判所に提出するにあたっては，裁判所の分と相手方の分の写しを提出するとともに（規則137条1項），裁判所に文書の原本を提出しなければならない（同143条1項）。裁判所は，文書の証拠調べにおいて，原本を閲読し，提出された写しと相違がないかを確認した後，相手方にも見せたうえで，原本を当事者に返還し，写しを記録に編綴する。しかし，裁判所は，文書の成立に争いがある場合や変造のおそれがある場合などには，当事者に対し，原本の提出を命じ（同2項），その提出された文書を留め置くことができる（民訴227条）。

　さて，実際に控訴審であった事例を紹介する。

　原告は，被告に対し，310万円の貸金返還請求訴訟を地方裁判所に提起し，裁判所は原告の請求を全部認容する判決を言い渡した。被告が控訴したが，争点は，貸金の有無，すなわち，原告が証拠として提出した借用書が真正に成立したものかどうかであった。控訴審の裁判長は，被控訴人（一審原告）に対し，借用書の原本の提出を命じ，これを留め置いた。控訴審で借用書の原本を子細に点検したところ，次のような変造の痕跡があった。借用書は和紙でできており，字は墨で書かれていたが，借用書を電気の明かりに透かして，拡大鏡で見たら不審な部分が現れた。借用書の金額欄の「参百拾万円」のうち「参」の字の一番下の「ノ」が新たな墨によって左下方向に延長して記載され，長くなった「ノ」のほぼ真ん中部分に横線の「一」を書き，さらに下方に「日」を記載して「百」の字を作成・付加した疑いが濃厚であった。ということは，この借用書は，もともとは「参拾万円」と記載されていたものであったのに，後から「参」と「拾」の間に「百」の字を付加して「参百拾万円」の借用書に変造したことがまず間違いないと推認されたのである。

　控訴審は，一審判決を取り消し，30万円の限度で認容する判決をした。

　現在，原本と変わらないような精密な写し（コピー）が容易に作れる時代であるが，この事例は，事案によっては文書の原本が真相解明のためにきわめて重要であるということを実感させるものである。

第9章
裁　　判

I　裁判という言葉

裁判の意義　裁判とは，裁判機関（裁判所または裁判官）がその判断または意思を法定の形式で表示する訴訟行為である。裁判所書記官がする訴訟費用額の確定（民訴71条），支払督促（同382条），執行文の付与（民執27条），あるいは，執行官がする占有の認定（同123条），超過差押えの取消し（同128条2項）などは，事実に基づいて法律を適用する点で裁判に類似するが，「処分」と呼ばれ，裁判とは区別される。

判決と決定・命令　裁判は，裁判機関，成立・告知・不服申立ての手続，また，対象となる事項の相違に応じて，判決・決定・命令に分けられる。判決と決定は裁判所の裁判であり，命令は裁判長または受命裁判官・受託裁判官の裁判である（簡裁の裁判官や地裁の単独制の裁判官がする裁判がいずれにあたるかは，対象となる事項によって区別する）。また，判決は原則として口頭弁論による審理に基づいてすべきものであるが（民訴87条1項本文），決定・命令の場合には口頭弁論を経るか否かは，裁判機関の裁量に委ねられる（同87条1項但書）。判決は，判決書（判決原本）を作成して（例外：民訴254条・374条2項），これに基づいて公開の法廷で言い渡すことを要するが（同252条），決定・命令は，相当と認める方法で告知すれば足りる（同119条）。不服申立ては，判決に対しては控訴・上告ができるが，決定・命令に対しては独立の上訴ができない場合があり，できる場合にも抗告・再抗告という簡易な方法による（同328条）。裁判の対象となる事項は，判決は原告が訴えによって審理判断を求める訴訟上の請求の当否などの重要な事項であるのに対し，決定・命令は訴訟

指揮，付随的事項，民事保全・民事執行など迅速を要する事項である。

中間判決・終局判決　　**(1) 中間判決**　**(a) 意　義**　各審級における審理を終了させる終局判決に対し，審理の過程で問題となった事項について終局判決に先だって判断を示す判決を中間判決（民訴245条）と呼ぶ。

(b) 中間判決の対象　中間判決の対象となるのは，①独立した攻撃または防御の方法，②中間の争い，および，③請求の原因および数額について争いがある場合における「請求の原因」（訴状の記載事項としての「請求の原因」〔民訴133条2項1号，規則53条1項〕とは異なる）である。これらの事項について中間的な判断を示すことによって審理が整序できるなど，当該訴訟または紛争全体の迅速かつ妥当な処理のために有益である場合には，裁判所は中間判決をすることができる。ただし，当該事項に関する判断の結果が審理の終了につながるときは終局判決（請求棄却・訴え却下の判決）をすることになる。

①は，原告が審理判断を求める訴訟上の請求（本案）に関する主張や抗弁で，他のものとは無関係に独立して判断できるもの，たとえば，貸金返還請求訴訟で，被告が消費貸借契約の不存在を主張し，その主張が認められない場合に備えて，予備的に消滅時効の抗弁を主張しているときに，消費貸借契約が有効に成立していることを確認する判決をして，その後の審理を消滅時効の成否の争点に集中するような場合である。

②は，訴訟要件の存否，訴え取下げや訴訟上の和解の効力など，本案に関する判断の前提となる訴訟上の事項に関する争いのうち口頭弁論に基づいて判断すべきものである。

③は，損害賠償請求訴訟などで「請求の原因」（＝賠償請求権）の存在を確認することで審理に区切りをつけ，以後は賠償額の問題に集中した審理を可能にするものである。

(c) 中間判決の効力　中間判決をするか否かは裁判所の裁量に委ねられているが，中間判決をすると，当該裁判所は以後これに拘束され，これと矛盾した終局判決をすることができない。また，当事者も，中間判決の基礎となる口頭弁論期日に提出できた攻撃防御方法に基づいて中間判決の内容に反する主張ができなくなる。したがって，裁判所は中間判決の前に，当事者に攻撃防御方

法を提出する機会を与えるように留意すべきである。

中間判決に対して、独立の上訴はできず、終局判決に対する上訴に基づき、上訴裁判所の判断を受けることになる（民訴283条本文）。なお、上訴裁判所は、原審の中間判決には拘束されないが、上訴裁判所が終局判決たる原判決を破棄して事件を原審に差し戻した場合には、差戻審は中間判決に拘束される。

(2) **終局判決** (a) 意義　裁判所に係属する事件の当該審級における審理を完結させる判決を終局判決という。終局判決のうちで、係属する事件の全部を完結させるものを全部判決と呼び、係属する事件の一部を完結させるものを一部判決と呼ぶ。

(b) **一部判決**　裁判所に係属する事件の一部のみが裁判をするのに熟したときは、当該一部について終局判決（一部判決）ができるが、そのためには、まず当該事件についての弁論を分離しなければならない。一部判決後に当該審級に係属する残りの事件を完結させる判決は、残部判決と呼ばれる。一部判決は、複雑な事件を迅速に処理するために有効な場合があるが、一部判決に対する上訴があって、残部と異なる審級で審理されることになると、不経済または不統一をもたらすことがあるので、一部判決をするか否かは裁判所の裁量に委ねられている（民訴243条2項）。もっとも、請求の予備的併合の場合には、一部判決として請求棄却判決をすると、残部について内容上矛盾した審理がされて、請求棄却の残部判決がされるおそれがあるので許されない。また、単純併合の関係にある数個の請求が争点を共通にする場合にも、同一の争点に関する判断に食い違いが生じるおそれがあるから、一部判決は許されない。同様のことは本訴と反訴についても妥当する。さらに、必要的共同訴訟や独立当事者参加の場合も、矛盾した判断がなされるおそれがあるので一部判決は許されない。一部判決が許されないのに一部判決をしたとき（請求の予備的併合で主位的請求を棄却する判決など）は、当該判決は瑕疵のある全部判決として上訴審で取り消されることになる（通説）。

(c) **脱漏判決・追加判決**　裁判所が終局判決の主文で判断すべき事項の一部について裁判を脱漏した場合には、脱漏部分はなお裁判所に係属し（民訴258条1項）、裁判所は追加判決をすることになる。ただし、訴訟費用の負担また

は仮執行宣言について裁判の脱漏が生じた場合には，それぞれ補充の決定をする（同2項・259条5項）。

本案判決・訴訟判決 原告の訴訟上の請求を認める判決は請求認容判決であり，理由なしとして認めない判決は請求棄却判決である。これらを本案判決と呼ぶ。これに対して，訴訟要件または上訴要件が欠けることを理由に，訴えまたは上訴を却下する判決を訴訟判決と呼ぶ。訴えの取下げや訴訟上の和解の効力が争われ，これらを有効とする場合，および，一身専属的な権利を訴訟物とする訴訟で当事者が死亡した場合に行われる訴訟終了宣言の判決も訴訟判決に含まれる。

　訴訟の審理の過程で，訴訟要件の存否が明らかになる前に訴訟上の請求に理由がないことが判明した場合に，直ちに請求棄却判決をすることができるかについては，訴訟要件の存在があくまでも本案判決の前提になるとして否定的に解する立場が一般である。しかし，被告の利益保護を主たる目的とする任意管轄や抗弁事項である仲裁契約・不起訴の合意の効力が争われている場合などは直ちに請求棄却判決ができるとする立場も有力である。

判決の成立 　(1) **判決成立の過程**　判決は，基礎となる口頭弁論に関与した裁判官が（合議体の場合には，非公開の評議・評決〔裁75条～77条〕によって）内容を確定した後に，判決書（判決原本）を作成し（民訴252条），これに基づいて公開の法廷で（憲82条1項）言い渡されてはじめて効力が生じる（民訴250条）。判決の言渡しは口頭弁論終結の日から2月以内にするのが原則である（同251条1項）。判決言渡しの期日は，裁判長が指定して（同93条1項），当事者を呼び出さなければならないが（同94条），当事者の一方または双方が欠席しても判決を言い渡すことができる（同251条2項）。

　裁判所書記官や司法修習生など裁判官ではない者が言い渡した判決，裁判官が作成したが言渡しを終えていない判決は，判決とはいえず，訴訟法上も効力が生じない。これを，判決の不存在または非判決という。もっとも，このような判決であっても，正本が送達されるなど，判決の外観を呈し，執行の危険性がある場合には，上訴・再審による取消しを受ける。

　(2) **判決原本**（判決書）　判決書（次の貸金返還請求事件の判決モデルを参照）

判決モデル

平成23年9月26日判決言渡　同日原本交付　裁判所書記官
平成23年(ワ)第2345号　貸金返還請求事件
口頭弁論終結日　平成23年7月4日

　　　　　　　　判　　　　　決

　　　　　　　大阪市中央区北浜一丁目1番地
　　　　　　　　　　原告　　　甲野　太郎
　　　　　　　東京都千代田区霞が関1丁目2番地
　　　　　　　　　　被告　　　乙野　次郎

　　　　　　　主　　　文

1　被告は原告に対し，500万円及びこれに対する平成22年7月5日から支払済まで年6分の割合による金員を支払え。
2　訴訟費用は被告の負担とする。
3　この判決は，第1項に限り，仮に執行することができる。

　　　　　事　実　及　び　理　由

第1　請求
　　主文と同旨。
第2　事実の概要
　　本件は，原告が，被告に対し，平成22年7月5日，被告の経営する店舗の運転資金として，500万円を貸し渡したものの，その返済がなされていないとして，その支払を求めた事案である。
1　争いのない事実
　原告は，平成22年7月5日，被告との間で，次の約定で金銭消費貸借契約を締結し，被告に対し，被告の店舗運転資金として500万円を貸し渡した。
　(1)　被告は，平成23年1月4日までに元金を返済する。
　(2)　利息は年6分とし，上記期限までに元本とともに支払う。

2　争点

被告が原告に対し，元金及び利息の全額を弁済したかどうか。
(被告の主張) 平成23年1月4日，被告は原告に対し，元本及び利息の全額として515万円を弁済した。
(原告の主張) 被告の主張を否認する。
第3　争点に対する判断
1　証拠（略）によれば，次の事実が認められる。
　　　………………
2　以上の認定事実によれば，平成23年1月5日，被告は515万円を原告に弁済したことが認められるが，この弁済は，原告と被告間に平成22年1月5日に締結された金銭消費貸借契約に基づき，同日，原告が被告に貸し渡した別口の融資に対する弁済であると認められる。他に弁済の事実を認める証拠はない。よって，被告の抗弁は理由がない。
3　したがって，原告の本訴請求は理由があるからこれを認容し，訴訟費用の負担について民事訴訟法61条を，仮執行の宣言について同法259条1項を適用して，主文の通り判決する。

大阪地方裁判所第12民事部
　　　　裁判官　　　　　　　　　　　　　　　　山口　清（押印）

　には，結論たる主文，事実（請求を明らかにし，主文が正当であることを示すのに必要な主張），理由（裁判所の判断過程での事実認定と法適用），口頭弁論終結の日付，当事者（および法定代理人）の氏名と住所，裁判所名を記載し（民訴253条），裁判官が署名押印をする（規則157条）。また，判決主文に記載される項目として，訴訟費用の負担の裁判と仮執行宣言（民訴259条4項）がある。
　① 新様式の判決　　「事実」の中の当事者の主張は，従来は主張責任・証明責任の分配に沿って，請求原因・抗弁・再抗弁の順に記載されていたが，平成に入って本格的に採用されてきた新様式では，当事者にとってのわかりやすさという観点から，必ずしも主張責任・証明責任の分配にとらわれることなく，中心的争点については認定事実と証拠との結び付きを丁寧に記述するが，その他は判決主文を導く論理的過程が読み取れる程度の記載で足りるとされている。

② 訴訟費用の負担の裁判　　裁判所は，終局判決の中で，当該審級における訴訟費用（手数料などの裁判費用と訴状・準備書面の作成費用などの当事者費用）の負担（負担者と負担割合）に関する裁判をしなければならない（民訴67条1項）。具体的な訴訟費用の負担額の確定は，当事者の申立てに基づき，訴訟記録を管理する第一審裁判所の裁判所書記官が行う（同71条1項）。

③　仮執行宣言　　未確定の終局判決に確定判決と同様の執行力を与える仮執行宣言は，早期に権利を実現したい勝訴者の利益と敗訴者が上訴をする利益との調和の観点から認められるものである。上訴審で判決が取り消され，または変更される可能性があることから，仮執行宣言ができるのは，原状回復が可能で，かつ，金銭賠償による処理ができる財産権上の請求に限られる（民訴259条1項）。裁判所は，当事者の申立てに基づきまたは職権で，上訴審での当該判決の取消し・変更の蓋然性，勝訴者による即時の執行の必要性，執行によって敗訴者が受ける損害などを考慮して，仮執行宣言を付するか否か，また，担保を立てさせるか否かを決める。なお，手形・小切手による金銭支払請求については，職権で仮執行宣言をしなければならない（同2項）。

(3)　調書判決　　被告が口頭弁論で原告の主張事実を争わず，その他何らの防御方法も提出しない場合，および，公示送達による呼出しを受けた被告が口頭弁論期日に出頭しない場合は，原告の請求を認容するときにかぎり，判決原本を作成せず調書判決の方式（裁判所書記官が調書に当事者，法定代理人，判決主文，請求・理由の要旨を記載する）によることができる（民訴254条）。

(4)　判決の送達　　裁判所書記官は，裁判長から判決原本の交付を受けた日（調書判決では判決言渡しの日）から2週間以内に判決正本（調書判決では調書の正本）を当事者に送達する（民訴255条，規則159条）。

Ⅱ　判決の効力

判決成立による効力

(1)　判決の自己拘束力　　紛争処理の基準としての判決には安定性の要請があるので，判決が成立すると，当該判決をした裁判所もこれを自由に変更，または，取り消すことはできない（判決の自己

拘束力〔自縛力〕）。

　判決が当該訴訟手続内で他の裁判所を拘束する場合があり，この効果を羈束力と呼ぶ。まず，事実審裁判所の確定または認定した事実は上告裁判所を拘束する（民訴321条1項）。また，上告裁判所が原判決を破棄して，差戻しまたは移送をした場合には，破棄理由となった事実上および法律上の判断は，差戻しまたは移送を受けた裁判所を拘束する（同325条3項後段）。同様のことは決定についても認められ，移送決定は移送を受けた裁判所を拘束する（同22条1項）。

　ただし，判決に法令違反（事実認定の不当は含まない）があるときには，言渡し後1週間以内に限って職権で変更判決ができ（民訴256条），誤記その他の明白な誤りがあるときには，いつでも更正決定ができる（同257条）。変更判決がなされた場合には，もとの判決は失効するので，上訴期間は変更判決の送達時から新たに進行するが，更正決定は原則として判決原本および正本に付記され（規則160条1項），上訴期間ももとの判決の送達時が基準となる。

　(2)　決定・命令　決定・命令には，判決のような自己拘束力はなく，当事者から抗告がされたときは，当該決定・命令をした裁判所または裁判長がみずから更正することができる（民訴333条）。訴訟指揮に関する決定・命令については，裁判所・裁判長は合目的的判断に基づき，いつでも取り消すことができる（同120条）。

確定判決の効力　**(1)　形式的確定力**　終局判決が訴訟手続内で通常の不服申立方法（再審・特別上告・特別抗告を除く趣旨）によって取り消され，または，変更される可能性がなくなった状態を，判決の確定という。この時点で確定判決に形式的確定力が生じるとされる。

　(2)　判決確定の時期　上告審の判決など通常の不服申立てができない判決は，言渡しと同時に確定する。上訴や異議申立てができる判決は，上訴期間（民訴285条・313条・318条5項）または異議申立期間（同357条・378条1項）が経過した時に確定する（同116条1項）。上訴権の放棄（同284条・313条）または異議申立権の放棄（同358条・378条2項）があった場合には，放棄の時に確定する。さらに，不上訴の合意がある場合には，判決言渡しの時に確定するが，判決言渡し後かつ上訴期間経過前に合意が成立したときは，判決は合意成立時に確定

する。また，飛越上告の合意がされた場合には（同281条1項但書），判決は上訴期間が経過した時に確定する。

判決の確定は，原則として判決の対象となった事項の全部について生じるが，通常共同訴訟で共同訴訟人のうちの一部のみが上訴した場合には，判決の確定は上訴しない者について先に生じる。なお，当事者が確定判決に基づいて強制執行，不動産登記の申請，戸籍の届出をしようとするときには，第一審裁判所（または上訴裁判所）の裁判所書記官から判決確定証明書の交付を受ける必要がある（規則48条）。

判決内容の拘束力

(1) 既判力の意義 確定した終局判決は，当事者を拘束し，当事者はその判断内容を争うことができなくなり，裁判所もこれに反する判断ができなくなる。このような確定判決の通用力を既判力または実質的確定力という。執行力や形成力，さらに法律要件的効力も確定判決の効力である。

(a) **執行力** 判決による給付命令を，強制執行の手続によって実現することができる効力を執行力という。判決の中で執行力をもつのは，確定した給付判決，仮執行宣言付きの給付判決，および判決主文中の訴訟費用に関する裁判である。確定判決に基づく登記簿や戸籍簿への記載やその抹消・訂正（不登63条1項，戸63条・77条・116条等）など，判決内容を強制執行手続以外の方法で実現できることを，広義の執行力と呼ぶことがある。執行力の基準時および物的範囲は，原則として既判力と同様と解されるが，人的範囲（主観的範囲）については議論がある。

(b) **形成力** 確定した形成判決が実体法上の法律関係を変動させる効力を形成力という。形成判決が確定すると，形成要件の存在が既判力で確定されるとともに，法律関係の変動が生じる。嫡出否認の訴え（民775条）や認知の訴え（民787条・784条）では，問題となる法律関係の性質上，形成力は遡及的に生じるが，離婚の訴え（民770条）や合併無効の訴え（会社834条7号・8号・839条）では，形成の効果は将来に向けて生じるにすぎない。

(c) **法律要件的効力** 民法その他の法律で，確定判決の存在を要件として一定の法律効果が結び付けられている場合がある。たとえば，短期消滅時効が

定められている請求権であっても，確定判決によって確定されると時効期間は一律に10年となる（民174条の2）。

(d) **判決の無効**　実在しない者を名宛人とする判決，わが国の裁判権に服さない治外法権者（外交官やその家族など）に対する判決，当事者適格を欠く者を当事者とする判決などは，訴訟手続上は有効に成立しているが，既判力・執行力・形成力などの内容上の効力を生じない。これを，判決の無効という。この場合にも，判決として自己拘束力（自縛力）があり，確定すれば訴訟が終了するから，上訴によって取り消すことができる。また，既判力がないから，同一の訴訟物に関して新訴を提起することができるが，判決の外観が存在し，それが利用されるおそれがあるから，再審による取消しも認めるべきである。

(2) **既判力の本質・正当化根拠**　既判力の本質が何かについては，古くから，実体法説（確定判決は実体法上の権利関係に新たな基礎を与え，または，変更・修正する結果として，後訴の裁判所はこれに反する判断ができなくなるとする），訴訟法説（既判力は訴訟外の実体法上の権利関係から独立した訴訟法上のもので，後訴の裁判所がこれに拘束される結果，当事者もこれに反する主張ができなくなるとする），権利実在説（当事者による主張という仮象にすぎない実体法上の権利関係が，確定判決によって実在のものとなり，裁判所・当事者はこれに拘束されるとする）などがあった。

　近時，既判力が正当化される根拠は何か，という観点からの議論がされている。その中では，既判力は確定判決の判断を不可争として判決の機能を維持するものであり，訴訟制度に不可欠な効力とする観点，および，当事者が前訴の訴訟手続中で攻撃防御の機会を与えられ，手続保障を受けたという観点との2つの観点から正当性を考える見解が有力で，既判力の範囲などについても，このような観点から考える立場が支持されている。

既判力のある裁判等　(1) **確定した終局判決**　訴訟上の請求について判断した本案判決は，給付訴訟では給付請求権（給付義務）の存在または不存在につき，確認訴訟では特定の権利・法律関係等の存在または不存在につき，形成訴訟では形成要件の存在または不存在につき既判力を生じる。これに対し，訴訟要件の欠缺を理由に訴えを却下する訴訟判決は，当該訴訟要

件の欠缺につき既判力を生じる。

決定・命令では，訴訟指揮の裁判には当該手続内での効力にとどまり，既判力はないが，訴訟費用の負担に関する決定（民訴69条・73条），間接強制で金銭支払を命ずる決定（民執172条）などの終局的判断は確定すると既判力を生じる。

(2) **外国裁判所の確定判決**　外国裁判所の確定判決は，判決承認の要件（民訴118条）を満たす限り，既判力を生じる。なお，裁判ではないが，仲裁判断も，承認を妨げる事由（仲裁45条2項）がないかぎり，既判力を生じる（同1項）。

(3) **確定判決と同一の効力を有するもの**　破産手続における債権者表の記載（破124条3項），調停に代わる決定（民調18条5項：旧民調18条3項），調停に代わる審判（家事287条：家審25条3項）については，既判力を生じると解するのが一般である。これに対して，請求の放棄・認諾あるいは裁判上の和解の調書（民訴267条），調停調書（民調16条，家事268条：家審21条1項）については，既判力を生じるか否かについて争いがある。

判決の既判力の作用　(1) **既判力と後訴**　既判力が作用するのは，既判力を伴って確定された権利または法律関係等が，後の訴訟手続の中で問題となった場合である。このような場合に後訴の裁判所は，既判力が生じた判断を前提として審理・判断しなければならないし（積極的作用），当事者がこれに反する申立て・主張・立証をしても排斥される（消極的作用）。

訴訟上の請求について既判力のある確定判決等がある場合には，裁判所はこれを職権で考慮しなければならない。既判力に抵触する判決は，上訴で争うことができるのはもちろん，確定しても，再審によって取り消すことができる（民訴338条1項10号）。しかし，抵触する複数の確定判決が併存する状況では，後に確定した判決が取り消されるまでは，既判力の基準時（後述166頁参照）が現時点に近い判決の判断が優先する。

(2) **既判力の作用**　既判力は原則として，判決主文における訴訟物に関する判断に生じる（民訴114条1項）。前訴と同一の当事者間で後訴が提起された場合を前提に考えると，既判力の作用は以下のようになる。

(a) **後訴の訴訟物が前訴の訴訟物と同一の場合**　前後の訴訟の訴訟物が同

一の場合には，前訴の確定判決を前訴の既判力の基準時である口頭弁論終結時前の事由に基づいて争うことはできない。裁判所は，前訴の基準時後の新たな事由がなければ請求を棄却し，基準時後の新たな事由があれば，これを含めて審理して，後訴の請求の当否を判断する。

ただし，前訴の勝訴者が同一内容の後訴を提起した場合は，訴えの利益を欠くとして後訴は却下される。もっとも，前訴判決の対象となった権利に関する時効中断のために訴えの提起以外に方法がない場合，給付訴訟で勝訴した原告が判決正本を紛失し，かつ，判決原本が滅失して執行ができない場合など，特別な事情がある場合は本案判決をすることができる。

(b) **前訴の訴訟物が後訴の請求の先決問題である場合**　前訴の訴訟物が後訴の請求の先決関係にある場合（たとえば，土地所有権確認訴訟で勝訴した原告が，同じ被告に対して当該土地の明渡しを求める訴えを提起した場合）には，裁判所は，先決関係に関する前訴の確定判決の判断（前記訴訟では，原告に土地所有権があること）および前訴の基準時後の新たな事由を前提にして，後訴の請求の当否を判断する。

(c) **後訴の請求が前訴の請求と矛盾する場合**　前訴で敗訴判決を受けた被告が，前訴とは異なる訴訟物についてではあるが，前訴の確定判決と矛盾する判断を求めて後訴を提起する場合（たとえば，土地所有権確認請求訴訟で，当該土地は原告の所有地であるとの理由で敗訴した被告が，当該土地は被告の所有地であると主張して，当該土地につき被告の所有権の確認を求める後訴を提起する場合）には，前訴の基準時後の新たな事由がないかぎり，後訴の請求を認めることは前訴の確定判決に矛盾するから，前訴の基準時後の新たな事由が認められないかぎり，裁判所は請求を棄却する。

(3) **既判力の双面性**　既判力は，前訴で勝訴した者に有利に作用することもあれば，不利に作用することもある。これを既判力の双面性という。たとえば，家屋の所有権確認を求める前訴で勝訴した原告が，同じ被告に対する後訴で当該家屋の明渡しを求める場合には，前訴の確定判決の既判力は原告の有利に作用する。しかし，前訴の被告が原告に対し，当該家屋の屋根瓦の落下による傷害を理由に損害賠償を求める後訴を提起した場合には，前訴の原告は当該

家屋の所有権を否定できないという点で，前訴の確定判決の既判力が前訴の勝訴者に不利に作用する。

確定判決の不当取得（詐取・騙取）　故意に相手方当事者や裁判所を欺いて確定判決を取得することを，確定判決の不当取得（詐取・騙取）という。たとえば，被告の居所が不明であると偽って，訴状や判決について公示送達を利用して，被告が訴訟手続に関与できない間に勝訴の確定判決を得る場合や，裁判外の和解で訴えの取下げを約束しながら取下げをせず，被告が口頭弁論期日に出頭しない間に勝訴の確定判決を得る場合，あるいは，偽造の証拠によって勝訴の確定判決を得る場合などである。このような場合，被告は上訴の追完（民訴97条）や再審（同338条1項3号の類推適用，同5号～7号など）によって確定判決の取消しを求めることができるが，これらの手続を経ずに，不法行為を理由とする損害賠償請求や不当利得返還請求などができるかが問題となる。

判例には，貸金返還請求訴訟を提起した原告が，裁判外の和解で被告による和解金支払いと引換えに訴えを取り下げる旨の合意をしたが，被告による和解金支払後も訴えを取り下げずに被告欠席のままで勝訴の確定判決を得て，強制執行をしたのに対して，もとの被告が不法行為を理由とする損害賠償請求をした事案で，再審の訴えを提起することなく，損害賠償請求ができるとしたものがある（最判昭44・7・8民集23巻8号1407頁）。学説では，再審によらずに判決の無効を認めることは，法的安定性の維持という観点からみて妥当でないとする見解と，再審によらなければ救済が与えられないとするのは迂遠であり，再審事由の存在を確定した上で損害賠償請求等による救済を認めるのであれば既判力の制度を動揺させるものではないとする見解とが対立する。

既判力の基準時と遮断効　**(1) 既判力の基準時**　判決は，当該訴訟の口頭弁論終結時（上告審では，事実審の口頭弁論終結時）までの情報（申立て，主張，立証）に基づく判断であるから，確定判決に生じる既判力も当該時点における裁判所の判断に生ずる。この時点を既判力の基準時または標準時という。この時点を明らかにするために，口頭弁論の終結日が判決書の必要的記載事項とされている（民訴253条1項4号）。

(2) 既判力の遮断効　既判力が前訴の口頭弁論終結時における判断に生じ

ることから，既判力が生じた判断を口頭弁論終結前に存在した事由に基づいて争うことは，既判力の趣旨に反し許されない。これに対して，口頭弁論終結後に新たに生じた事由は，前訴の確定判決の基礎となりえなかったのであるから，これに基づいて確定判決を争うことは妨げられない（民執35条2項参照）。たとえば，貸金返還請求訴訟で敗訴した被告は，消費貸借契約の不存在，または，口頭弁論終結前の弁済を主張して，前訴判決で確定された貸金返還請求権の存在を争うことはできないが，口頭弁論終結後の弁済を主張して当該請求権の不存在を主張することは妨げられない。

(3) 基準時後の形成権行使　　前訴の口頭弁論終結前に行使することができた取消権・解除権・相殺権・建物買取請求権などの実体法上の形成権を行使せずに敗訴判決を受けた当事者が，当該形成権を前訴の確定判決の既判力の基準時後に行使して，前訴の確定判決で確定された請求権の存在を否定することができるかという問題がある。各形成権は前訴の基準時前に存在しているが，形成権の行使は基準時後の事由であることから，既判力によって遮断されるかが問題となる。

(a) 取消権　　大審院の判例は，既判力による遮断を否定していたが（大判明42・5・28民録15輯528頁），最高裁は，書面によらない贈与の取消し（最判昭36・12・12民集15巻11号2778頁），および，詐欺による売買契約の取消し（最判昭55・10・23民集34巻5号747頁）のいずれについても遮断を肯定している。判例の理論的根拠は明らかではないが，通説も同様の結論を支持し，取消権は訴訟物である請求権に付着する瑕疵であるから，訴訟で当該請求権の存否が問題になる以上，取消権を行使すべきであり，行使しなければ既判力によって瑕疵が洗い流されて行使できなくなると解すべきこと，あるいは，より重大な意思表示の瑕疵である錯誤などの無効事由は基準時前の事由として既判力で遮断されることとの均衡を根拠としている。これに対しては，意思表示の瑕疵を無効事由とするか取消事由とするかは，意思表示の瑕疵の軽重ではなく，表意者の意思にかからしめるか否かという法政策によるもので，実体法が認めた取消権を既判力による遮断によって切り捨てることは許されないとする反対説がある。

(b) 解除権　　学説では，取消権と同様に既判力による遮断を肯定するもの

が多いようにみえるが（裁判例として，最判昭54・4・17判時931号62頁，最判昭59・1・19判時1105号48頁などがあるが，判例の立場は明らかではない），被告が解除権を有する場合は，前訴で被告が原告の請求を拒否する以上，解除権を行使すべきで，行使しなければ既判力による遮断を認めるべきであるが，原告が解除権を有する場合は，前訴で契約の有効性を前提に本来の履行請求をするときには，遮断を否定すべきであるとする説や，約定解除権についてはその趣旨に応じて扱いを考えるべきとする説もある。

(c) 相殺権　判例は，大審院の連合部判決（大判明43・11・26民録16輯764頁）以来，既判力による遮断を否定する立場であり，最高裁もこれを踏襲している（最判昭40・4・2民集19巻3号539頁）。通説も同様の立場で，相殺権は訴求債権とは別個の反対債権を行使するもので，請求権に付着する瑕疵とはいえないこと，反対債権をいつどのように行使するかは権利者の自由であることを根拠としている。これに対し，相殺権の行使が既判力によって遮断されても訴訟外または別訴での反対債権の行使が妨げられない以上，前訴で訴求債権を認める勝訴判決を受けた原告の地位を優先すべきであるとする反対説がある。

(d) 建物買取請求権　建物収去土地明渡請求訴訟で被告が建物買取請求権を行使せずに明渡しを命ずる判決が確定した後で，明渡しの強制執行に対する請求異議訴訟（民執35条）の中で被告が同請求権を行使できるかという形で問題となる。判例は，同請求権は建物収去土地明渡請求権とは別個の制度目的および原因に基づいて生じる権利であって，賃借人が前訴の基準時までに建物買取請求権を行使しなかったとしても，実体法上建物買取請求権が消滅するものではなく，訴訟上もその行使が既判力によって遮断されることはないとする（最判平7・12・15民集49巻10号3051頁）。学説は，借地人保護や建物保護という制度の趣旨からも，判例の立場を支持するものが多いが，建物買取請求権が請求異議訴訟で行使されたときに，どのような判決をすべきかについては，全部認容，一部認容で建物退去の限度で執行を認める，同じく一部認容で建物明渡しの執行は建物代金の支払いと引換えでなければならない旨を明示する，など見解が分かれる。また，建物買取請求権は，それが行使されれば，訴訟物である建物収去土地明渡請求権を縮減させる機能を持つ以上，既判力による遮断を認

めるべきとする立場もあり，遮断を肯定する立場でも，別訴による建物売買代金請求を認める考え方がある。

(e) **白地手形の補充権**　白地補充を怠ったため手形金請求の前訴で敗訴した原告が，白地補充をしたうえで後訴を提起して手形金請求をすることが，前訴の確定判決の既判力によって妨げられるかが問題になる。判例は，前訴と後訴の訴訟物は同一で，後訴を提起して手形上の権利を主張することは，特段の事情がない限り既判力によって遮断されるとする（最判昭57・3・30民集36巻3号501頁）。学説の多くもこれに賛成するが，例外を認めるべき特段の事情とは何かが問題になる。

(4) 定期金賠償判決の変更　民訴法117条は，訴訟の口頭弁論終結前に生じた損害について定期金による損害賠償を命ずる判決が確定したが，その訴訟の口頭弁論終結後に賠償額の算定の基礎となった事情（後遺症の程度，賃金水準など）に著しい変更が生じたときには，当該確定判決の変更を求める訴えを提起できるとしている。定期金による賠償を命ずる確定判決の既判力は，定期金による損害賠償の支払義務の内容を基準時において確定するものであるが，基準時後に賠償額算定の基礎となった事情に著しい変更があった場合には，判決に従った賠償金の支払いを維持することは妥当でないから，既判力による確定を一部解除するものである。

変更判決は，前訴の確定判決の既判力を解除する（形成判決）とともに，著しい事情変更をふまえて，増額が必要なときには追加の給付を命じ（給付判決），減額が必要なときには前訴判決の一部取消しを宣言する（形成判決）ことになる。

(5) 将来給付判決と事情変更　民訴法117条の適用があるのは，口頭弁論終結時までに発生した過去の損害の賠償を定期金の形で命じた確定判決に限られる。これに対して，口頭弁論終結後も将来に向けて継続的に損害が生じる不法行為について定期金による賠償（将来給付）を命ずる判決（民訴135条）についても，口頭弁論終結後に賠償額の算定の基礎となった事情に著しい変更が生じた結果，確定判決を維持することが不当となることがある。平成8年の民訴法改正で117条が設けられる以前の判例には，将来の賃料相当の損害金支払い

を命ずる確定判決の口頭弁論終結後に，公租公課の増大や土地価格の高騰などにより確定判決の認容額が不相当になった事案について，前訴の請求は一部請求であったことになり，確定判決の既判力は認容額と適正賃料額との差額に相当する損害金には及ばないから，その支払いを新訴によって求めることができるとしたものがある（最判昭61・7・17民集40巻5号941頁）。この事案のような将来給付として定期金による賠償を命ずる確定判決についても民訴法117条を類推適用すべきか否かについて，学説は分かれている。

既判力の物的範囲（客観的範囲） (1) **判決主文の判断** 既判力の対象は，判決主文に包含されるもの（民訴114条1項），すなわち，訴訟上の請求（訴訟物）であると解されている。もっとも，請求認容判決では，判決主文に訴状の請求の趣旨に対応する文言が示されるが，請求棄却判決では「請求を棄却する」，訴え却下判決では「訴えを却下する」としか記載されず，既判力の対象（何が訴訟物であるか）を明らかにするためには，判決の「事実」（同253条1項2号・同条2項）または「理由」（同253条1項3号）を斟酌する必要がある。

なお，訴訟物をどのように考えるかについては，旧訴訟物理論と新訴訟物理論との考え方の対立がある。

(2) **引換給付判決・責任留保付判決** 訴訟物ではない権利・義務や法律関係についての判断が判決主文に示されることがある。このような場合には裁判所の判断ではあっても既判力は生じないと解される。たとえば，引換給付判決の判決主文における反対債権についての判断（残代金100万円の支払いと引換えに目的物の引渡しを命ずる判決の主文における残代金債権に関する判断など）は，強制執行の開始要件（民執31条1項）として記載されているにすぎないから，反対債権に関する判断に既判力は生じない。

これに対して，相続人に対して被相続人の債務の弁済を求める訴訟で，相続人たる被告が限定承認の抗弁を提出した場合には，支払いを命ずる判決主文において「相続財産の限度で」との留保が付けられる。また，給付訴訟の対象たる給付請求権に不執行の合意が認められる場合には，判決主文において「強制執行できない」との留保が付される。これらはいずれも訴訟物である債権の属

性である掴取力に関する判断を示すものであり，既判力に準じる効力を認めることができるとされる（限定承認に伴う留保について，最判昭49・4・26民集28巻3号503頁。不執行の合意について，最判平5・11・11民集47巻9号5255頁）。

(3) 判決理由中の判断 **(a) 原則** 判決の「事実」および「理由」には，既判力は生じない。これは，当事者による自由かつ柔軟な訴訟追行と，裁判所の弾力的かつ迅速な審理を可能にするためである。裁判所が慎重な審理を経て判断した内容である以上，判断の結論である判決主文の判断のみならず，その前提となる事実認定や結論に至る理由についても既判力が及び，当事者および後訴の裁判所を拘束すると考える立場もありうる。しかし，判決主文以外にも既判力が及ぶとすれば，当事者は，裁判所による細部の事実認定あるいは法的判断が後の訴訟に影響を及ぼす可能性を考慮して，きわめて慎重な攻撃防御をしなければならず，訴訟の長期化を招くおそれがある。また，裁判所は，当事者の攻撃防御方法について判断する際，実体法上の権利の発生・変更・消滅という論理的な順序に拘束されざるをえず，弾力的な審理ができない（たとえば，売買代金請求訴訟で，被告が売買契約の不成立と代金債権の消滅時効を主張している場合に，裁判所が認定の容易な消滅時効の抗弁を認めて請求を棄却することはできない）。さらには，判決主文における判断だけではなく，「事実」および「理由」における判断を不服とする上訴も認めなければならず，訴訟による紛争処理が一層長期化するおそれがある。

(b) 相殺に関する例外 判決理由中の判断には既判力が生じないという原則に対して，相殺の抗弁については例外が認められている（民訴114条2項）。これは，被告が訴訟中に相殺の抗弁として用いた反対債権を後訴において再度行使することを防ぐためである。すなわち，裁判所が被告の提出した相殺の抗弁について判断した場合，被告が相殺に供した反対債権が訴求債権と対等額で消滅したとの判断，または，相殺に供した反対債権が存在しないとの判断は，判決理由中の判断である。しかし，この点の判断に既判力を認めないと，被告は当該反対債権を再度行使できるという不当な結果を認めることになる。

(c) 相殺に供された反対債権の「成立又は不成立」の判断 民訴法114条2項によれば，相殺の抗弁の場合に既判力が生じるのは，「相殺のために主張

した請求」すなわち，相殺に供された反対債権の「成立又は不成立」の判断についてである。

　相殺が認められる場合には，反対債権と訴求債権とが対等額で消滅する。したがって，既判力の基準時である口頭弁論終結時において，反対債権が不存在であること（不成立）が既判力を伴って確定される。これに対し，訴求債権と反対債権がともに存在し（成立），対等額で消滅したこと（不成立）について既判力が生じると解すべきであり，そう解さなければ，原告が反対債権ははじめから存在しなかったと主張して，不当利得返還請求や損害賠償請求をすること，あるいは，被告が訴求債権ははじめから不存在であったと主張して，反対債権を行使することを排除できないとする見解がある。しかし，上記のような原告の請求は結局，訴求債権の存在を主張するものであるから，反対債権による相殺によって訴求債権が対等額で消滅したとの理由で原告の請求を棄却する判決主文の既判力（民訴114条1項）によって排斥できる。また，上記のような被告の請求は結局，反対債権の存在を主張するものにほかならないから，反対債権の不存在が既判力によって確定されること（同2項）によって排斥されるのであり，このような見解を採用する必要はない。

　反対債権が存在しないとして相殺の抗弁が排斥される場合には，反対債権の不存在（不成立）が既判力によって確定される。ただし，既判力は相殺をもって対抗した額について生じるから，主張された反対債権の額が訴求債権を超える場合には，反対債権の不存在が既判力によって確定されるのは，あくまでも訴求債権と対等額の範囲に限られると解するのが通説である。これに対して，反対債権の不存在を認定するためには，裁判所は反対債権の全体について審理しているはずであるから，訴求債権を超える部分についても既判力が及ぶと解すべきであるとする反対説がある。

　相殺の抗弁が，時機に後れた防御方法である（民訴157条），または，相殺適状（民505条1項）にないとの理由で排斥される場合には，反対債権について既判力は生じないと解される。相殺に供される反対債権に関する判断に既判力が生じるのは，上記のような必要性があるからであるが，他方で，反対債権に関する判断に既判力を生じさせることが許されるのは，反対債権の存否について

実質的な審理がされているからである。このように考えれば，これらの各場合には，反対債権の存否について実質的な審理がされないから，既判力は生じないと解すべきである。

(d) 相殺の再抗弁　被告の相殺の抗弁に対し，原告が訴求債権とは異なる債権を自働債権として訴訟上の相殺を主張する場合（相殺の再抗弁）について，判例（最判平10・4・30民集52巻3号930頁）は，相殺の抗弁では裁判所によって相殺の判断がされることを条件として相殺の効果が生じることから，相殺の再抗弁を認めると審理をいたずらに錯綜させることになり不適法とする。学説も結論的には不適法とするものが多い。しかし，その根拠については，判例とは異なり，訴求債権が不存在である場合，あるいは，訴求債権が反対債権と相殺される場合には，相殺の再抗弁は無意味になるとの理由をあげる見解もある。

(4) 一部請求における既判力の範囲　1000万円の金銭債権を有する債権者は，裁判外でその一部である100万円のみの支払いを求めることができるのと同様に，訴訟においても一部請求をすることができると解される。このように数量的に可分な債権の一部が訴訟上で請求され，これを認める判決が確定した場合に，後訴において残部を請求することができるかが問題となる。

判例は，当初の請求が可分な債権の数量的一部についての請求であることを明示しない場合には，訴訟上の請求となっていない部分を含めて当該債権全体が訴訟物になり，既判力も債権全体に及ぶから残額請求も許されないとする立場にあると解されている（最判昭32・6・7民集11巻6号948頁。これは，債権者が数人の債務者に対して金銭の支払いを求める訴えを提起し，分割債務として請求を認容する確定判決を得た後に，当該債務は連帯債務であると主張して後訴を提起した事案で，連帯債務であると主張することは許されないとした判決であるが，禁反言を根拠とするようにも読める）。これに対し，明示の一部請求については（最判平20・7・10判時2020号71頁は，前訴で残部請求をすることが期待できず，相手方も残部請求の後訴が提起される可能性を認識できた場合に，「明示」があったとする），訴訟物は請求部分に限定され，既判力も当該部分にしか及ばないから残部請求ができるが（最判昭37・8・10民集16巻8号1720頁），前訴で請求の全部または一部を棄却する判決が確定したときには，残部が存在しないとの判断が示されているから（これは

訴訟物についての判断ではないが)，特段の事情がないかぎり，後訴で残部を請求することは信義則に反して許されないとする（最判平10・6・12民集52巻4号1147頁)。

　学説は，判例の立場を支持するものが多数であるが，その他に，裁判所の負担や被告の応訴の煩という点から，そもそも一部請求は許されないとする見解，当事者の意思の尊重という観点から一部請求は許されるが，裁判所の負担や被告の応訴の煩という点で残部請求は原則として許されないとする見解，一部請求であることの明示がない場合も請求部分だけが訴訟物であるから，勝訴判決に関するかぎり既判力も当該部分にしか及ばないとする見解，明示の一部請求は請求の上限を示すにすぎず，訴訟物は債権全体であるから既判力も全体に及ぶとする見解，などがある。

(5)　**一部請求に対する相殺**　　一部請求に対して相殺の抗弁が提出され，それが認められる場合の処理については，裁判所が確定した訴求債権の総額から，同じく裁判所が確定した反対債権の額を控除した残額が，一部請求額を超えるときは請求を全部認容し（一部請求額のうち，主張された反対債権でもともと不存在とされた部分と重なる部分が不存在であることについて民訴114条2項の既判力が生じる)，一部請求額を超えないときは残額の限度で認容すべきとする（相殺の対抗額の部分〔一部請求額と残額との差額部分〕が相殺の結果として不存在となったことについて民訴114条2項の既判力が生じる）のが判例である（外側説。最判平6・11・22民集48巻7号1355頁)。一部請求をする原告は，（相手方の相殺の抗弁が認められることがあっても）少なくとも一部請求の額までは債権が存在すると考えて一部請求をするので，判例の処理は，このような原告の意思に合致するとされる。しかし，これに対して，明示の一部請求では訴訟物は請求部分に限定されるとする判例の立場と整合性を欠く，あるいは，被告は原告の請求との相殺を意図して相殺の抗弁を提出しているのであり，原告は相殺の抗弁が出された時点で請求の拡張で対応すればよいとの批判がある。このような立場から，認められた反対債権の額を一部請求額と請求されていない額とに案分控除して認容額を決めるべきとする案分説，あるいは，認められた反対債権の額を一部請求額から控除して認容額を決めるべきとする内側説が主張されている。

(6) **争点効理論と信義則**　(a) **争点効の理論**　判決主文にしか既判力を及ぼさないという原則は，当事者による自由かつ柔軟な訴訟追行と，裁判所の弾力的かつ迅速な審理を可能にするという利点をもっている。しかし，確定判決による紛争解決の実効性という点では，この原則を貫徹することが妥当な結果をもたらさないことがある。そこで，考案された考え方の1つが，以下の争点効理論である。

　争点効は，前訴で当事者が主要な争点として争い，かつ，裁判所がこれを審理して下した争点についての判断に生じる通用力であると定義される。前訴の確定判決における裁判所の判断に争点効が生じる場合には，裁判所は，同一争点を主要な先決関係とする後訴の審理で，当該争点に関する前訴の確定判決の判断に反する判断をすることができず，当事者もそれに反する主張をすることができない。たとえば，建物収去土地明渡請求訴訟で，被告から土地賃借権の抗弁が出され，原告は賃貸借契約の解除を主張したが，審理の結果，契約解除が認められず，原告の請求を棄却する判決が確定した後に，原告が被告に対する後訴で賃料請求をした場合，民訴法114条1項の原則によれば，原告の建物収去土地明渡請求権（新訴訟物理論によれば土地明渡を求める法的地位）の不存在に既判力が生じるにすぎず，判決理由中の判断である賃借権または賃貸借契約の存在の判断には既判力は生じない。したがって，被告が後訴で賃借権または賃貸借契約を否定することは，前訴の既判力によっては妨げられない。しかし，争点効を認めれば，後訴での被告のこのような主張は排斥され，前訴の確定判決による紛争解決の実効性が高まり，当事者間の公平の理念にもかなう。

　(b) **争点効の要件**　争点効が生じるための要件は，①前訴請求と後訴請求の当否の判断過程で主要な争点となった事項についての判断であること，②当事者が前訴で当該争点につき主張立証を尽くしたこと，③裁判所が当該争点について実質的な判断をしたこと，④前訴と後訴の係争利益がほぼ同等であること，である。なお，既判力は裁判所が職権で考慮すべき（職権調査事項）とされるのに対し，争点効は，当事者の援用を待って調査すれば足りるとされる。

　(c) **信義則による調整**　争点効の理論に対しては，その要件，とくに「主要な争点となった」という要件が曖昧であるとの批判が加えられ，最高裁も争

> ☕ **オアシス 9-1　米国の法廷弁護士**
>
> 　米国の訴訟といえば、しばしば映画の題材にも取り上げられる陪審裁判を思い浮かべる人も多いだろう。陪審による審理は、わが国でいえば証拠調べにあたるトライアルの手続である。実際には、ほとんどの訴訟事件は、トライアルに至るまでに和解などによって終了するので、陪審による審理が行われるのは全訴訟事件中の数パーセントにすぎない。
>
> 　しかし、米国の訴訟については、陪審による審理を前提として、法律の素人である陪審員が適正な事実認定ができるように、証拠能力に関するルールなど刑事訴訟と共通の詳細な証拠法の体系が存在する。法廷に立つ弁護士には、この詳細かつ複雑な証拠法のルールに通じ、証人に対する相手方弁護士の尋問に問題があれば瞬時に異議（オブジェクション）の申立てをするなど、俊敏な反射神経と陪審の面前での弁論能力が要求される。
>
> 　法廷弁護士にとって、一番の晴れ舞台は連邦最高裁における口頭弁論である。連邦最高裁で弁論をするためには、原則として、予め最高裁で弁論ができる弁護士としての許可を得なければならない。口頭弁論の持ち時間は上告人・被上告人それぞれ30分間である。もっとも、弁護士は30分間で自分の意見を述べれば済むわけではない。弁護士は、9人の最高裁判事から発せられる鋭い質問に適切に答えなければならない。最近では、これに対応するため、有名ロースクールが有料の模擬弁論プログラムを設けており、最高裁で弁論をする弁護士の多くはこれを利用するようである。それでも、弁論当日の弁護士の緊張度はかなりのもので、無事に弁論を終えるまでは朝から食事が喉に通らないのが普通で、記念品として持ち帰ることを許されている弁論席の羽ペンを忘れて帰ることも珍しくない。
>
> 　連邦最高裁は観光スポットの1つであり、秋から冬の間にワシントンDCを訪れる機会があれば、開廷日をHPで確認したうえで傍聴を経験されることをお勧めしたい。

点効を否定した（最判昭44・6・24判時569号48頁）。判例は、信義則によって妥当な結果を導こうとしている。

　たとえば、自作農創設特別措置法による農地買収処分を受けた原告が、売渡しを受けた被告との間に買戻契約があるとして、これに基づく移転登記を求めた前訴で請求棄却の確定判決を受けた後に、当初の買収処分の無効を主張して抹消登記を求める後訴を提起した事件で、最高裁は、前訴と後訴とは訴訟物を異にするが、後訴は本質的に前訴の蒸し返しであり、前訴で後訴の主張（買収処分の無効の主張）をすることに支障がなかったのに、それをせずに後訴を提起し、しかも後訴提起時にすでに買収処分から20年を経過し、買収処分に基づい

て農地の売渡しを受けた者の地位を不当に長く不安定な状態におくことになることを考慮すれば，後訴は信義則に照らして許されないとした（第一審の請求棄却判決を取り消して訴えを却下した控訴審判決を是認）（最判昭51・9・30民集30巻8号799頁）。

（d）　信義則による既判力の縮減　　共同相続人の一人が提起した土地所有権の確認を求める前訴で，当該土地は被相続人の遺産に属するとして請求棄却判決が確定したが，その後，別の共同相続人が当該土地について自己の所有権を主張したため，前訴の原告が当該土地が被相続人の遺産に属することを前提にして，相続による共有持分に基づく移転登記手続を求めた後訴について，最高裁の法廷意見は，後訴で原告が前訴の基準時前に生じた共有持分の取得原因を主張することは，原告の所有権の不存在を確定した前訴の確定判決に反し許されないとしたが（最判平9・3・14判時1600号89頁），信義則を根拠にする反対意見があり，学説にも，既判力が及ぶ範囲の縮減を考えるべきとして，これを支持するものがみられる。

III　判決の拘束力が及ぶ人々——既判力の主観的範囲

相対効の原則　　判決が確定した場合，その判断内容には既判力という拘束力が生じる（民訴114条）が，実際に既判力に拘束され，判断内容を争うことができなくなるのは誰なのか。これが，既判力の主観的範囲の問題である。

民訴法115条に，「確定判決等の効力が及ぶ者の範囲」という表題でこの点についての規定が置かれている。

同法115条に規定されている判決の効力は，文言上，同法114条のように既判力に限定されていない。しかし，執行力の主観的範囲については，民執法23条が別に規定を置いているため，民訴法115条は既判力の主観的範囲に関する規定であると解されている。ところが，同条2項には，仮執行の宣言についての準用規定もあり，仮執行の宣言が未確定の判決に執行力を与えるもの（民訴259条，民執22条2号）であるため，その置かれている理由は問題となる。とくに必

要のない規定と解する見解と，広義の執行力についての規定と解する見解とが対立している。

　既判力が及ぶ者として，第1にあげられているのが「当事者」である（同条1項1号）。一方の当事者である原告が他方の当事者である被告に対して請求を定立し，その当否は，弁論主義のもと，原則として，両当事者によって提出される訴訟資料や証拠資料に基づいて判断されることになる。そのため，請求について生じる確定判決の既判力も，両当事者，すなわち原告と被告に生ずるのが原則となる。民事訴訟は，実際に争った当事者間で紛争の解決が図られさえすれば良いのであるから，既判力も当事者に相対的に及ぼせば十分といえる。かえって，当事者以外の者に既判力が及び自らの関与しなかった訴訟の結果に拘束されることになると，この者は不測の不利益を受けることにもなりかねない。このように，原則として当事者に既判力の生じることを，既判力の相対効（相対性）と呼んでいる。

　既判力は当事者間に生ずるとされることに関連して，独立当事者参加訴訟（民訴47条）においては，原告・被告・参加当事者の全ての当事者に対して，自分が当事者となっている請求であるか否かにかかわらず，1個の判決の既判力が及ぶとの見解がある。たとえば，XがYに対して提起するある目的物の所有権確認請求訴訟に，Zが同じ目的物の所有権確認を求めてX，Yを相手に独立当事者参加をした場合に，Xの請求が認容され，Zの請求が棄却されたとする。既判力の相対効を前提にすると，X－Y間ではXの所有権は確定するがX－Z間ではZに所有権のないことだけが確定しXの所有権は確定しないが，上述の見解によれば，X－Z間でもXの所有権が確定することになる。

特定の第三者に既判力が拡張される場合　（1）以上のように，原則として，既判力は当事者間に生じる。しかし，現実の紛争においては既判力の相対効が必ずしも適当でない場合も存在するため，一定の場合には，当事者以外の者に対する既判力の拡張が認められている。民訴法115条は，当事者のほか，①訴訟担当の場合の利益帰属主体（2号），②口頭弁論終結後の承継人（3号），③請求の目的物の所持者（4号）に判決の効力の生ずることを定めている。また，後述するように，既判力が一般の第三者等に拡張される場合が

特別法によって定められることもある。

(2) 反射効 　実体法上，保証債務には附従性があるため（民448条），主債務が存在しない場合には保証債務も当然に存在しないことになる。債権者の主債務者に対する請求棄却判決が確定した後に，保証人に対して保証債務の履行請求訴訟が提起された場合，保証人に対する後訴は主債務の不存在を前提に裁判されるのか。このような問題について，反射効という判決効が認められるかが問題とされている。

　反射効とは，当事者の一方と実体法上の従属的関係にある第三者に，当事者間の既判力が有利または不利に影響を及ぼすことを認める考え方である。反射効が認められれば，前訴裁判所の判断は後訴裁判所を拘束することになり，当事者または第三者が前訴判決を援用すれば，後訴の裁判所はその判断内容について認定を省略できることになる。前述の保証債務の例であれば，後訴裁判所は，主債務の消滅を前提にして保証債務について判断すればよい。

　反射効を認めるか否かについては学説が対立する。反射効を認める論者は，①主債務の請求棄却判決と保証債務の間，②相殺の抗弁を理由とする連帯債務履行請求棄却判決と他の連帯債務との間，③持分会社債務についての請求認容判決または請求棄却判決と社員の責任との間について，反射効を主張する。ただし，根拠となる実体法上の法律関係に違いがあるため，これに応じて，第三者が判決の効力を自己に有利にのみ援用できる場合と，第三者の不利にも判決の効力が拡張される場合が認められるとする。

　否定説は，反射効は既判力の拡張に外ならず，根拠とされる実体法の規定から既判力の拡張を導き出すことはできないとして反射効を否定する。反射効は，他者間の判決を前提とする，明文規定のない法律要件的効果とも理解される。しかし，法律要件的効果としては，主債務がないとの判決が確定すれば保証債務がないという効果が生じるとまではいえても，主債務が不存在であるという前訴当事者間の判決内容について後訴当事者に拘束力を及ぼすものではない，それはまさに既判力の作用である，と批判する。判例も一貫して反射効を否定する（たとえば，最判昭31・7・20民集10巻8号965頁，最判昭51・10・21民集30巻9号903頁など）。

近時の反射効肯定説は，素直に既判力の拡張として反射効を捉えようとする。反射効によって不利益を被る当事者は，民訴法115条によって既判力が拡張される者と遜色のない訴訟追行の機会が保障されているのであるから，このような者に対しては明文規定がなくても既判力の拡張が許されると主張する。

　この既判力拡張と捉える見解に対しても，①既判力を拡張する必要性に乏しい，②実体法上別個の権利関係が訴訟物となっているときには，それぞれについて手続保障が与えられるべき，③実体法上の不都合は個別訴訟が許容されることの帰結である，等の批判が加えられている。

(3)　当事者が他人のために原告又は被告となった場合のその他人（2号）

　第三者の訴訟担当の場合には，それが任意的訴訟担当であれ法定訴訟担当であれ，訴訟担当者が当事者として受けた判決の効力は，実質的な利益帰属主体（当事者との関係では「他人」にあたる）にも拡張される。訴訟担当者によって利益帰属主体の手続保障が代替的に充足されている一方で，自己の関知しえない事情によって訴訟担当が認められた相手方当事者にとって，本来の利益帰属主体に対して重ねて攻撃防御を要求するのはあまりに不当だからである。任意的訴訟担当は当事者の授権に，法定訴訟担当は訴訟担当を認める各法規と制度に，既判力拡張の基礎を見いだすことができる。

　なお，債権者代位訴訟（民423条）のように，法定訴訟担当にあたるかといった点も含めて，既判力の拡張の有無が問題とされる場合もある。通説・判例は，債権者代位訴訟も法定訴訟担当であると理解して，代位債権者の受けた判決の効力は，その勝訴・敗訴のいずれの場合であっても債務者に及ぶと解している。ただこの立場では，訴訟担当者が拙劣な訴訟追行で敗訴した場合には，本来の利益帰属主体の利益は必ずしも十分に保護されない可能性が残る。これに対して，債権者代位訴訟も法定訴訟担当であるが利益帰属主体の不利に既判力は拡張されないとする見解や，債権者代位訴訟における債権者は固有の当事者適格を有し訴訟担当者でないため，その判決の既判力は債務者に拡張されないとの見解が主張されている。これらの見解では，本来の利益帰属主体である債務者の利益は保護されるが，第三債務者は，債務者からの新たな訴えにさらされることになる。このように，通説・判例にも，また，既判力の拡張を制限的に解

する見解にも一長一短があり、近時は、いかにしてこの両者を折衷するかに焦点が移ってきている。

(4) 口頭弁論終結後の承継人（3号）　もし口頭弁論終結後の承継人に既判力の拡張が認められなければどうなるか。たとえば、甲－乙間の訴訟で、乙の占有する動産について甲の所有権を認める判決が確定したとする。この訴訟の口頭弁論終結後に、乙が当該動産の占有を丙に移した場合に、甲は、口頭弁論の終結時点には、乙ではなく甲が当該動産の所有者であったことを、丙に対する関係では一から争わなければならない。口頭弁論終結後に甲が当該動産を第三者丁に贈与した場合にも、丁は、甲が動産の所有者であったことを、乙に対して一から争わなければならない。このように既判力の相対効の原則を貫くと、口頭弁論終結後に訴訟物とされた係争物の移転があれば、確定判決は実質的には無意味なものとなり、紛争解決の実効性を図ることができない。そこで、既判力の基準時となる事実審の口頭弁論終結後の承継人にも既判力は生じる、すなわち当事者間の確定判決の判断内容に承継人も拘束されるものとされたのである。なお、訴訟担当の場合の本来の利益帰属主体の承継人にも既判力の拡張が認められている。

ここにいう承継には、一般承継および特定承継の双方が含まれ、また、承継の原因も問われない。まず、口頭弁論終結後に訴訟物たる権利関係そのものが承継された場合に、承継人に既判力が拡張されることについては争いがない。たとえば、ある物の所有権確認訴訟の口頭弁論終結後に当該目的物が相続されたり譲渡された場合には、相続人や譲受人は承継人に該当する。給付請求訴訟の訴訟物である債権の譲受人も承継人にあたる。債務引受けのうち、重畳的債務引受けについては争いがあるが、免責的債務引受けの場合には、債務の引受人は承継人にあたると解される。

ところで、承継されるのは必ずしも訴訟物のみではない。たとえば、土地賃貸借契約の終了を理由に、貸主Xが借主Yに対して建物収去土地明渡請求訴訟を提起しX勝訴の確定判決を得ていたところ、口頭弁論終結後に、第三者ZがYから建物の譲渡を受けたとする。この訴訟の訴訟物は、土地明渡請求権（義務）であるが、Zは建物所有権は承継したものの、この土地明渡しの義務を承

継したわけではない。しかし，この場合にも，紛争解決の実効性という点で既判力の拡張が必要なことは自明であろう。従来の判例は，訴訟物という枠を超えて承継を認めてきたが，その場合に，何が承継されたとみるかが問題となる。

　この点，当事者適格の移転をもって承継人と考える見解が長く通説としての地位にあった。上述の例でいえば，建物の譲渡後に建物収去土地明渡請求訴訟を改めて提起する場合にはZが被告となることを捉えて，係争物である建物の承継によって当事者適格の承継があったと見るわけである。しかし，当事者適格は，訴訟上の請求ごとにその有無が判断されるものなので，YからZへ当事者適格が承継されるということはそもそもありえない。そこで，紛争の主体たる地位の移転という概念を承継人の規準とする見解があらわれ，近時には多数説となっている（最判昭41・3・22民集20巻3号484頁は，引受承継についての判断であるが，「紛争の主体たる地位」を承継の基準とする）。なお，「紛争の主体たる地位」については，第三者と当事者との権利義務関係が，前訴の訴訟物たる権利義務関係から発展ないし派生したと見られる関係にあるものと説明されている。さらには，訴訟法上の地位の移転ではなく，訴訟物およびこれに関連する実体法上の権利関係そのものを承継の規準とする見解も有力に主張されている。実体法上の権利関係の承継が弁論終結後に行われたことをもって，法的安定の要請および当事者と第三者の公平を考慮して，既判力の拡張が認められたのだとする。第三者の実体法上の地位が当事者の実体法上の地位と依存関係にあることを承継の基準と考えるため依存関係説と呼ばれている。

　権利関係の承継のみを基準とすれば承継人にあたるが，この者に固有の抗弁の成立する場合がある。たとえば，即時取得（民192条）が成立する場合や，虚偽表示の善意の第三者（民94条2項）に該当する場合等である。この者を口頭弁論終結後の承継人として，前訴判決の既判力を及ぼしてその判断内容に拘束させるべきかは問題となる。この点，実質説と形式説とが対立している。実質説とは，権利関係の承継を基準として承継人とされる場合であっても，第三者が実体法上保護されるべき独自の地位をもつときは，その者は，口頭弁論終結後の承継人として扱われないとする見解である。他方，形式説は，権利関係の承継を基準として承継人に該当するか否かが決定され，承継人とされる第三者

は，前訴判決において判断された（前主の）権利関係を争うことはできないが，自己のもつ独自の法律上の地位を主張することは妨げられないとする見解である。最高裁の判例（最判昭48・6・21民集27巻6号712頁）は，実質説を採用したものと理解されることもあるが，実際のところ，判旨からは実質説と形式説のどちらの立場をとったかは明らかではない。むしろ，近時には，実質説・形式説という概念構成を取り入れる実益は乏しいと解される傾向にある。

また，契約上の権利義務を訴訟物とする確定判決の既判力が，契約当事者外の第三者にも拡張されるのかという問題もある。たとえば，家屋賃貸人が賃料不払いに基づいて賃貸借契約を解除し賃借人に対して家屋明渡しを求める訴訟を提起し，請求認容の確定判決を得たとする。口頭弁論終結後に賃借人が第三者に家屋を転貸した場合，賃貸人がこの転借人を被告として所有権に基づく引渡訴訟を提起したとき，前訴判決の既判力は転借人に及ぶのか。ある見解は，前訴は債権的請求権が訴訟物になっているので，債権の相対効のためにその権利は第三者転借人に対して拡張されない（承継人には該当しない）が，ただ，賃貸人が同時に所有者でもあるときは，物権の絶対効から，既判力は第三者転借人に拡張される（承継人に該当する），と説く。また別の見解は，返還請求権について，取戻請求権（背後に物権を伴う場合）・交付請求権（背後に物権を伴わない場合）という性質決定をし，これを基準として，前者については既判力拡張を認め，後者については既判力拡張を否定する。さらには，訴訟物が債権か物権かという性質決定とは無関係に合目的的に決定すれば足りるとの見解なども主張されている。この点，既判力の拡張を考えるにあたって，訴訟物たる権利関係の性質を基準とする考え方それ自体にはそれほどの合理性はないように思われる。むしろ，紛争解決の実効性をふまえれば，当然に既判力の拡張を認めるべきであろう。なお，形式説に従って既判力の拡張を理解すれば，訴訟物が債権的請求権か物権的請求権かという問題は，結局のところ，承継人が相手方に対して独自の法律上の地位を主張できるか否かという問題に解消されることになろう。

(5) 請求の目的物の所持者（4号） 請求の目的物を所持する者とは，特定物の引渡請求権の対象物である動産または不動産を，もっぱら，当事者，第

三者の訴訟担当の場合の本来の利益帰属主体，およびこれらの口頭弁論終結後の承継人のために，独立に占有する者である。占有開始の時期は問わない。当事者とは独立して動産または不動産を占有するため，これらの者にも既判力を拡張する必要がある。その一方で，占有者自身は固有の利益を有していないため，当事者等に対する既判力を当然に拡張しても問題はない。当事者に準ずるものとして既判力の拡張を受けるものといえる。

独立した占有のない場合には，相手方当事者との間で権利関係の生じることはないため，既判力を拡張する必要はない。独立の占有のない，使用人や法人の機関，無能力者の法定代理人など，いわゆる占有機関（占有補助者）は所持者にはあたらない。他方，賃借人や質権者のように，占有者自身が物の占有について固有の利益をもつ場合には，これらの者に当然に既判力が拡張される関係になく所持者とはならない。所持者の例としては，管理人や受寄者，同居の家族などがあげられる。

登記名義人を所持者と解することができるかという問題がある。虚偽表示という限定的な事例であるが，登記名義人を所持者として，既判力拡張を認めた下級審判例もある（大阪高判昭46・4・8判時633号73頁）。登記名義人でありながら固有の利益をもたないということは，物の占有の場合に比べれば極めて例外といえるが，あえて所持者の可能性を否定するまでの必要はないであろう。なお，問題になりうる例として，権利能力なき社団の構成員に総有的に帰属する不動産について社団構成員以外の第三者名義に登記がなされているような場合があろうか（金銭執行における登記名義人に対する執行力の拡張について，最判平22・6・29日民集64巻4号1235頁参照）。この場合，登記名義人は何らかの固有の利益を有していると見るべきであり，同人を所持者として，権利能力なき社団を当事者とする判決の既判力を拡張することは消極的に解すべきであろう。

(6) **訴訟脱退者**　独立当事者参加のあった場合，従来の原告または被告は相手方の承諾を得て，訴訟から脱退することができ，脱退後の手続でなされた判決は，脱退した当事者に対しても効力を有するものとされている（民訴48条）。問題は，脱退者に対するこの判決の効力をどのように理解するかである。

従来の通説的な見解は，残存当事者間に判決があったときに生ずる，脱退者

の勝訴者に対する条件付の「請求の放棄」または「請求の認諾」であると解している。この見解によれば，民訴法48条は判決の効力の問題ではないことになるが，条文の文言と整合しないし，請求の放棄と認諾だけでは三者間の請求の中に説明しきれない空白部分が残るという問題がある。そこで，合一確定を確保するために判決の効力が及ぼされ，残存当事者間の判決内容に適合するように，脱退者の請求および脱退者に対する請求も認容ないし棄却の判決があったのと同一の効力を生ずるとの見解が主張されるところとなる。しかし，この場合にも別の空白部分が生じることになる。近時には，次のような見解が有力に主張されている。ある見解は，被告脱退の場合（原告脱退の場合には，訴えの取下げとして取り扱う）には，当事者権・防御権の放棄にすぎず原告および参加人の請求は脱退後も残り，判決で判断されて当然に既判力・執行力も生じることになるとする。この見解によれば，脱退者に対する判決の効力は，脱退者自身に対する請求についての判決効である。また別の見解は，脱退者と残存当事者の間で紛争が蒸し返されないようにするために残存当事者間の判決効が脱退者に拡張され，残存当事者と脱退者との再訴においては，残存当事者間の判決で確定されたことが前提とされなければならないとする。この見解では，同法48条は，残存当事者間の判決の既判力が脱退者に拡張されることを定めた規定となる。

(7) **法人格否認の場合の背後者**　会社の設立が比較的緩やかに認められる現状では，法人格がまったくの形骸にすぎない場合や，法人格が法律の適用を回避するために濫用されている場合がときに存在する。このような場合には，たとえば，会社を当事者とする実体法上の法律関係の効果がその株主に及ぶ等，判例（最判昭44・2・27民集23巻2号511頁）は，別の法人格に対しても例外的に法律効果の及ぶことを認めている（実体法上の法人格否認の法理）。同様に，既判力や執行力についても，法人格否認の法理を認めて，背後者たる当事者以外の第三者に対して効力を及ぼすことができるか，すなわち，判決効を拡張することができるかが問題となる。判例（最判昭53・9・14判時906号88頁）は，訴訟手続の明確性，安定性を理由にこれを否定している。他方，学説は，肯定説，否定説，法人格形骸の事例では既判力・執行力の拡張を認めるが，法人格濫用

の事例では判決効拡張を否定する折衷説というように，見解が分かれている。

最高裁（最判平17・7・15民集59巻6号1742頁）は，第三者異議の訴え（民執38条）において，執行の不許を求める原告に，法人格否認の法理の適用を認めているが，既判力・執行力の拡張を明確に否定したうえで，実体法（異議事由）レベルでの適用に留めている。

一般の第三者等に既判力が拡張される場合　(1)　身分法や団体関係法などにおいては法律関係を安定させるために，それぞれ独自に第三者に対する既判力の拡張を定めている場合がある。なお，形成判決では，判決の確定によって実体的権利関係が変動し（形成力），その変動結果については一般に承認することが求められ，またこれに拘束されることになるが，これは既判力の拡張とは異なる。形成判決については既判力拡張もあわせて規定されていることが多いが，形成判決だからといって当然に既判力が拡張されるという関係ではない。

(2)　**一定範囲の第三者に対する既判力の拡張**　特別の規定によって，一定範囲の第三者に対する既判力の拡張が定められることがある。たとえば，破産債権確定訴訟や再生債権確定訴訟の判決については，破産債権者や再生債権者の全員に効力が生ずるものとされ（破131条1項，民再111条1項），更生債権および更生担保権の確定に関する訴訟における判決は，更生債権者，更生担保権者，株主の全員に対して既判力が生ずるとされている（会更161条1項）。それぞれの倒産手続において，画一的な処理が要請されるためである。取立訴訟の判決は，共同訴訟参加した差押債権者はもちろんのこと，参加を命じられた差押債権者で参加しなかった者にも効力が及ぶとされる（民執157条3項）。

(3)　**一般の第三者に対する既判力の拡張**　第三者の範囲を特定せずに，既判力の拡張が定められている場合があり，この種の既判力拡張は対世効とも呼ばれる。

たとえば，人事訴訟の確定判決は，第三者に対しても効力を有すると規定されている（人訴24条1項）。この場合，請求認容か請求棄却かは問わず（ただし，重婚を理由とする婚姻取消請求訴訟の棄却判決は，前婚の配偶者が訴訟に参加したときに限って，この者に対して効力を有する。同2項），形成判決でも確認判決でも対世

効を有する。身分法上の法律関係安定の確保がその目的である。そのため、人事訴訟の確定判決であっても訴訟判決については、身分法上の法律関係についての判断を示したものでないため対世効は生じない。

　また、団体関係訴訟についても、多くの場合に対世効が規定されている（会社838条、一般法人273条）。このような対世効が認められるのは、団体をめぐる法律関係では登場する法主体が多数にのぼる一方で、団体の運営上、争いある法律関係についてそれら多数人の間で画一的に確定する必要があるからである。ただし、人事訴訟の判決と異なり、請求認容判決のみ既判力が拡張され、請求棄却判決について対世効をもたない。なお、会社法や一般法人法のように明文規定をもって対世効が定められる場合以外にも、団体関係訴訟の判決に対世効が認められるかは問題となるが、判例はこれを認める傾向にある（宗教団体を被告にしてその理事者たる地位の確認を求める訴えについて、最判昭44・7・10民集23巻8号1423頁。また、学校法人理事会の決議無効確認の訴えについて、最判昭47・11・9民集26巻9号1513頁）。会社法等を類推して対世効を認めることが適当であろう。

　以上のように、人事訴訟や団体関係訴訟の判決に対世効を認めるということは、判決効の拡張を受ける第三者の側からすれば、自らが関与していない訴訟の判断内容に拘束されることを意味する。このような結果を正当化するために、人事訴訟や団体関係訴訟では、さまざまな手続的な仕組みが用意されている。

　まず、これらの訴訟における当事者適格が、当該法律関係について密接な利害関係を有し真摯な訴訟追行ができる者に限定されたり（人訴12条・42条、会社828条2項・834条など）、訴訟によっては、固有必要的共同訴訟としてその者を排除しては訴訟が維持できないように定められている（人訴12条2項）。また、人事訴訟においては、処分権主義や弁論主義が排除されて（人訴19条）、職権探知主義が採用されおり（同20条）、会社訴訟においても自白の拘束力を排除する可能性が論じられている。さらに、既判力が一般的に拡張されるため、当事者適格が認められる者であれば、共同訴訟参加の方式（民訴52条）で訴訟に参加することができ、当事者適格が認められず、補助参加が認められるにすぎない

場合にも，共同訴訟的補助参加として共同訴訟人に準じた保護が受けられる。訴訟係属を一定の者に知らせる方途が講じられていることもある（人訴28条）。判決が確定した場合であっても，当事者適格が認められる場合であれば，独立して再審の訴えを提起することができるし，当事者適格が認められない場合でも，（共同訴訟的）補助参加の申出とともに再審の訴えを提起することができる。会社法上の責任追及等の訴えのように，いわゆる詐害再審が認められる場合もある（会社853条）。

第10章
裁判によらない訴訟の完結

I　訴訟上の和解

意義　（1）　訴訟係属中に当事者間で（第三者を関与させることもある），相対立している訴訟上の請求について，お互いの主張を譲歩することで合意し，その法的紛争の範囲の全部あるいは訴訟物の一部分に相当する範囲に関して，裁判官の面前でなされる和解である。

したがって，訴訟上の和解は，訴えの取下げや請求の放棄・認諾と同じく，当事者の私的自治が裁判に反映された訴訟の終了原因である。民事事件の約半数は，この和解により解決されている。

和解には，次のような長所がある。第1は，和解は条理にかない実情に即した妥当な解決案が実現できる。判決では法の適用で一刀両断に杓子定規な解決になってしまう。第2に，判決は上訴を前提にした解決方法であるが，和解であれば紛争の最終的解決方法となる。第3に，判決によれば強制執行を予定するが，和解であれば当事者自身が自発的に履行することも期待できる。第4に，和解は紛争を早期に解決でき，妥当な解決が図れるので，当事者および裁判所にとっても負担軽減となる。裁判所の和解の勧試（民訴89条）で一定内容の和解案を示したり，当事者の自主的な交渉によるなど，紛争の自主的解決方法として活用されている。

（2）　和解には，訴訟上の和解のほかに，裁判外の和解（民法上の和解契約。民695条）と起訴前の和解（民訴275条）がある。前者は示談ともいわれ，実体法の権利処分の効果は生じるが，直接には裁判上の訴訟終了効を生じない。起訴前の和解は，実務の運用下では，当事者間ですでに和解が成立しており，その和

解内容について強制執行が可能な債務名義を得ることを目的とする。起訴前の和解は即決和解ともいわれている（同275条）。以上の点で，裁判外の和解と起訴前の和解は，訴訟係属後に訴訟を終了させるために行われる訴訟上の和解とは異なっている。

(3) 訴訟上の和解は，当事者双方が訴訟上の請求を中心とした各々の主張を互いに譲歩して合意する。それに対して，請求の放棄・認諾は，訴訟上の請求を原告・被告が一方的に訴訟手続で放棄したり，承認することで訴訟終了となる。訴訟上の和解での互譲の合意は，請求についての主張に互譲があれば，どんな程度や態様でもよい。

和解の基本は，当事者双方の対立を互いに譲歩した一致した内容にまとめることであり，多様な類型がある。同一裁判で他に係属するほぼ同一の争点の事件の訴訟を一括して和解手続に取り込む和解を併合和解という。さらに訴訟物以外の権利を加えて和解したり，利害関係のある第三者を加えて和解する準併合和解がある。紛争を一挙に解決することができるので，実務で広く行われている。

要件

(1) 第1に合意の客体について，当事者の自由な処分が認められる権利または法律関係である。公序良俗違反やその他，たとえば，物権法定主義に反する権利を設定するような，法律上許されないものは訴訟上の和解として認められない。

(2) 身分関係は，一般に高度の公益性を有するので，人訴法19条2項で訴訟上の和解，請求の放棄・認諾を適用しないと定める。しかし，一定の範囲にかぎって当事者自治の支配が認められている離婚や離縁では，その訴訟においても和解，請求の放棄については，原則上，認められている。附帯処分等を伴わない場合にかぎっての請求の認諾も例外的に認めている（人訴37条1項・同条但書）。養子縁組関係訴訟についても，人訴法44条で特則として認めている。旧人訴法13条の離婚訴訟における「和諧」は，これによって廃止された。

会社・商事関係事件でも，会社設立無効の訴えは，その無効判決に対世的効力を伴うことや，設立無効の登記は原因証書として和解調書を認めていないという実務上の取扱いから和解が否定されている（会社850条）。株主総会決議取

消しの訴えでも，被告会社に対する請求認容判決にのみ判決効の拡張があることから和解を否定する説が有力である。なお，株主代表訴訟においては，判例は和解を認め，会社法850条として立法化された。

債権者代位訴訟（民423条）では，代位債権者に無制限の処分権が与えられているわけではないので，和解条項が債務者の権利を処分する性格を有するのであれば，債務者を和解に参加させるべきである。詐害行為取消訴訟（同424条）では，債権者が第三債務者や詐害行為によって利益を受けた被告受益者と和解できるかについては，肯定してよい。

取締役の責任に対して，会社責任を求める訴訟における債務免除には，総株主の同意が得られることが和解の条件となる（会社424条。なお，同425条）。

(3) 通説によれば，訴訟上の和解を成立させるには，本案判決の前提となる訴訟要件が必要であるとは断定していない。しかしながら，当事者能力，訴訟能力，権利保護の資格は，起訴前の和解（即決和解）との均衡から必要とされている。

手続・方式　(1) **一般的な手続**　裁判所は，争点整理手続，口頭弁論，和解期日で和解勧試を行うが，訴訟外でも当事者が行う和解協議が成立して，その結果陳述が当事者双方より口頭でなされることもある。裁判所は，当事者の意思を確認したうえで和解の成立要件を審査し，適法であれば和解内容を調書に記載する（規則67条1項1号）。和解が不成立または無効と判断される場合には，その点を当事者に指摘する。補正されなければ，さらに訴訟手続が続行される。

(2) **和解条項案の書面による受諾**　一方当事者が遠隔地に居住している等，裁判所に出頭できない困難な事情があるため，その者が前もって裁判所の提示した和解条項案を受諾する旨の書面を提出しており（書面受諾和解），他の当事者が期日に出頭し，その和解条項案を受諾すれば，和解の成立が認められる（民訴264条，規則163条参照）。

(3) **裁判所等が定める和解条項**　訴訟において，両当事者が裁判所の定める和解条項に服する旨を共同で申立てたときは，裁判所は和解条項を定めることができ，当事者間に和解が調ったものとみなされ，これは裁定和解または仲

裁的和解ともいわれる。前述の2つの和解制度は，起訴前の和解には適用されない（民訴265条）。

法的性質・効果　和解が成立すると，それは調書に記載されて確定判決と同一の効力が和解にも認められる（民訴267条）。

(1) **訴訟終了効**　和解の成立により，訴訟はその目的を欠くので訴訟が終了する。その訴訟終了効の及ぶ客観的範囲は，明確にするために和解調書の「請求の表示」に記載される。

(2) **執行力**　和解調書に履行期が明示的に定められ，かつ具体的で特定された給付義務が記載されていれば，強制執行をする執行力が認められる（民執22条7号）。

(3) **既判力**　和解調書の記載に既判力が認められるかどうかについては，見解が対立している。

既判力否定説によれば，和解の本質は当事者の合意による自主的紛争解決であるため，裁判所による公権的な審理・判決とは性質が異なり，それに既判力を付与すれば，後で当事者は実体法上の取消しや無効事由を主張して和解の無効を既判力によって主張できず，ただ再審の訴えに準じて和解調書を取り消すことに限定され，終了した訴訟手続の再開を求め得るにすぎず，当事者に不利な結果になると理由づけられている。この学説が多数説である。

これに対して既判力肯定説は，和解調書に既判力が付与されないとすれば，当事者は後訴において，訴訟法上の制約なしにその記載内容を争えることになり，たとえ当事者の自由な合意に基づく自主的解決方法でも，その紛争解決機能は損なわれると理由づける。

制限的既判力説は，訴訟上の和解の法的性質は，訴訟を終了させる目的としての訴訟行為の性質とともに，訴訟物に関する私法上の和解契約たる私法上の合意という行為の併存している両行為併存説に基づいている。したがって，訴訟上の和解に実体法上の無効事由があるときは（民696条の事由を除く）訴訟上も和解は無効とし，当事者はその無効を争うことができる。その方法は，続行期日指定の申立て（民訴93条1項），和解無効確認の訴え，請求異議の訴え（民執35条），再審の訴え等である。最近の多数説はこのすべての救済方法を認め

ている。制限的既判力説とは，このような無効原因がないかぎり，既判力を認めるという説である。最判昭33・6・14（民集12巻9号1492頁）は，制限的既判力説をとっている。

(4) ところで，和解の成立後に債務不履行等の理由により，和解契約が解除された場合，最判昭43・2・15（民集22巻2号184頁）は，実体法上の和解契約の権利関係が消滅したのみで，その訴訟終了効は消滅していないと解釈し，旧訴訟の復活を否定して，新訴提起は二重起訴違反にはあたらないと判示している。通説もこの判例を支持している。しかし，複数の救済方法が提案されている。

Ⅱ　訴えの取下げ

意義　(1) 訴えの取下げとは，原告の裁判所に対する請求の審判要求の申立てを撤回する当事者の訴訟行為である。その原告の一方的な訴訟行為は，単独の意思表示である。その効果として，訴訟係属が遡及的に消滅し，訴え提起がなかったものとみなされ，訴訟が終了する（民訴261条・262条）。

裁判手続外で訴え提起後に和解が成立した結果，訴えを取り下げることの合意は，単なる私法上の訴え取下げ契約にすぎない。この訴え取下げの合意をどのように扱うべきか見解が分かれている。学説では，その事実が裁判で陳述されたときに訴えの取下げの申立てと同じに扱われる。訴訟係属の遡及的消滅の効果が認められるか，判例（最判昭44・10・17民集23巻10号1825頁）と通説は，原告がその合意に反して訴えを取り下げないときは，訴えの利益がないものと判断して，訴え却下判決を下すとする。有力説は，さらにその効力を確認するため訴訟終了宣言判決を言い渡し，再訴の禁止効（民訴262条2項）も類推適用されるとする。

(2) 訴えの取下げは，原告の意思に基づく訴訟終了原因である。請求の放棄とその点で共通するが，請求の放棄では，その法的効果として確定判決と同一の効力が生じる。しかし，訴えの取下げでは，取り下げた部分は当初から訴訟係属していなかったものとなり，それまでの訴訟行為は遡及的に失効する。

当事者双方が口頭陳述や出頭をしない場合には，訴えの取下げが擬制される（民訴263条）。

要件 (1) 原告は，判決が確定するまで訴えを取り下げることができる（民訴261条）。すなわち，第一審での終局判決の言渡し後，原告が上訴し，上訴が係属審理中であっても，訴えを取り下げることができる。ところが，上訴の取下げは，上訴が取下げとなるのみで，訴えの取下げとは効力が異なる。

(2) 原告は判決確定前ならば，訴え取下げができる。しかし，被告の本案判決を受ける利益を保護するため，すでに被告が本案について準備書面を提出し，弁論準備手続または口頭弁論をした後は，被告の同意がなければ取下げの効力は生じない（民訴261条2項）。

(3) 訴えの取下げは，職権探知主義が適用されている改正人事訴訟法のように，私的自治に服さない公益性の強い事件にも許されている。それは，訴えの取下げが請求の存否の審理内容にまでふみ込まず，高度な公益性の判断に影響を与えず，訴え提起後の訴訟行為が失効するからである。

(4) 原告が訴え取下げを単独で行うには，訴訟能力を要する。代理人には特別授権を必要とする（民訴32条2項・55条2項2号）。しかし，法定代理人によって代理されなかった訴訟無能力者や，代理権を有しない法定代理人や訴訟代理人が提起した訴えでは，本人の追認がなくとも，これらの者が訴えを取り下げることができる。

(5) 訴えの取下げに条件をつけることは訴訟手続が不安定になり，さらにいったん意思表示された取下げの撤回も判例では認めていない。ただ，訴えの取下げに意思表示の瑕疵があった場合，判例・通説は，民訴法338条1項3号または5号により，取下げの無効を許している。有力説は，それ以外にも民法95条・96条の適用を認めたうえで，錯誤の成立や表意者の重大な過失を厳格に判断し，より広く取下げの無効を認めるべきであるとする（最判昭46・6・25民集25巻4号640頁）。

(6) 訴えの取下げは，数個の請求のうちの一部のみ，たとえば，請求の客観的併合での一個の請求や，多数の共同訴訟人の当事者の一人に対する請求の取

下げなども許される。これも訴えの一部取下げである。しかし，必要的共同訴訟では，訴えの一部取下げは無効である。

訴え取下げの手続　　訴えの取下げは，原告が原則として取下書を提出する（民訴261条3項）。あるいは口頭で期日に取下げの陳述も許される。取下げについての相手方の同意も，裁判所に対して書面または口頭で行われる。被告の取下げに同意する旨の主張があった時点で取下げの効力は生ずる。相手方は，訴えの取下げ書面の送達を受けた日から二週間以内に異議を述べないときは，訴えの取下げに同意したものと擬制される（同261条5項）。

取下げの効果　　**(1)　訴訟係属の遡及的消滅**（民訴262条1項）　　訴え取下げの効果として，訴え提起に基づいた当事者や裁判所の訴訟行為の効果は遡及的に消滅し，失効する。訴え提起の時効中断の効力も消滅する（民149条）。

(2)　再訴の禁止（民訴262条2項）　　裁判所が本案について終局判決を下した後に訴えを取り下げた者は，同一の訴えを提起することができない（最判昭52・7・19民集31巻4号693頁）。

この場合の本案判決は，請求認容・棄却判決のいずれでもよい。この再訴禁止の根拠について，学説は，取下げ濫用制裁説と再訴濫用防止説とがあるが，実務上では大差はない。

条文上の「同一の訴え」を提起することができないとの文言は，当事者および訴訟物たる権利関係が同一であるだけでなく，訴えの必要ないし利益を基礎づける具体的事実関係にまでふみ込んで，前訴と再訴が同一の訴えであるかを判断し，再訴を審査すべきである（最判昭52・7・19民集31巻4号693頁）。改正された人事訴訟法では，訴えの取下げが認められている以上，もちろん再訴禁止も適用される。訴えの取下げは消極的訴訟要件である。よって職権調査事項でもあり，再訴禁止に該当すれば不適法で訴え却下判決が下される（大決昭8・7・11民集12巻2040頁）。

Ⅲ 請求の放棄・認諾

意義 （1） 請求の放棄とは，裁判所に対し，原告がその訴訟上の請求たる自己の請求主張には理由がないことを自ら意思表示することをいう。請求の認諾とは，逆に，被告が原告の請求主張に理由があることを承認する意思表示をすることである（民訴266条）。請求の放棄・認諾は，調書に記載されたときに，確定判決と同一の効力を有する（同267条）。そして訴訟は終了する。これを訴訟の終了効という。

（2） 請求の放棄・認諾は，当事者の意思表示による訴訟終了原因であるが，当事者が，攻撃防御方法である相手方の法的主張を認める権利自白や，事実上の自白と異なり，訴訟上の請求自体に関する意思表示である。

（3） 請求の放棄・認諾は，当事者自治に基づくとはいえ，当事者の一方的な裁判所に対する意思表示である。したがって，請求の当否については条件をつけることはできない。

（4） 請求の放棄は訴えの取下げと同じく，原告の一方的な訴訟行為であるが，訴えの取下げの法的効果は，請求の存否についての終局的な解決がなされずに訴訟終了効が生ずる。請求の放棄では，裁判所の書記官によって調書に記載されることが要件で，請求棄却の本案判決に代わる効力が生じる点で異なる。

（5） 請求の放棄・認諾は当事者自治に基づくので，複数の請求の客観的併合や多数当事者の通常共同訴訟のときにも請求の一部について認められる。しかし，必要的共同訴訟では，共同訴訟人全員によらねば請求の放棄・認諾は認められない（民訴40条1項）。

（6） 請求の放棄・認諾調書には確定判決と同一の効力がある（民訴267条）。だが，その調書に既判力を認めるか否かをめぐり，学説は既判力否定説・既判力肯定説・制限的既判力説に分かれている。既判力否定説によれば，請求棄却判決のときに生ずる既判力が認められず，訴訟終了効のみが認められる放棄調書や確認訴訟における認諾調書の既判力の存在意義が失われてしまう。だから

といって，多数説である既判力肯定説のように，私的自治に基づく当事者の意思表示に，公権的な判断である確定判決と同一の既判力を全面的に付与するのは行きすぎである。したがって，請求の放棄・認諾に，私法上の詐欺，脅迫，錯誤などの取消し・無効原因があれば，それらが民訴法上の再審事由にあたらないときでも，救済を認めるべきであるという制限的既判力説が判例である。

放棄・認諾の要件　(1)　放棄・認諾は判決が確定するまで事実審においても上告審でも認められる。請求の放棄・認諾は，本案判決と同じく，請求に関する訴訟を終了させる。通説では，一般に訴え提起で求められているのと同様の訴訟要件が欠けていれば訴え却下判決を下し，請求の放棄・認諾を認めるべきでないとする。

(2)　改正された人事訴訟法上の婚姻関係・養子縁組関係事件については，当事者自治による法律関係の形成が制限されるので，請求の放棄・認諾を認めないのが原則とされる（人訴19条2項）。しかし，離婚事件では，協議離婚を認めている以上，請求の放棄・認諾が例外的に認められた（同37条1項）。離婚と同様の性質をもつ離縁事件でも同様の扱いが認められた（同44条）。

(3)　請求認容判決について対世効を認める会社関係訴訟においては，通説では請求の放棄は認められるが，請求の認諾は認められないとする。すなわち，請求を認諾すれば，その判決効の拡張を受ける一般第三者の利害が害されるからだという理由である。さらに，債権者代位訴訟での代位債権者の請求の放棄については，債務者の同意がなければ認められない。

(4)　請求の放棄・認諾は，訴訟行為であるので，当事者の訴訟能力が必要である。

手続　請求の放棄・認諾の申立ては，受訴裁判所の口頭弁論等の期日において，口頭でなされるのが原則である（民訴266条1項。例外として同2項参照）。請求の放棄・認諾の申立てがなされると，裁判所はその要件を調査して満たされていれば，書記官に調書に記載させる。要件が満たされていなければ審理手続を続行する。放棄・認諾の効力につき，当事者間で争われたときには，中間判決により，あるいは終局判決の理由中で，その争いについて判示する。当事者は，調書に記載されるまで，放棄・認諾について撤回する

ことができるとされるが，自白の撤回に準じて，相手方の利益に重大な影響があるので，相手方の同意を要する。

効果 　請求の放棄・認諾が有効と判断されたときは，調書に記載されて成立すれば，訴訟は終了する。放棄調書は請求棄却に該当し，認諾調書は請求認容の確定判決と同一の効力を発生させる（民訴267条）。

第11章
複雑な訴訟

I　複数請求の訴訟

総説　**(1) 意　義**　原告Xが被告Yに対して家屋の明渡しを求める訴えのように，1人の原告が1人の被告に対する1つの請求について審判を求めることが，訴えの基本的な形態である。しかし，明渡請求に加えて家屋の所有権確認を求めるように，同一当事者間で複数の請求が審判対象となる場合がある。また，Yに加えて家屋の占有者Zに対しても明渡しを求めるように，複数の原告や被告が同一の審理で裁判を求める場合もある。ここでは前者の複数請求の訴訟手続について扱い，後者は多数当事者の訴訟として後述される。

上記の原告が被告に対して複数の請求を別の裁判所に提起し，別個の審理と判決を求めることは処分権主義のたてまえから原告の自由であり，その場合は個々の事件は単純化され，迅速な審理も期待されよう。しかし，異なった裁判所・裁判官の下で請求ごとに期日が別々に指定されて弁論と証拠調べが行われる結果，当事者間の紛争全体の解決の点からみれば当事者の負担はむしろ増大する。また，公益的な観点からも，共通する事柄について重複して審理することになって訴訟上不経済であるのみならず，別個の審理の結果，訴訟資料・証拠資料が異なるために矛盾する判決の危険も生ずる。そこで現行法は，当事者に複数請求を1つの訴訟手続において併合して審判を求めることを認め，加えてこのような複数請求訴訟の管轄や，訴額の算定において当事者に便宜を与えている（民訴7条・9条）。

訴えの併合を求めるかどうかは当事者の意思による。その併合形態として請

求の併合（民訴136条），訴えの変更（同143条），反訴（同146条）があり，訴えの変更と反訴の特別類型として中間確認の訴え（同145条）がある。このうち，請求の併合は「訴えの客観的併合」とも呼ばれ，訴えの変更と反訴も含んだ意味で使われることもあるので，請求の併合のみを指す場合には「訴えの固有の客観的併合」ということがある。

このように，複数訴訟手続の選択権は第一に当事者にあるといえるが，紛争の一回的解決の要請により判決確定後の別訴が禁じられるために訴えの変更あるいは反訴の提起が要求される場合（人訴25条・18条）や，他の請求について別訴を提起すると二重起訴の禁止（民訴142条）に触れるために併合請求が要求されるなど，当事者にとって併合審判を求めなければ不利益になる場合もある。また，当事者が複数請求訴訟を選択しない場合も，裁判所は職権で弁論を併合することもでき（同152条），併合後は複数請求訴訟手続によって審判が行われる。

(2) 原始的複数と後発的複数（係争中の訴え）　請求の併合は，当初から複数の請求について審判を開始させるものである。これに対して訴えの変更と反訴（および中間確認の訴え）は，ある請求について審理が進んだ段階で他の請求について審理を開始させるものであり，係争中の訴えという。係争中の訴えによる併合審理によって従前の手続をそのまま新請求にも利用することになるが，これを広く認めると相手側の防御が困難になるとともに，訴訟手続の長期化により複数請求のメリットである審理の効率化が阻害される。したがって後発的複数の場合は原始的複数である請求併合の要件に加えて，後述の独自の要件が必要となる。

また，係争中の訴えが控訴審において提起される場合は，相手方当事者の審級の利益が害されるおそれがあるので特別の考慮を要する。

請求の併合　**(1) 意義・要件**　請求の併合とは，固有の意味では，原告が当初から1つの訴え（1つの訴状による1つの訴え提起行為）をもって複数の請求（複数の訴訟物）について審判を求めることをいう（民訴136条）。請求の併合は次の要件が充足していれば適法であるが，併合要件が緩やかであるのは，併合後，審理の複雑化のために遅延が生じる際には裁判所が

職権で弁論を分離し（同152条），場合によっては一部判決をして弊害を避けることができるからである。

 (a) 数個の請求が同種の訴訟手続によって審判されるものであること（民訴136条）　訴訟と非訟，民事訴訟手続と人事訴訟手続などが異種の手続であるが，法律で特別の定めがある場合は許される（人訴17条など）。

 (b) 法律上併合が禁止されていないこと　関連請求に係る訴えにかぎり併合を認める場合がある（行政事件訴訟法16条1項など）。

 (c) 各請求について受訴裁判所に管轄権があること　ただし，受訴裁判所が1つの請求につき管轄権を有する場合は，他の裁判所の専属管轄に属する請求を除き（民訴13条），本来管轄権のない他の請求についても併合請求の受訴裁判所に管轄権が認められることになる（同7条）。なお，事物管轄は原則として各請求の価額を合算して決められる（同9条）。

(2) **併合の態様**　訴えの併合は，数個の請求の相互関係からみて，次の3つの態様に分けられる。

 (a) 単純併合　複数の請求のすべてについて無条件に判決を求める併合態様である。賃貸物件の返還請求と延滞賃料の支払請求の併合のように，賃貸借契約という基本的法律関係から派生したものから，売買代金請求と貸金返還請求の併合のように，両請求の間に何ら法律関係がないものまで広く認められる。物の引渡請求とその将来の執行不能の場合の代償請求の併合は両請求の請求認容判決を求めるものであり，現在の給付の訴えと将来の給付の訴えの単純併合である。

 (b) 予備的併合　第1順位（主位的）の請求が認容されないときは第2順位（予備的・副位的）の請求について審判を求めるというかたちで，数個の請求に順位をつけて審判を求める場合である。売買代金の支払いを請求しつつ，もし売買契約が無効であるならば引き渡した目的物の返還を予備的に求めるなど，一般的には，各請求が両立しえない場合にのみ予備的併合は許されると解されている（実務上は両立する場合も容認）。この場合，裁判所は主位的請求を認容する限り予備的請求については判断する必要はないが，主位的請求を排斥した場合は，さらに予備的請求について審判しなければならない。

(c) 選択的併合　　併合請求のうち，いずれか1つが認容されれば他について審判を求めないという趣旨で，数個の請求につき審判を求める形態である。裁判所は1つの請求を認容する限り，残りの請求について判断する必要はないが，原告を敗訴させるときは，併合請求の全部について審判しなければならない。電車事故の被害者が電鉄会社に対して損害賠償請求する場合，旧訴訟物理論によれば運送契約違反に基づく請求と不法行為に基づく請求とは訴訟物は異なるが，両請求を併合する場合はこの形態となる。新訴訟物理論によれば訴訟物は同一であり，法的観点の相違に過ぎず，併合問題は起こらない。

(3) **併合訴訟の審判**　　裁判所は職権をもって併合要件の具備を調査する。併合要件を欠く場合，訴え全体を不適法却下すべきではなく，請求ごとに別個の訴えが提起されたものとして処理すべきである。

併合が適法であれば，本案につき弁論および証拠調べはすべての請求に共通のものとして行われる。単純併合の場合は，裁判所は必要に応じて弁論の分離をすることができ（民訴151条1項），別々の手続で審理されることもある。ただし，主要な争点が共通である場合（同一建物の所有権確認請求と明渡し請求など）には弁論の分離は許されないとする有力説もある。

併合請求の全部が終局判決に熟すれば全部判決となる（民訴243条1項），単純併合の請求の一部が判決に熟した場合には，一部判決をすることができる（同2項）。予備的併合の主位的請求または選択的併合の1つの請求を認容する判決も，その審級での訴訟の全部を完結するものであるから全部判決であり，控訴があれば，全請求が控訴審に移審する。

訴えの変更　　(1) **意義・態様**　　訴えの変更とは，訴訟の係属中に原告が当初の訴えにつき，その請求の同一性や範囲を変更することであり，訴状の記載事項である請求の趣旨・請求原因の一方または双方を変更することによって行われる（民訴143条）。

訴えの変更の態様として，従来の請求に新請求を追加する追加的変更と，従来の請求に代えて新請求を追加する交換的変更がある。所有権確認請求に所有権に基づく返還請求を追加する場合が前者であり，物の引渡請求を，その物の滅失による損害賠償請求に代える場合が後者である。追加的変更の場合は広義

の訴えの併合となり，さらに単純併合，予備的併合，選択的併合に区別されることとなる。

(2) 訴えの変更の要件　(a) **事実審の口頭弁論終結前であること**（民訴143条1項本文）　控訴審においても訴えの変更は許される（同297条）。なお，上告審につき，判例がある（最判昭61・4・11民集40巻3号558頁）。

(b) **請求の基礎に変更がないこと**（民訴143条1項本文）　訴えの変更が後発的複数請求であることの問題点を回避し，合理的な範囲にとどめるための要件である。「請求の基礎」が何を指すのかについては諸説があるものの，旧請求と新請求の併合により，事実資料が継続的に使用されることによる原告の利益と被告の不利益の双方が考慮されなければならない。したがって，この要件が被告の保護を主眼としている点で，請求の基礎に変更がある場合でも被告が同意するかまたは異議なく新請求に応訴すれば，訴えの変更は許されるとするのが通説である。被告の陳述した事実に基づいて訴えの変更をする場合も同様である。

(c) **著しく訴訟手続を遅延させないこと**（民訴143条1項但書）　新請求の審判につき従来の資料があまり利用できず，そのために手続が著しく遅延するおそれがある場合は，別訴によるのが適切である。この要件は被告の利益のみならず，公益的な訴訟経済の側面を有するため，これを欠く場合には被告の同意があっても変更を許すべきでない。

(d) **訴えの併合の一般的要件を具備していること**。

(e) **交換的変更の場合，旧請求の撤回について，訴えの取下げの場合と同様，被告の同意が必要である**（民訴261条2項，通説）。

(3) 訴えの変更の手続　(a) 訴えの変更は書面によることを要する（民訴143条2項）。この書面は被告に送達されなければならず（同3項），これによって新請求につき訴訟係属が生じる（なお，時効中断等の効力発生時期につき，民訴147条参照）。

(b) 裁判所は，訴えの変更の有無または適法性について職権で調査する。訴えの変更でない（攻撃防御方法の変更にすぎないなど）と認めれば，そのまま審理を続行する。訴えの変更の要件を欠き不適法であると認めるときは，当事者の

申立てまたは職権で変更を許さない旨の決定をし（民訴143条4項），従来の請求について審理する。この決定については独立の不服申立ては許されない（同283条参照）とするのが通説判例である。訴えの変更を適法と認める場合は，その内容に従って新請求について審判する。従前の弁論・証拠調べは新請求の審理に利用される。

反訴　(1) **意　義**　訴えの併合・変更が原告に認められているのに対応して，被告にも訴訟の係属中に原告に対する請求の併合審判を求めることが認められている。この被告による係争中の訴えを反訴という（民訴146条）。反訴には，単純な反訴と，本訴が排斥（訴え却下または請求棄却）されることを解除条件として反訴請求について審判を求める，予備的反訴がある。売買代金請求の本訴に対して請求棄却を申し立てるとともに，本訴請求が認容されるならば，売買の目的物の引渡請求につき審判を求める例がこれにあたる。

(2) **反訴の要件**（民訴146条）　(a) 本訴が事実審に係属し，かつ口頭弁論終結前であること　控訴審での反訴については，原則として本訴原告の同意または応訴を必要とする（同300条）。これは反訴の相手方の審級の利益を考慮したものであるから，判例は反訴請求について第1審で実質上審理がなされている場合には同意が不要としている（最判昭38・2・21民集17巻1号198頁）。

(b) 反訴請求が本訴請求またはこれに対する防御方法と関連すること　抵当権設定登記請求の本訴に対する，被担保債権不存在確認請求の反訴が前者の例であり，代金支払請求の本訴に対して防御方法として反対債権による相殺の抗弁を主張するとともに，反対債権のうち対等額を上回る部分の支払請求の反訴を提起することが後者の例である。なお，この関連性の要件も相手方の利益保護の観点に基づくから，原告の同意があれば不要である。

(c) 反訴請求が他の裁判所の専属管轄に属しないことなど，訴えの併合の一般要件を具備していること，および著しく訴訟手続を遅滞させないことは訴えの変更の要件と同一である（なお，特許権等に関する訴えにつき，民訴146条2項参照）。

(3) **反訴の手続**　反訴の提起は本訴に準じ（民訴146条3項，規則59条），反

> **📖 オアシス11-1　占有の訴えと本権の訴え**
> 　所有者が物の引渡しを求める場合，所有権に基づく請求と同時に占有権に基づく請求もできる。旧訴訟物理論では各訴訟物は異別であるので，所有者が併合請求を求めた場合には選択的併合になるとする。新訴訟物理論では法的観点の違いにすぎず訴訟物は1個であるとし，占有の訴えと本権の訴えとは互いに相妨げることがないとの民法の規定（民202条1項）は占有権に基づく請求権と本権に基づく請求権とは別物であることを明示しているにすぎないと反論する。
> 　また，民法は同条2項で占有の訴えにおいて本権に関する理由に基づいて裁判をすることを禁じている。占有回収の訴えでは被告が防御方法として所有権を主張することができないのである。それでは占有の訴えに対して本権に基づく反訴を提起して併合審理を求めることができるであろうか。通説・判例はこれを認める（最判昭40・3・4民集19巻2号197頁）。占有の迅速な保護を強調すれば反訴は許されないことになろうが，被告が別訴を提起することまで禁じるものでないので，占有の訴えで勝訴したとしても，別訴で敗訴した場合，占有権者の実際上の利益は大きくない。また，反訴を認める場合も本訴・反訴とも請求認容の場合は，反訴の所有権に基づく妨害排除請求を原告の占有回収を条件とする将来の給付請求とみなす裁判例や学説もあるが，占有回収の執行は無益ではないかとの反論もあり，未だ決着を見ない。

訴状を提出してなされる。反訴の要件を欠く場合，終局判決をもって反訴を却下すべきであるとするのが通説判例であるが，有力説は，独立の訴えとしての要件を満たしているかぎり，別個の訴えとして取り扱うべきであるとする。反訴が適法であれば本訴との併合審理がなされる。反訴請求についての弁論の分離や一部判決は，予備的反訴を除き，必要があれば許されるとするのが通説であるが，関連性のある反訴については制限的に解すべきであるとの見解も有力である。本訴取下げ後は原告の同意なしに反訴を取り下げることができる（民訴261条2項但書）。

中間確認の訴え　　　**(1) 意　義**　中間確認の訴えは，訴訟係属中に本来の請求の当否の判断に対し先決関係にある法律関係の存否について，原告または被告が追加的に提起する確認の訴えである（民訴145条）。訴訟上の請求の判断に対し先決関係にある法律関係の存否は判決理由中で判断されるので既判力が生じないが（同114条1項），その存否について同一の訴訟手続を利用して既判力による確定を得られるようにしたのがこの手続である。

所有権に基づく引渡請求訴訟において所有権の確認を求める場合や，利息請求訴訟において元本債権の存否の確認を求める場合などがこれにあたる。原告が提起する場合は訴えの追加的変更であり，被告の場合は反訴そのものであるが，先決関係にある法律関係の存否に対する既判力による確定という特殊な意義から，別に定められたものである。

(2) 要件・手続 (a)訴訟の審理中に当事者間で争われ，かつ本来の請求の当否の判断に対して先決関係にある法律関係の積極的または消極的確認を求めるものであること，(b)訴訟が事実審に係属し，口頭弁論終結前であること，(c)訴えの併合の一般要件を具備していることが要件である（なお，特許権等に関する訴えにつき，民訴145条2項参照）。

訴えの提起には書面によることを要し，相手方に送達されなければならず，また，その後の審判は訴えの変更または反訴の手続の場合に準ずる。

Ⅱ　多数当事者の訴訟

1　多数当事者紛争の訴訟形式

多数当事者訴訟の意義　　多数当事者訴訟（multiparty litigation）とは，3名以上の者が同時にまたは時を異にして手続関与する訴訟のことである。また，多数当事者紛争とはかかる訴訟形態に持ち込まれる対象となるべき紛争をいう。

さしあたり，土地の境界をめぐる紛争を描いてみよう。そこでは，東隣の相手方との境界争いは，土地面積との関係から西隣の第三者との境界争いにも発展しかねない。このように，私人間の紛争は，ときに玉突きにも似た連鎖性や多面性を有することがある。また，現代資本制社会における高度な社会的経済的生活下で生ずる現代型紛争は，大量生産→大量流通→大量消費などの過程で発生する被害の同時多発性にみられるように，しばしば集団性をも有する。

こういった連鎖性・多面性・集団性を帯びた多数の人々の入り混じった紛争（多数当事者紛争）は必然的に複雑な訴訟形態（多数当事者訴訟）と結び付くことになる。このような多数当事者紛争を1つの多数当事者訴訟の中で解決を図る

メリットは，共通の争点について統一的な審判が可能となることにある。これは当事者にとって便宜であるばかりか，判決の矛盾・牴触を回避でき，訴訟経済にも資することになる。そこでここでは，これらの訴訟形態の基本型を示すことを目的とする。すなわち，2名以上の当事者が同じ側で共同して（実質的な利害関係が対立する場合もある）訴訟に関与する「共同訴訟」，在来の訴訟に第三者が積極的に加入してくる「訴訟参加」，および訴訟係属中に当事者が変更になる（交替および併存）「訴訟承継」・「任意的当事者変更」を扱う。

多数当事者紛争と選定当事者訴訟　多数の者が共同の利害関係を有する場合，全員を訴訟当事者とする共同訴訟となるほかないとすれば，当事者にとっても，裁判所にとっても，まことに煩わしい。この場合，一部の者だけで訴訟追行ができ，その結果を他に及ぼしうるならば便宜である。そこで，自らは訴訟当事者とならず，その代わりに選定当事者を選定することが認められている（民訴30条）。このような選定当事者による訴訟（選定当事者訴訟）は，共同訴訟の特則によるもので，訴訟関係の錯雑化を防ぐため，共同の利害関係を有する者を訴訟追行者として任意に選定すること（授権行為）によってなされる任意的訴訟担当の1つである。もちろん判決効は選定者に拡張される（同115条1項2号）。

この選定当事者制度は，大正15年改正の際に新設されたもので，諸外国に例をみないユニークなものといわれている。もともとこの制度は，入会紛争などを考えていた。しかし，今日，その妥当性領域は任意の授権ということで限られてはいるが，一般的に，集団紛争に対し統一的な解決をもたらしうる各種の訴訟方式のなかの一部を形成するものといってよい。そのため，アメリカのクラス・アクションなどと関連させての議論も展開され，注目されていたが，この制度の活用はむしろ低調であり，さらなるあらたな制度の改正が試みられようとしている（集団的消費者被害救済のため，特定適格消費者団体による損害賠償請求訴訟を可能とする制度の創設）。

なお，選定当事者制度の改革では，訴訟係属中であっても，当事者と共同の利益を有する第三者は従前の当事者を選定当事者とすべく選定行為をなしうることとされた（民訴30条3項）。

さらに、選定当事者制度とは直接に関係しないが、大規模訴訟（当事者が著しく多数で、かつ尋問すべき証人または当事者本人が著しく多数である訴訟）において、通常の審理とは異なる困難さがあるため、新法は、受命裁判官による証人等の尋問や裁判官五名の合議体を可能にするといった特則を設け（民訴268条・269条）、適正かつ迅速な審理の実現をめざす。その際、進行協議期日等を利用した計画審理を要請する（同147条の2以下）。

2　共同訴訟

共同訴訟の意義とその発生形態　　共同訴訟とは、原告または被告の少なくともどちらかが2名以上の場合の訴訟形態をいう。環境訴訟などでしばしばみられる集団訴訟はこの共同訴訟にあたる（大阪空港4次訴訟は、原告3,694名のマンモス訴訟であった。）。共同訴訟は、統一的な審理や裁判を目的とする。裁判所および当事者双方にとって時間・労力・費用を節約できて経済的であるばかりか、裁判が相互に矛盾することを避けうる長所がある。しかし、この訴訟形態は、バラバラの紛争（訴訟）を一束にしている側面があり、その場合、集団のサイズが大きくなりすぎると、かえって訴訟運営上の困難を伴いがちでもある。選定当事者制度（本書207頁）はこういった錯雑化を回避する1つの方策ということができる。

　ところで、共同訴訟は、同一当事者間における複数請求訴訟を訴えの客観的併合というのに対し、訴えの主観的併合とも呼ばれるが（沿革的には両者はかつて区別されていた）、これは通常、提訴時から共同訴訟である場合（1通の訴状に数名の当事者を記載）をいう。提訴後、後発的に共同訴訟となる場合として、弁論の併合（民訴152条）・共同訴訟参加（民訴52条、会社849条1項、民執157条1項）・数名の相続人による訴訟承継などがある。かかる後発的な場合、ことに弁論の併合による場合に、併合前の訴訟資料・証拠資料が当然に共通の判断資料となると解するときは、従前の証拠資料の形成について関与していない当事者への手続保障が問題となるほか、弁論についても、不関与当事者の防御権行使に配慮しなければならない。

第11章　複雑な訴訟

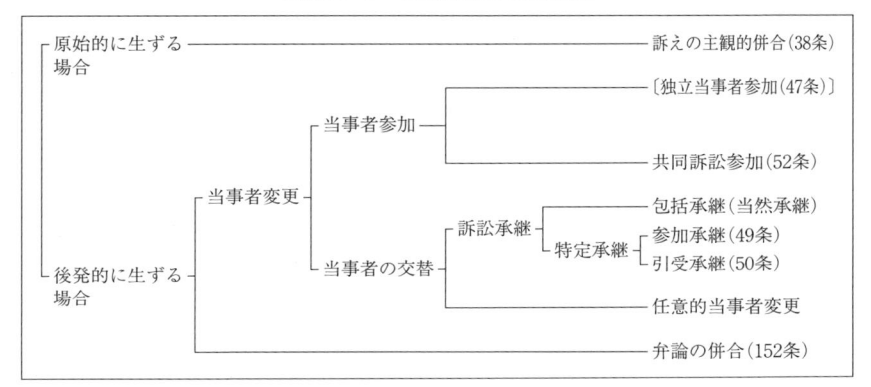

図表11-1　共同訴訟の発生形態

```
原始的に生ずる ──────────────────── 訴えの主観的併合(38条)
場合
                          ┌─ 当事者参加 ┬─ 〔独立当事者参加(47条)〕
                          │              └─ 共同訴訟参加(52条)
          ┌─ 当事者変更 ─┤                         ┌─ 包括承継(当然承継)
後発的に生ずる              │              ┌─ 訴訟承継 ┤         ┌─ 参加承継(49条)
場合                       └─ 当事者の交替 ┤          └─ 特定承継 ┤
                                          │                      └─ 引受承継(50条)
                                          └─ 任意的当事者変更
          ────────────────── 弁論の併合(152条)
```

共同訴訟の種類と一般的要件　このような共同訴訟には、判決が区々となってもかまわない場合と、それが法律上許されない場合とに分かれる。前者を一般的な形態とみて、通常共同訴訟といい、後者を必要的共同訴訟と呼ぶ。必要的共同訴訟はさらに、共同訴訟人として全員が登場しなければならないかどうかで固有必要的共同訴訟と類似必要的共同訴訟とに分かれる。具体的な訴訟がこれらのいかなる類型に該当するかは、ときに困難な問題となる。また、各類型によって異なる効果が結び付けられているが、このような形式的な枠組思考に批判もある。

　ところで、共同訴訟として扱われるには、そのための要件を満たさねばならない。必要的共同訴訟以外の場合には、請求の併合が伴うから、民訴法136条の要件が加わるが（なお、同一裁判所の訴訟手続であっても審級の異なる事件の併合は許されないことに注意）、一般には民訴法38条の要件充足が必要である。これを主観的併合要件（相手方からの異議をまって審査すれば足りるため、職権調査事項ではないが、訴訟要件の一種である）と呼ぶが、併合審理を合理化するに足る各請求間の関連性につき、法は3つの場合を例示する。すなわち、訴訟の目的たる権利義務が、①共通である場合、②同一の事実上および法律上の原因に基づく場合、③同種であって、事実上および法律上同種の原因に基づく場合、である。具体的には、数名の連帯債務者に対する支払請求は①に、同一事故に基づ

く数名の被害者による損害賠償請求は②に，数通の手形の各振出人に対する各手形金請求は③にそれぞれ該当する。

このような各請求間の関連性からみて，相共同訴訟人の証人適格は認められず，その場合は当事者尋問の方法によることとなる。もっとも，主観的併合要件を欠くときも被告の異議がなければ共同訴訟が認められるのであるから，つねに証人適格を否定できるかは疑問である。

通常共同訴訟 通常共同訴訟は，個別訴訟の併合形態であるから，建前として，判決が各共同訴訟人ごとに区々となっても差支えない。併合要件を欠くときは事件を分離すれば足り（厳密には，弁論の分離とは区別され，共同訴訟関係そのものの解消をいう），訴えを不適法却下すべきではない。また，逆に，併合要件を充足するときであっても，裁判所が審理の便宜のため，弁論を分離（民訴152条1項）することも一般に認められている。しかも，必要的共同訴訟と異なり，共同訴訟人独立の原則（同39条）が支配し，各共同訴訟人には自由な処分権能が認められているから，統一的審判は法律上何ら担保されておらず，事実上期待されるにとどまる（同一期日で弁論・証拠調べがなされる限りで，審理の重複を回避し，共通の心証形成を図りうる）。

(1) **通常共同訴訟と主張共通原則・証拠共通原則** このようにみてくると，通常共同訴訟人間には，対立当事者間に妥当するいわゆる主張共通の原則や証拠共通の原則は本来働かないといえる。しかし，通説・判例は自由心証主義を背景として，認定事実は1つしかないことをテコに証拠共通を認める（無論，他の共同訴訟人の反対尋問権等は保障されなければならない）。また，主張共通については弁論主義との関係で消極に解するのが一般的であるが，相共同訴訟人が一定の主張をした場合，これと抵触する行為を積極的にしないときは（独自の処分を保障されているのに積極的な処分をしないのであるから），その主張が他の共同訴訟人にとって有利であるかぎり，その者にもその効果が及ぶ（それによって相手方当事者に不意打ちを与えることにはならない）との見解などが有力に展開されている（なお大阪高判昭50・4・24判時784号72頁は判決の反射的効果が有利に及ぶ関係にある場合に，有利な抗弁主張の共通を認めている）。このような見解が生じる背景として，もともと請求間の関連性に濃淡がある通常共同訴訟すべてに

共同訴訟人独立の原則を一律適用することに無理のあることが指摘できよう。すなわち，通常共同訴訟とされる場合にも各請求間の関連性は，相互に緊密なものから，ほとんど直接の関連性を欠くものまで種類雑多である。紛争の実態を直視すれば，独立原則を形式的画一的に適用し，共同訴訟人間の足並みの乱れを認めることが不当な場合も少なくない。一定の場合，共同訴訟人間に特別の参加申立てがなくとも補助参加関係を認める「当然の補助参加関係理論」（兼子・民訴法体系386頁，399頁。最判昭43・9・12民集22巻9号1896頁は反対）は，そのための1つの解釈論的努力のあらわれであった。このように通常共同訴訟のなかで修正を試みるかはともかくとして，旧来の形式的な枠組思考にとらわれず，紛争実態をふまえた共同訴訟論の再構築が望まれる。

（2）　同時審判申出訴訟　　通常共同訴訟として提訴された場合で，共同被告に対して択一的な請求が定立されているときは，原告には同時審判の申出という権能が与えられる（民訴41条）。たとえば，代理人による契約で，契約本人に対してはその履行を，代理人に対しては無権代理の場合のその責任履行を求めるといった事案で利用可能である。事実審の口頭弁論終結時までに申出をすればよく（同条2項），申出の撤回もそれまではいつでもできる（規則19条1項）。

必要的共同訴訟　　（1）　緒　説　　必要的共同訴訟では，各共同訴訟人すべてにつき判決内容を合一に確定するため，法律上，統一的な訴訟追行（訴訟資料と訴訟進行の各統一）が要請されている。すなわち，相共同訴訟人のなした有利な行為（ことに否認や抗弁主張）は全員に効力を生じるが，不利な行為（自白，請求の放棄・認諾等）は全員がしないと効力を生じない（民訴40条1項）。ただし，相手方の利益保護のため，共同訴訟人の1名に対する訴訟行為は，すべて他の共同訴訟人全員につき効力が生じる（同2項）。また，共同訴訟人の1名につき手続の中断・中止原因があれば，全員について訴訟の進行が停止する（同3項）。

この必要的共同訴訟には，利害関係人全員が当事者とならなければ当事者適格を欠き，訴えが不適法却下される固有必要的共同訴訟と，各自が単独で当事者適格を有するものの，共同訴訟となった以上は法律上統一的な審判が要求される類似必要的共同訴訟とがある。いずれの場合も併合が法律上担保され，一

部判決を許さない。要するに、訴訟共同と判決の合一確定がいずれも要請されるのが固有必要的共同訴訟であり、後者のみ要請されるのが類似必要的共同訴訟である。いずれも要請されないとされるのが通常共同訴訟であった。

　(2) 上訴しない一部の者の法的地位　上訴提起については問題が多い。民訴法40条は総則規定として、共同訴訟の成立を前提としているから、立法者の主観的な意図とは異なるが、上訴提起そのものには適用も類推適用もなく、判決内容が単一であるべきがゆえに期間懈怠の効果が不発生となるだけであるとの指摘があるほか、そもそも上訴は一般的に有利な行為といえるのかとの疑問が強い。ところが、かつて、最高裁は、住民訴訟で敗訴原告らのうち一部が控訴したため、控訴審では一部の者のみを控訴人と表示して判決した措置につき、これは類似必要的共同訴訟であるから、一部の者がした上訴は他の共同訴訟人に対しても効力を生ずるとして、違法である旨を判示した（最判昭58・4・1民集37巻3号201頁）。これには反対意見もある。すなわち、類似必要的共同訴訟一般はともかく、住民訴訟にあっては、一部の者の上訴により他の者が上訴人としての地位を取得するものではなく、いわば脱退して判決効を受ける地位にあるにとどまる、と。

　この点につき、テヒョー草案〔ドイツ語原文〕66条では、「たとえ共同訴訟人の一名だけが上訴を提起したとしても、上訴審のより有利な判決は、すべての共同訴訟人に利益となる」とあり、判決の効果のみ有利に及ぶとして、必ずしも上訴しない者まで上訴人となるとはみていない。ところが、日本語訳では、「共同訴訟人中上訴スル者アル時其利益ハ他ノ上訴セサル者ニ及フモノトス」とあり、上訴提起自体の効果が上訴しない者に及ぶようにも読め、その点がより曖昧となっている。事実、その後のわが国の圧倒的通説は、かかる利益のなかに上訴提起をも含ましめ、必要的共同訴訟においては、上訴しない者も上訴人となると解したのであった。「緩和された形式での選定当事者」と構成する見解も主張されている。上訴しない者をつねに上訴人として表示すべしとするのは、何とも不自然なことというべきである。なお、上訴人としての表示の問題と、上訴しない者に上訴人としての権能・義務を与えるかどうかは、一応区別されるべき問題である。

その後，最高裁は判例変更した（最大判平9・4・2民集51巻4号1673頁）。すなわち，複数の住民が提起した住民訴訟（愛媛玉串料訴訟）において，これを類似必要的共同訴訟とし，上訴審の判決効は上訴をしなかった者にも及ぶが，上訴しなかった共同訴訟人は上訴人とはならず，また上訴者のうちの一部の者が上訴を取り下げた場合，その者は上訴人ではなくなる，とする。正当である。

(3) **類似必要的共同訴訟** たとえば，株主総会決議取消訴訟のように，各自は単独で当事者適格を有するが，判決効の第三者への拡張があるときは（兼子・民訴法体系385頁以下は，一種の反射的効力の及ぶ場合もこれに準ずるとする。債権者の主債務者・保証人に対する各請求の場合はこれに含めてはいない。が，その場合の反射的効力を承認する以上，類似必要的共同訴訟に準ずるといえそうである。そうなると主張共通が妥当し，「当然の補助参加関係理論」とは，相共同訴訟人の自白や上訴権の放棄といった牴触行為がない場合には，同一の結論を導くこととなり，後者の理論は不要となる。おそらく反射的効力を使い分けているのであろう），共同訴訟である以上，判決の相互矛盾は回避されなければならない。別訴が提起されたときはどうであろうか。すでに係属している訴訟の判決の効力がこの者にも及ぶという意味で当事者も同一にしており，二重起訴の禁止に牴触すると解する余地もある。しかし，統一的審判の要請は別訴提起の場合にも貫徹されるとみて，前の訴訟に併合すれば足りると解しうる。その限りで，法律上，併合が強制されうるといえよう。

ところで，通常共同訴訟では，建前として共同訴訟人独立の原則が妥当し，判決の合一確定を予定しない。なるほどこの場合，二当事者対立構造を基本とし弁論主義をとる訴訟制度の下では，紛争の相対的解決も当然で，論理的に矛盾する判決もやむをえないともいえよう。しかし，実体法論理からみて不完全ながらも合一確定の関係にあるとき（たとえば，主債務者・保証人に対する訴訟の場合）に独立原則を貫くのは，いかにも坐りが悪い。そこで，独立原則修正論や当然の補助参加論のほか，類似必要的共同訴訟の枠組を拡張していくことも1つの方法である。前述のように，これまで通常共同訴訟とされてきたものに，独立原則を一律適用することには無理がある。そこで「準必要的共同訴訟」とみて，併合されたかぎりで，民訴法40条を準用するとの見解も主張されてい

る。しかし，別訴のときは矛盾してもやむなしと言い切るのは問題である。端的に，類似必要的共同訴訟の中にとり込んだうえで，併合強制を働かせ統一審判を実現していくべきである。もちろん，その枠内であっても従来型のものとは区別されねばならない。ことに一部判決の可否についてはキメ細かく検討すべきである（たとえば，対保証人との訴訟につき一部判決をすることは附従性という実体法論理との関係で問題とされる。一部判決がなされたために生じた問題として，最判昭51・10・21民集30巻9号903頁。具体的な事件を離れて，主債務・保証債務のケース一般を論ずるべきではあるまい）。

また，たとえば，同一不法行為の被害者らの損害賠償請求の場合は，被害者らが原告として共同提訴した限りでは統一的審判が一応保証され，裁判所は原則として弁論の分離や一部判決をなしえないものとも解しうる。

このようにみてくると，共同訴訟一般の従来の枠組みを次のように解釈上において再編成することが考えられる。すなわち，(a)別訴は許されず，訴訟共同が強制され，判決も完全な合一確定が要求される（完全一体の紛争），(b)(i)別訴は許されるものの（二重起訴の点は度外視），事件の併合が強制されつつ，つねに実体論理から統一的判断が要請されるか（実体論理における完全統一紛争），(ii)併合されるものの，実体論理からみて必ずしも統一的判断が要請されない（実体論理における不完全統一紛争），(c)別訴がなされても併合強制されないが，共同提訴の限りでは，裁判所による弁論の分離が原則として許されない（事実における統一紛争），(d)別訴も許され，併合強制もなされず，共同提訴のときも弁論の分離を自由になしうる（まったくバラバラの個別紛争）といった段階である。主債務・保証債務のケースは，実体論理の帰結として判決の合一確定が不完全である（主債務者のみが勝訴することもあり〔免責の主張〕，保証人のみが勝訴することもある〔保証債務の無効〕）かぎりにおいて，(b)-(ii)に属する。民訴法40条の準用のしかたに絡むが，そのかぎりで訴訟進行の統一も後退するとみてよい。

ちなみに，こうした点につき，択一的な請求関係にある通常共同訴訟において，法は原告の申出（同時審判の申出）により，弁論および裁判の分離は許されないものとする（民訴41条）。訴えの主観的予備的併合の許否の議論とも関連する（本書216頁以下）。

(4) **固有必要的共同訴訟**　前述のように，利害関係人全員が共同してのみ当事者適格が認められる場合である。たとえば，数名の破産管財人のいる破産財団関係訴訟（破76条1項），対外的に入会権の確認を求める訴訟（最判昭41・11・25民集20巻9号1921頁。対内的に入会権の確認を求める場合は固有必要的共同訴訟ではない。最判昭58・2・8判時1092号62頁）などがそうである。一般に，学説・判例は固有必要的共同訴訟の範囲を限定し，個別訴訟を広く認めていく傾向にある。これに対し，個別訴訟では紛争の抜本的解決にならないとして，逆に固有必要的共同訴訟の拡張をいう見解もある。この立場は，紛争の一回的・統一的解決の要請から，実体法的性質により固有必要的共同訴訟か否かを決することを排し，訴訟政策的な観点からの利益衡量をふまえて，この枠組を弾力的に解していこうとするものである。このような訴訟法的アプローチは，実体法体系との整合性を捨てるものであり，訴訟も権利行使の1つの場であるだけに問題が多い。

　ところで伝統的見解を前提とすれば，固有必要的共同訴訟は関係人全員の足並みが揃わないと当事者適格が認められない。これは場合によっては原告に酷を強いることとなる（被告側のときは主観的追加的併合〔本書216頁〕が可能である）。そこで，アメリカ法のクラス・アクションの構成を応用し，欠けた者の利益が当事者となっている残部の者によって適切に代表されているか，審理の充実度や判決の客観的正当性の手続的保障は十分か，といった訴訟法的なファクターに基づいて救済したり，あるいは共同提訴しない者を被告に回して訴えを提起すればよいといった見解がみられる。しかし，前者では欠けた者に判決効が及ぶ理由が不透明であり，手続的保障も十分とはなりにくいと思われる。後者は非訟的な性格をもった紛争であればともかく，わが国の法体系とどう調和するかといった問題があり，いささか便宜的すぎると思われる。利害が共通する以上，やはり原告側とすべきであろう。とすると，現に共同提訴した者が欠けた者をも法的に代表しているという構成でなければならない。これは訴訟担当である。しかし欠けた者の授権はないから，従来の任意的訴訟担当ではカバーできない。そこで，共同提訴しない者に提訴共同の催告をなし，これに不当に応じない場合には，その者の訴訟担当者としての地位を取得すると解することが

できよう。後述の訴訟告知をもって催告に代えることも，次善の策として肯定してよいであろう。このような訴訟担当は，任意的訴訟担当にみられる私的自治の原則を修正する原理に基づくものであって，受益者が受託者に代位する場合の信託理論にもよく合致するといえ，他との関係で十分に機能しない者からの代表権限（管理権）取得のメカニズムとして一般的に説明できよう（玉つき理論）。

(5) **共同所有関係をめぐる紛争**　共有物分割請求訴訟（民258条）が固有必要的共同訴訟であることに異論はない（他の共有者全員を被告とする）。しかしたとえば，共同相続人の一部を欠落した訴訟（最判昭43・3・15民集22巻3号607頁は通常共同訴訟とみて適法とする。同旨，最判昭45・5・22民集24巻5号415頁），あるいは共同所有関係の確認，共同所有関係にある一部の権利者による妨害排除請求等のときは，その共同所有形態（総有・合有・共有）とも絡んで問題となる。一般的には個別訴訟を認める傾向が強い。

(6) 特殊な共同訴訟の形態として，訴えの主観的追加的併合と訴えの主観的予備的併合とがある。

(a) **訴えの主観的追加的併合**　後発的に共同訴訟となる特殊なものとして，この主観的追加的併合ないし追加的共同訴訟がある。これは，訴訟係属中に在来の原告もしくは被告から第三者に対して，または第三者から原告もしくは被告に対して，新訴を追加的に併合提起する場合をいう。このような併合形態が一般的に認められるかについては，判例は消極である（最判昭62・7・17民集41巻5号1402頁）。規定はないものの，民訴法50条・52条などからみて学説は肯定する方向にある（実務では別訴提起→弁論の併合という間接ルートにより同一の結果に至る）。今後は，かかる併合形態がどこまで認められるかといった要件論のほか，当事者に併合申立権を認めるのか，それとも間接ルートの実務を追認し，すべて裁判所の合理的な裁量に委ねていくのか，といった基本的な問題を解決しておくべきであろう。

(b) **訴えの主観的予備的併合**　併合態様が特殊な場合として，主観的予備的併合がある（主観的選択的併合も問題となる）。これは，数名のまたは数名に対する各請求が実体論理上両立しえない関係にあるときに，共同訴訟として各請

求に順位を付し，先順位の申立てが認容されることを解除条件として後順位を申し立てることにより提訴するものとされる。たとえば代理人による契約の場合，第一次的に本人に対し契約の履行を求め，これが無権代理により棄却されることにそなえて第二次的に代理人に対する請求を併合提起するとか（被告側の予備的併合），債権譲渡の場合に第一次的には譲受人が，かりに譲渡契約が無効とされることを考慮して，第二次的には譲渡人が原告となって支払請求訴訟を提起する（原告側の予備的併合）といった場合である。判例（最判昭43・3・8民集22巻3号551頁）はかかる併合形態を不適法とする（もっとも不適法として却下されるのは，予備的請求にかかる訴えのほうだけである）。その後の下級審裁判例は，この最高裁判決をふまえつつ，とくに予備的被告に不利益でない事案の場合には肯定するものが目立っている。

　問題は予備的被告の地位の不安定さと，上訴との関係で裁判の統一を図りうるかという2点にある。しかし前者については，予備的請求についても主位請求と同時に審理されるはずであり，ただ主位請求が認容されるときは判決を受けられないため（もっとも主位請求を認容すれば予備請求については判断不要とするのが，はたして原告の意思に基づくといえるのか疑問もある），再訴の危険にさらされるが，禁反言等のテクニックを使ってこれを回避しうる。後者との関係でも，通常共同訴訟と類似必要的共同訴訟の枠組みを再編成するか，通常共同訴訟の中で共同訴訟人独立の原則を修正するかなどして，裁判の統一を図りうる。肯定する必要性が大きいことでもあり，結論としては，紛争の実態を素直に反映する，かかる併合形態そのものは許されてよい。なお，たとえ論理的にみて両立しえない請求であっても順位を付さない場合は，不自然さは残るものの通常共同訴訟として適法であることにほぼ異論はない。

　平成8年の改正では，正面からこうした併合形態を適法視する規定は置かなかった。いまだそこまで踏み切るには議論が未成熟とみられたからであろう。その代替策として，同時審判申出訴訟という制度を新たに設けている（民訴41条）。こうした新制度の創設によって，訴えの主観的予備的併合が不適法視されたものと解する立場もあるが，そこまでの立法者意思はなく，理論的にも次元を異にし，賛成できない。

3 訴訟参加の諸相

訴訟参加の意義　（1）　訴訟参加とは，他人間に訴訟が係属している場合に，その結果に関する自己の利益を守るため，訴訟外の第三者が当該訴訟に自ら積極的に加入していくことをいう（この第三者を参加人と呼ぶ）。狭義では，参加承継のように当事者に代わるべき資格で加入していく場合を除き，あくまで独自の資格に基づいて訴訟物に関する攻防に干渉していくことをいう。これには在来の当事者と全く同格の関係で参加する当事者参加（独立当事者参加・共同訴訟参加）とそれ以外の補助参加とに分かれる。

　参加申立てが認められるためには参加要件を充足しなければならないが，その中では，ことに参加の利益が重要である。これは従来から判決結果についての利害関係とみられていたが，判決中心から訴訟追行過程，あるいは紛争過程へと訴訟法学の関心が移るにつれ，手続過程モメントをとり入れた争点ごとの訴訟関与論（訴訟追行過程での利害関係）も提唱されてくるなど，当事者適格論との流動性をも示唆されてきている。

　また一般に，当該参加申立てとしては不適法である場合，他の申立てに転換して適法とみるかという問題がある。形式主義にとらわれることなく，申立人の意思解釈の問題とみて肯定的に解してよいであろう。

　参加はいうまでもなく他人訴訟に関与するところにその特質がある。その場合，さしあたり各種参加制度の趣旨ないし目的・参加の利益・参加人の地位・参加の効力について一体として把握する必要がある。しかし個々の参加制度の形式的な枠組にとらわれて紛争実態を無視すべきではなく，また参加制度相互の機能的な関連を見失ってはならない。さらに，参加人への判決拘束を認めて判決の紛争解決の実効性を高めようとするのであれば，参加人への十分な手続保障が不可欠である。

　（2）　わが国の訴訟参加制度を相対化して考え直すうえでも，他国の制度を知ることは有益である。たとえば，アメリカ法では唯一の任意参加として intervention があり，訴訟外の第三者はこれにより当事者となって訴訟追行するというほかに，わが国の知らない impleader や interpleader という制度を有する。前者は，AがBを訴えたときに，訴外CがBに対して最終的な責任を負う

という場合，BはCに対する請求を定立してCの呼出しを申し立てるというものである（追奪担保請求などのケース）。また後者は，複数の権利主張者から別々に訴えられることによって自分の責任につき矛盾した判断がなされることを回避するため，1つの訴訟に併合して解決を図るというものである。今後の訴訟参加制度を考えるにあたっては，参加によって従来の手続がこれまで以上に不相当に重くなることを避けつつ，なるべくなら関連紛争を同時決着したいという当事者の利益を最大限に尊重していくことも必要となろう（これは第三者の訴訟引込みの問題でもある）。

補助参加

(1) **意　義**　　補助参加とは，他人間に訴訟が係属しているときに，その訴訟の本案判決の結果につき法律上の利害関係を有する第三者が，当事者の一方を補助しこれを勝訴させることによって自己の利益を貫徹するため，訴訟加入する場合とされる（民訴42条）。当事者の一方を助太刀するのであるから，当事者双方に補助参加するということは許されない。ただ，たとえば，共同不法行為のケースのように共同訴訟人間に利害共通と利害対立の実体関係があるとき，相手方当事者と相共同訴訟人に，争点ごとの補助参加をすることも（損害額と過失割合等），理論的には十分考えられることである。

(2) **補助参加人の訴訟上の地位**　　補助参加人は従たる当事者（準当事者）といわれるように，当事者と並んで独自に（自己の目的のため自己の名と計算で）訴訟関与する点では当事者と同様の地位にあるのであって，当事者能力や訴訟能力が要求され，期日の呼出しや訴訟書類の送達も別個になされるが（独立性），他人の訴訟に介入し，これに付随して訴訟追行するという点では本来の当事者ではない（従属性）。当事者適格は問題とされず，証人適格は認められ，判決の名宛人とはならない。参加人に死亡等の手続中断事由が生じても手続は中断しない。なお，参加人の上訴申立ては，被参加人の上訴期間内に限られるとするのが判例（最判昭50・7・3判時790号59頁等）である（民訴45条1項）。

ところで，参加人は被参加人のなしうる一切の訴訟行為（再審の訴えの提起を含む）ができ，その行為の効果は被参加人がしたのと同様である（民訴45条1項本文）。しかし，(a)被参加人のなしえない行為はできないし（同項但書），(b)被

参加人の訴訟行為と抵触する場合は効力を有しない（同2項）。また補助参加の性質上、(c)訴訟自体の処分にかかわる場合（訴えの取下げ・変更等）や被参加人に不利益な行為（自白等）は効果を生じない。被参加人の私法上の形成権（相殺権、取消権、解除権等）の主張をなしうるかは問題である。裁判外で被参加人がすでに意思表示をしているときは異論なく認められるが、補助参加人が訴訟内で直接行使する場合については争いがある。実体法上その権能が認められているとき（民423条・436条2項・457条2項等）はよいとしても、一般に肯定しうるかについては補助参加の性質からみて疑問がないわけではない。しかし、参加人には被参加人勝訴へ導く独自の利益があり、また参加人の直接行使を認めたとしても被参加人はこれをいつでも撤回しうる（訴訟上の形成権行使は判決をまってその効果が生じるため撤回は自由と解すべきである）など、かかる参加人の訴訟行為と抵触する行為によりその地位を守りうる以上、やはり肯定してよいであろう。ただ両説の差は、結局のところ、被参加人が積極的な態度をとらないときに（沈黙、欠席等）生じてくるにとどまる。

(3) **参加人に対する裁判の効力** 本案についての裁判は一定の要件の下で参加人に対して効力を生じる（民訴46条）。参加人が十分に攻撃防御を尽くしあるいは尽くすことが期待しえた事項については、もはや参加人自身を当事者とする後訴でその点についての判断を争うことはできないという趣旨である。この効力の性質については、古くから議論がある。通説・判例（最判昭45・10・22民集24巻11号1583頁）はこれを既判力とは別個の特殊な拘束力（参加的効力）とみる。すなわち、(a)既判力は紛争を最終的に解決し法的安定を図るものであるが、参加的効力は訴訟追行上の責任分担という衡平・禁反言の見地から認められ、したがって、(b)被参加人敗訴の場合のみ問題となり、(c)訴訟追行の具体的経過が顧慮され除外例が認められており、(d)職権調査事項ではなく当事者の援用をまって斟酌され、(e)効力の主観的、客観的範囲も既判力とは異なるものとされる。しかし、近時、手続保障の観点から既判力の根拠を問い直す動きと絡んで既判力説との対立を止揚する見解が有力である（新既判力説）。これによれば、参加的効力説が被参加人敗訴の責任分担ということから判決の効力は参加人・被参加人間に限定していたのに対し、それにとどまらず参加人と相手方当

事者との間にも既判力による拘束力が認められるうえ，被参加人側勝訴の場合にも生じることになる。この見解では，参加人も十分な手続保障を得て判決基礎の形成に関与した以上，その結果たる判決内容の拘束力をも受けるべきだという点に拘束力の正当化根拠がある。

(4) **共同訴訟的補助参加**　民訴法には明文の規定はないが，判決効を受ける第三者の補助参加をとくに共同訴訟的補助参加と呼び，解釈論として一般に認められている。参加の方式は，補助参加そのものであって，ただ参加人の地位の独立性が高められ，より当事者の地位に近づく。不利な判決効を受ける第三者は，当該訴訟に共同訴訟人として参加する当事者適格がないときにも，なるべくその者の利益保護を図らねばならないところから認められている。ただ，このような枠組みを否定する動きもみられる。1つは，判決効拡張の有無という形式的基準をきらい，むしろ通常の補助参加の枠組みの中に吸収してしまおうとするものであり，他の1つは，当事者適格を欠く者にも共同訴訟参加を認めようとする立場である。いずれにしても，第三者の実体的な地位の分析が不可欠である。訴訟上の地位はそれに相応しなければならない。

訴訟告知　訴訟係属中に，当事者から参加をなしうる第三者に，係属の事実を知らせ，防御の機会を与えるとともに，告知当事者の敗訴の際には強制的に参加的効力を負わせ，後で文句の出ないようにするという制度である（民訴53条）。一般には，訴訟告知は当事者の権能であって，実務では訴訟告知の申立てがあれば告知要件を審査することなく，自動的に訴訟告知の書面を送達している。告知要件の有無はその後の告知の効力をめぐる訴訟の中で判断される（最近では，こういった事後的な効力回避方法が被告知者の立場からみて十分ではなく，告知の効力を告知手続の中で事前に確定しておくべきだとの問題提起もなされている。まことに，正鵠を得た指摘といえよう。ただそうなると，裁判所が事前に被告知者との関係での紛争拡散を背負い込むことになるほか，のちの本案審理とそれがどのような関係に立つのか，といった問題が新たに出てこよう。とはいえ，少なくとも，告知要件を明白に欠くときに，告知申立てを却下する扱いは検討されてよいことである）。このような告知によって，被告知者は自己の利益を擁護する機会が与えられることになるが（参加自体は自由），一片の通知書で他人間の判決の拘

束を受けるという強力な効果を生ずるものだけに問題も多い（ことに仙台高判昭55・1・28高民集33巻1号1頁は訴訟告知に強力な矛盾判決防止機能を認めている）。この制度は，ローマ法における追奪担保法理にその起源を有し，その後，他の求償ケース一般に拡大されたという沿革を有するが，この中で欠落していった被告知者側の利益（告知の内容，時期，期日の進行，参加する場合の訴訟上の地位，不参加の場合の効力等）を再検討する必要性も指摘されている。

　訴訟告知の効力として，一般には，参加しえた時点に参加したのと同様の参加的効力が生じるといわれ，さらに手形・小切手に関するときは，いわゆる前者に対する償還請求権の消滅時効を中断する（手70条3項・86条，小51条2項・73条）。かかる規定がなくても，一般的に，訴訟告知には催告と同様の時効中断効が認められ（民153条参照），当該訴訟終了後6か月内に裁判上の請求など民法所定の手続を採れば中断効を維持できると解されている。なお，訴訟告知を判決効拡張への正当性の保障として見直す動きもみられ，訴訟担当を含む当事者適格論，共同訴訟論，訴訟参加論，といった隣接領域をもにらみながらの深化が待たれる。

共同訴訟参加　第三者が原告または被告の共同訴訟人として後から参加してくる場合をいう（民訴52条）。判決の合一確定が要求され，参加後は必要的共同訴訟となる。類似必要的共同訴訟の場合に限定する見解もあるが，固有必要的共同訴訟の場合にも当事者適格の欠缺が，全員揃うことになって治癒するときは認められるべきである。

　株主が提起した株主総会決議取消訴訟に他の株主が原告側に参加するというように，別訴提起に代わる参加であるから，当事者適格が要求される。ただ，まったく新たな訴えの提起というのではなく，従前の訴訟に便乗していくわけであるから，柔軟に解釈する余地がある（たとえば，債権者代位訴訟が提起されているときに債務者が参加する場合は，一般に共同訴訟的補助参加と解されてきたが，たとえ債務者に対して代位権行使による実体的な処分制限を認めたとしても，なお共同訴訟参加を可能と構成しうる）。

　共同訴訟参加は訴訟係属中になされねばならないことは当然であるが，上告審でなしうるかは問題である。まったくの新訴提起というわけではなく，法律

審であってもその限りでの防御の機会は与えられねばならないとすれば，肯定的に解する余地はある。

独立当事者参加　(1) **意　義**　他人間の訴訟の目的となっている権利ないし法律関係につき，第三者とその他人間でも紛争を一挙に統一的に解決するため，第三者が参加する場合をいう（民訴47条）。この場合の訴訟構造を二当事者対立構造の枠組の中でとらえるか，それとも別個に考えるかはかつて争われたところであった。今日では一般に紛争実体を素直に反映するとみられる三面訴訟という後者の考え方がとられている。もっとも参加人が一方当事者に対して請求を定立しない片面的な参加を認めうるかは問題があった（準独立当事者参加）。判例（最判昭42・9・27民集21巻7号1925頁）はこれを否定した。しかし，紛争の実態を無視しかねないものであって，新法はこれを明文で認めることとした（民訴47条1項）。上告審での参加をなしうるかも問題がある。詐害訴訟のときは参加とともに上告できると解する必要性があり，破棄差戻のときは事実審へ事件が移行する可能性もあることから肯定する見解も有力である。しかしまったくの新訴提起であるところからみて疑問である（判例は否定している。最判昭44・7・15民集23巻8号1532頁等）。

(2) この参加には，(a)詐害防止参加（前段）と(b)権利主張参加（後段）とがある。

(a)の「訴訟の結果によって権利を害される」とはどういう場合か，争いがある。この規定は，フランス法の流れをくみ，詐害再審（明治民訴483条）とともに，これを前倒しした手段として制定（同51条）されてきたという沿革を有する。そこで，こういった詐害訴訟防止の趣旨から，当事者がその訴訟を通じ参加人を害する意思をもつと客観的に判定される場合であるという見解が生じてくる（詐害意思説）。また，補助参加と区別するため，判決効（既判力や反射効）が第三者に及ぶ場合に限定する見解（判決効承認説）もみられる。しかし近時では，条文の文言に忠実に比較的ゆるやかに解し，補助参加との連続性をも意識しながら，事実上の権利侵害を受ける第三者にも認めようとする見解（利害関係説）が有力である。法解釈のあり方ともつながってくるが，基本的には詐害意思説に立脚しつつ，むしろ法の欠缺を承認したうえで，要件の思い切った

客観化をめざすべきものと考える。

(b)の「訴訟の目的の全部または一部が自分の権利である」とは，当事者の請求およびそれを理由づける権利主張と参加人自身のそれとが論理的に矛盾する場合をいう。もちろん，参加人の主張において両立しえなければ足り，審理の結果，両立しうると判明しても参加自体は適法である。

(a)，(b)のいずれかの要件を満たさなければ本申立てとしては不適法となり，問題はあるが，終局判決により却下するというのが通説・判例の立場である。なお，参加人の意思に反しないかぎり，補助参加の申立ての限りで認めることも許されると解する。

(3) **訴訟脱退者に対する判決の効力**　独立当事者参加後，従前の当事者の一方は，相手方の承諾を得て訴訟から脱退することができ，この場合，判決の効力はその脱退者についても生じる（民訴48条）。脱退により二当事者訴訟へ還元されるが，脱退の性質・要件・効果についてはすこぶる問題が多い。

一般的には，脱退は自己の立場を全面的に参加人と相手方との結着にまかせ，これを条件として参加人および相手方と自己との間の請求について，予告的に放棄（原告の脱退）または認諾（被告の脱退）する性質の訴訟行為とされる。この場合，脱退者が受ける判決の効力とは，いずれかの勝訴により現実化した放棄または認諾の効力である。したがって参加的効力ではなく，脱退者との間の請求内容に応じた既判力や執行力であるといわれている。しかし，脱退当事者にとって多様であるべき脱退の趣旨を，一面的に割り切るのは行きすぎであり，脱退者の意図するところにふさわしい法的構成が望まれる。とすれば，場合によっては単なる防禦権の放棄にとどまり，脱退者に対する請求が残存しているとみるべき場合も十分ありうるといえよう。

(4) **敗訴者の一方のみの上訴と上訴審の審判対象**　独立当事者参加は三面訴訟であるから，敗訴者の一方だけが上訴した場合であっても，全員の請求についての判決の確定が遮断され，全請求が移審し（民訴47条4項により40条準用），上訴しない敗訴者の敗訴部分も合一確定の必要があるかぎり審判対象となるとされる（最判昭50・3・13民集29巻3号233頁等参照）。この他方の敗訴者は，上訴の相手方ともされていないため，上訴審でいかなる当事者（上訴人か被上訴人か）

の地位を与えられるか問題となるが，上訴審の審判対象の問題と連動させる必要はないと考える（本書212頁参照）。結局のところ，それは当事者の表示のしかたにすぎず，上訴審の審判対象を不利益変更禁止の原則（申立て拘束の原則にも親和的である）と合一確定の要請との関係から，どこまでその例外が許されるか，という観点からつめていく必要がある。

4　訴訟承継

訴訟承継制度　**(1) 意　義**　訴訟は時間がかかるものであるから，その間に紛争主体にかかわる実体法上の権利関係に変動が生じ，そのために従来の当事者間ではもはや紛争の実質的な解決がなしえなくなる場合がある。たとえば，相続が開始したり，当事者が係争物を譲渡したりする場合である。このような場合に当事者の交替を許し，しかも従前の当事者間でなされた訴訟追行の結果をそのまま新当事者に引き継がせるのが，この訴訟承継制度である。紛争解決の実効性を確保できるばかりか，訴訟経済にも合致し，当事者の既得的地位を保障し，当事者や第三者との間での衡平をはかりうることとなる。これには，相続や合併のような当事者の地位の包括承継がある場合（当然承継）と係争物の譲渡などのように当事者の地位が特定的に第三者に移転する場合（特定承継といい，訴訟承継のしかたとして参加承継と引受承継とがある）がある。前者では紛争主体の変更が自動的に訴訟に反映されることになるが，後者では新主体からの参加申立て（参加承継の場合）ないし従来の当事者からの引受申立て（引受承継の場合）をまって訴訟に反映されることになる。

(2) 特定承継の問題点（当事者恒定主義と訴訟承継主義）　ローマ法では係争物の譲渡自体が禁止されていたため，特定承継の問題は生じなかった。しかし，このような取引の自由の制限は，訴訟が長びくことからみても耐えられるものではない。近代では係争物の譲渡は自由になった。しかし，これを訴訟に反映させるか否かは別問題である。ドイツ法は当事者恒定主義を採用し，原則として従来の当事者がなお訴訟追行をなしうるものとし，承継人に判決の効力を拡張することとしている。

わが明治民訴法は，この点についての規定を欠き，紛争解決の実効性の点で

大いに問題があった。その後明治36年の改正草案（法典調査会案）は，ドイツ法にならって当事者恒定を原則とする規定を置いていた。しかし，この改正案そのものが，その後の改正作業の中では採り上げられることはなかった。そして今日では，民訴法49条・50条・51条を合わせれば，訴訟承継主義の立法とみうる。すなわち，民訴法49条が旧当事者の提訴の実体的効果が新当事者に及ぶとしているのは，前主の訴訟追行の結果を承継することを前提にしているといえ（同50条3項は49条を準用する。さらに51条），また同法115条1項3号が，口頭弁論終結後の承継人にかぎって既判力が及ぶ旨を規定していることから，逆に，口頭弁論終結前には訴訟承継主義を採用したものと理解できるわけである。

　ところで民訴法49条と50条は，前者は権利承継，後者は義務承継につき，いずれも権利者側からの従前の訴訟追行結果の利用手段の規定とみうる。しかし，義務者側にとって有利な結果が得られていることもありうるから，義務者側にも対等に利用手段を与えるのが公平でもある。そこで法は，義務承継の場合に訴訟外の義務者側から参加申立てすることも，権利承継の場合に当事者である（少なくとも）義務者側からは権利承継人に対して訴訟引受けの申立てをすることも可能とする明文の規定を設けた（同51条）。

　(3)　**特定承継の原因**　訴訟承継制度の目的は，紛争主体の変動を訴訟当事者の変動に導くことによって，従来の訴訟のなかで紛争の実質的解決を図ることにある。したがって，承継原因としての紛争主体の変動は，実体法上の権利義務の承継とは切断され，訴訟上の適格を前主より伝来的に取得した場合ととらえられた。すなわち当該訴訟物について，何人が当事者となれば紛争解決に有益かつ必要かという当事者適格の問題と考えられた（適格承継説）。しかし，承継の前後で請求内容がズレてくる場合（たとえば，建物収去土地明渡請求訴訟の係属中に被告が当該建物に借家人を住まわせた場合。この場合，借家人との関係では建物退去土地明渡請求となる）もあり，より実体に適合させるため，「紛争の主体たる地位」とか「当事者適格の依存性」などが提唱されている。いずれにせよ，承継の効果として従前の訴訟追行結果の全面的な引継ぎを認める以上，旧当事者と承継人との間の牽連関係が要求される（もっとも，近時，承継の効果としての

一律全面的拘束には異論が出されており，この考え方では，承継原因を拡張していくこともできよう。このような原因と効果の相対化は，任意的当事者変更〔本書230頁〕との架橋を可能にする）。ところで，これまで訴訟承継人と口頭弁論終結後の承継人とは，同じく適格の移転としてパラレルに統一的に理解されてきた。しかし，これから訴訟を進めていく場合と，すでに審理を終えた後の場合とでは，その利益状況を異にし，両者の承継人の範囲についても再検討が必要となっている。また，参加承継よりも引受けを強制される引受承継の方がその許容範囲が狭いのではないかとの議論もみられる。

なお，当事者の一身専属権に関するときは，当然承継も特定承継もありえない（たとえば，離縁訴訟の原告養親が死亡したケースにつき，最判昭57・11・26判時1066号56頁は，訴訟終了宣言をしている）。

(4) **手続上の問題点** (a) **参加承継** 民訴法49条は47条の規定により承継参加する旨を明定している。かつては，前記最高裁昭和42年判決（本書223頁参照）を前提としつつ，片面的参加（準独立当事者参加）を認めないとの立場では，ここでも承継人は両当事者に対して請求を定立しなければならないこととなるとも主張された。しかし，承継参加において，実質的に争いのない場合にまで前主に対する請求を定立させるのは大いに疑問である。そこで，法は片面的参加を容認することとした。

(b) **引受承継** 承継人を強制的に訴訟へ引き込む引受承継は，参加承継以上に多くの手続上の問題を抱えている。

(c) **引受承継の手続問題** 具体例（最判昭52・3・18金法837号34頁のケースであるが，事案の概要は一部訴訟記録に基づき，できるかぎりの正確を期している）を示して問題点を指摘することとする。

〔具体例〕　Yは敷物会社であるが，資金繰りに苦しく，金35万円の約束手形1通（受取人・振出日欄白地）を振り出し，Aに手形を交付のうえ，その割引のあっせんを依頼した（昭45・8・25）。AはZに手形を交付のうえ，同様に手形割引を依頼した。Zは手持ちの資金がないため（Zは本件約束手形以外にY振出の手形3通を割引いている），Xに手形割引してもらうこととし，第一裏書欄に白地式裏書をなし，Xに交付した。ZはXから手形割引金を受領して，Aに交付したものの，Aは着服してしまった。Xは満期日の翌日に支払場所に呈示して支払いを求めたが，支払拒絶された

（昭45・9・16）。そこでXは，YおよびZを相手として手形金支払請求訴訟を手形訴訟（民訴350条以下）として提起した（昭45・12・17）。Yへの訴状送達は著しく遅れ，2か月後であった（昭46・2・22）。その頃，XはZと交渉の結果，Zから本件手形金の支払いを得て，本件手形をZに返還してしまった（昭46・2ないし3頃。おそらくXのZに対する請求については，いち早くX勝訴の手形判決が確定していたものと考えられる）。第一審は，Xの手形所持を推定しつつ（争点とはなっていない），Xの請求を認容する手形判決をなし（昭46・6・24），右判決は認可された（昭46・9・9）。Yが控訴し，ほぼ2年後に，事情を知ったXの訴訟代理人はZに対して引受参加の申立てをなした（昭48・10・24）。その数か月後に（したがって，申立以後も本案についての審理がなされているものと思われる），Zを審尋のうえ，直ちに引受決定がなされた（昭49・3・7）。Xはその後も訴訟追行し脱退はしていない。第二審は，手形権利者でないXの請求につき，原判決を取消したうえでこれを棄却し，Zの請求を認容した（昭50・6・27）。Yは，引受承継は義務承継に限られるなどと主張して上告したが，上告は棄却された。

〔問題点〕　本件にみられる問題点および関連する問題点として次の諸点がある。
　(a)　Xは引受申立権者といえるか。
　(b)　かりに，Yが引受申立てする場合，YはZに対する債務不存在確認請求を定立しなければならないか。
　(c)　引受申立ての許否の決定がなされるまでの間に本案の審理を進めることが許されるか。
　(d)　本件では承継原因の発生時と訴訟承継時とに大幅なズレがみられる。Zを保護する必要性が一般的にあるとすれば，その間の従前の（不利な）手続効果を認めないために，どのような法的構成が考えられるか（たとえば，訴訟手続の中断）。このズレによる承継人の保護は参加承継と引受承継とで異なるか。
　(e)　Zが本件訴訟に加入してきた後の審理の準則として民訴法40条が妥当するか（同49条の承継参加では，規定のうえで，49条→47条4項→47条4項→40条1項～3項〔同条4項ははずされている〕となっている。他方で，50条の訴訟引受けでは，50条3項→41条1項〔通常共同訴訟を前提とする〕となっている）。
　(f)　かりに，Xの訴訟代理人がZの訴訟代理人としても選任されたとすれば，双方代理の禁止（弁護士法25条）に抵触しないか。
　(g)　かりに，Xが脱退しようとする場合，その性質・要件・効果をどう考えるか。訴えの取下げに近似しないか。
　(h)　かりに，本案審理のなかでZに承継原因のないことが判明したときは，Zの請求につき，訴え却下か請求棄却か。逆に，Y側での承継の場合はどうなるか。

引受承継にはこのような手続上の難問がみられ，その解決は容易ではない。

なお、引受決定を受け入れた者は、訴訟当事者の地位が与えられるのであるから、つねに判決の効力を受ける。

第三者の引込み　（1）第三者の訴訟への引込みは、広い意味では、訴訟係属中に第三者を訴訟当事者として強制的に当該訴訟に加入させ、紛争を一挙に解決しようとする場合すべてをいう。これには引受承継や取立訴訟における参加命令（民執157条1項）などのように、実定法上の制度として存在するもののほか、主観的追加的併合ないし追加的共同訴訟のように、かねてより解釈論として主張され、定着したものも含まれる。これに対して、近時とくに、いわゆる引込み理論として注目されているのが、被告のイニシアティブによる引込みであって、学説上も見解の分かれるところである。これには、(a)填補型（保証人が主債務者を引き込むように、求償義務者を引き込むもので、被告が自身の第三者に対する求償請求を定立して従来の訴訟への併合を求めるもの）、(b)権利者指名型（取立訴訟における参加命令を一般化し、自称債権者たる第三者を原告として訴訟に引き込むもので、被告が第三者の被告に対する請求を定立して従来の訴訟への併合を求めるもの）、(c)転嫁型（交通事故の加害者とされたものが第三者を真の加害者として引き込むように、第三者を真の義務者と主張して引き込むもので、被告が原告の第三者に対する請求を定立して従来の訴訟への併合を求めるもの）がそれぞれ指摘されている。この最後の転嫁型引込みについては消極説が強い。

（2）このように、いわゆる引込み理論が提唱される理由は、現代型紛争への対処のほか、被告たる地位を見直し、単に訴訟を受けて立つという受動的地位から能動的要素を引き出す中から、紛争の全面的解決を図ろうとする点にあるといわれている。ただし、強制的に第三者を訴訟当事者として引き込むわけであるから、第三者が当該訴訟に巻き込まれてもしかたのない事情を要するとともに、引込み申立ての側にも引込みを正当化するだけの利益が必要となる。もっとも、こういった引込み理論が実務に定着しにくい背景として、当事者の併合申立権まで認めなくとも、当事者の上申により裁判所が比較的容易に関連事件を併合している（もっとも貼用印紙の差はあるが）、といった事情があることも否定できない。

なお、第三者への手続保障ということから判決効拡張に関連して、訴訟告知

や Beiladung（参加命令）といった制度との関連が強調されている（なお，人訴法15条は，たとえば，死後認知訴訟において，相続権が侵害される者の共同訴訟的補助参加を新たに規定する）。これらも引込み理論の別の側面を映し出している。

任意的当事者変更

(1) 訴訟係属中，第三者が新たに当事者として，従前の当事者とともに，もしくはこれに代わって当該訴訟手続に関与することを当事者の変更という。そして，訴訟承継などのように法律が規定している場合を法定当事者変更といい，そうでないものを任意的当事者変更という。これが許されるかは問題がないわけではないが，原告が被告となるべき適格者を誤った場合などに実益があり，一般に認められている。なお，当初の当事者の同一性の範囲内での当事者の表示を訂正するのは当事者の変更とは言わない。

(2) この行為の性質については，訴えの変更の一種とみる立場，新訴の提起と旧訴の取下げとの複合行為とする立場（通説），当事者変更を目的とする特殊な単一の訴訟行為とする立場がある。訴えの変更は訴訟主体の同一を前提とした客体の変更を指すというべきで，当事者変更はこれとは別個に要件・効果を規定していく必要がある。特殊行為説は，既存の制度にとらわれることなく，従来の訴訟追行の結果を原則的に新当事者に及ぼすことを前提として要件を定めようとするため，却って任意的当事者変更を利用しにくくしてしまう。複合行為説では，逆に原則として新当事者に従前の訴訟追行結果がまったく及ばないとする難点があるものの，新当事者への手続保障からみて優れており，今日ではこの立場から出発して，新当事者への拘束につき，新旧両訴の関連度から具体的な類型化を試みていく方向が有力に主張されている。訴訟承継との連続性，相対化が期待される。

第12章
上　訴

I　上訴総説

上訴とは　上訴とは，裁判が確定する前に，上級裁判所に対して，その裁判の取消し・変更を求める通常の不服申立てである。上訴には，判決に対する上訴としての控訴および上告（上告受理の申立ても，確定遮断効を有し，受理の決定がなされた場合には上告があったものとみなされるので上告に準ずる上訴であるといえる）と，決定・命令に対する上訴としての抗告および再抗告がある。上訴が提起されると，裁判の確定が遮断され（確定遮断効），事件は上級裁判所に場を移してさらに審理裁判される（移審効）。

第一審の判決に対しては控訴を申し立てることができ，第二審の判決に対しては上告を申し立てることができることから，事件は，原則として三審級で審理裁判されうることになる。そこで，このような制度を三審制といい，事件について三審級で審理裁判される当事者の利益のことを審級の利益と呼ぶ。なお，第一審と第二審は事実の存否を審理の対象とする事実審として，第三審は法令の解釈適用等の法律問題だけを審理の対象とする法律審として構成されている。

特別の不服申立て　控訴，上告，抗告，および再抗告という通常の不服申立てのほかに，一定の重大な事由が存在する場合に認められる特別の不服申立てがある。特別の不服申立ての中では再審および特別上告が学習上重要である。特別上告には，高等裁判所が上告審としてした終局判決に対する特別上告（民訴327条），少額訴訟の終局判決に対する異議後の判決に対する特別上告（同380条2項），および，地方裁判所および簡易裁判所の

決定および命令で不服を申し立てることができないもの，ならびに高等裁判所の決定および命令に対する特別抗告（同336条）がある。特別上訴は，確定遮断効を有さない点で通常の上訴と異なっている（同116条参照）。

違式の裁判　裁判所がするべき裁判の種類を誤ってした裁判を違式の裁判といい，上訴との関係でも問題が生じる。すなわち本来されるべき裁判に対応した上訴をすべきか，実際にされた違式の裁判に対応する上訴をするべきかが問題となる。民訴法は，判決で裁判する事項について決定または命令がされた場合には，抗告をするよう規定する（民訴328条2項）。したがって，決定または命令で裁判するべき事項について判決がされた場合には，控訴または上告によって不服を申し立てることになる（最判平7・2・23判時1524号134頁参照）。

上訴の利益　上訴の適法要件として，上訴の利益があることがあげられる。原審における当事者の本案の申立てと原判決の主文とを比較し，後者が前者よりも小さい場合に，上訴の利益が認められるとする形式的不服説が判例・通説である。もっとも，通説は，予備的相殺の抗弁による請求棄却判決に対して被告は上訴の利益を有するという例外，および，黙示の一部請求を全部認容する判決に対して原告は上訴の利益を有するという例外を認める。

形式的不服説と新実体的不服説　形式的不服説は判例・通説のとる見解である。処分権主義に伴う自己責任に根拠を求め，自から求めた裁判を獲得した者が，相手方当事者や裁判所の負担となる上訴を用いてその裁判の取消しを求めることを認めるべきではないと論じられる。これに対して，新実体的不服説は，原判決が確定すれば，当事者がその既判力その他の判決の効力により何らかの致命的な（すなわち，後訴をまっていたのでは救済されえないような）不利益を被る場合に，その当事者に上訴の利益が生じるとする見解である。個別の事例について両説の結論はおおむね一致するが，形式的不服説が例外として処理する諸事例を新実体的不服説は同説の原則どおりに処理することができる。そのため，理論としては新実体的不服説が優れていると評価することが可能である。

第12章　上　訴

上訴制度の目的　上訴は、裁判で不利益を受ける当事者が上級裁判所に対して裁判の変更による救済を求める申立てであり、不利益な裁判からの当事者の救済を制度目的としている。また、上級裁判所の数が次第に減少し最後はただ１つの最高裁判所に至るところから、法令の解釈の統一という作用も営む。当事者の救済と法令解釈の統一のどちらが上訴制度の目的であるかが論じられ、前者であるとする見解と後者であるとする見解とに分かれている。

この問題は、控訴と上告とで場合を分けて考えるべきであろう。最高裁判所への上告の理由が憲法違反と絶対的上告理由に限定されている現行法の下では、上告の目的は法令解釈の統一に重点がおかれているということができ、他方、控訴の理由に特段の制限のない控訴については、当事者の救済が第一次的な目的となっていると解される。

II　控　訴

控訴の提起　**(1) 控訴提起の手続**　控訴とは、地方裁判所または簡易裁判所の第一審の終局判決に対する第２の事実審裁判所への上訴をいう（民訴281条１項本文）。控訴により、事件は控訴裁判所（第一審が地方裁判所の場合は高等裁判所、簡易裁判所の場合は地方裁判所）に係属することになる。

控訴の提起は、控訴状を第一審裁判所に提出してする（民訴286条１項）。控訴期間は、判決書（同253条）または判決書に代わる調書（同254条２項）の送達をうけた日から２週間の不変期間である（同285条）。

控訴状の必要的記載事項は、当事者および法定代理人、第一審判決の表示およびその判決に対して控訴をする旨の２項目である（民訴286条２項）。しかし、これだけでは、原判決のどの点にどのような不服があるのかを知ることができないので、控訴状に原判決の取消しまたは変更を求める事由を具体的に書くことが民訴規則により求められており（規則179条による規則53条の準用）、これらが控訴状に記載されていない場合には、控訴人は、控訴の提起後50日以内にこれらを記載した書面（いわゆる控訴理由書）を控訴裁判所に提出しなければなら

ないとされる（規則182条）。もっとも，不服の理由の具体的記載や控訴理由書の提出は，民訴規則で要求されるにとどまるから，それらがなされなかったからといって控訴が不適法であるとして却下されるわけではない。

　控訴状の提出された第一審裁判所は，控訴の適法性の審査を行い，控訴が不適法でその不備を補正することができないことが明らかであるときは，決定で控訴を却下しなければならない（民訴287条1項。たとえば，控訴期間を徒過して控訴が提起された場合など）。それ以外の場合には，第一審裁判所の裁判所書記官は，遅滞なく，控訴裁判所の裁判所書記官に対し，訴訟記録を送付しなければならない（規則174条）。訴訟記録の送付を受けた控訴裁判所の裁判長は，控訴状の審査を行う。控訴状審査は訴状の審査に準じて行われ，控訴状に必要的記載事項の記載がない場合または控訴提起の手数料の納付がない場合には，控訴裁判所の裁判長は控訴状の補正を命じ，控訴人が補正に応じないときは命令で控訴状を却下する（民訴288条）。控訴状が却下されない場合には，控訴状が被控訴人に送達される（同289条1項）。

（2）　**控訴提起の効果**　控訴が提起されると，事件について確定が遮断され（確定遮断効），事件が控訴裁判所に移審する（移審効）。なお，確定遮断効と移審効は，控訴申立ての範囲に限定されることなく事件の全体について生じる（控訴不可分の原則）。

上訴（控訴）不可分の原則　　上訴の確定遮断効および移審効が，不服申立ての範囲に限定されず事件の全体について生じることを上訴不可分の原則という。上訴不可分の原則がはたらく結果，たとえば，単純併合された複数の請求のうちの1つについて控訴が提起されると，併合されたすべての請求について確定が遮断され，控訴審への移審が生じる。もっとも，これらの請求は不服申立ての範囲に入っていないので，控訴審の審判の対象にはならない。審判対象とするためには，控訴人による控訴申立ての拡張または被控訴人による附帯控訴がされる必要がある。

控訴審の審理と判決　　（1）　**審理と判決の対象**　控訴審の審理判決の対象は，控訴の適法・不適法および控訴人の不服申立ての当否の二者である。したがって，職権調査事項を除けば，控訴審における口

頭弁論は，当事者が第一審判決の変更を求める限度（不服申立ての限度）においてのみ行われるし（民訴296条1項），第一審判決の取消しおよび変更は，不服申立ての限度においてのみすることができる（同304条）。

(2) **審理の構造** 控訴裁判所が用いることのできる訴訟資料および証拠資料は，第一審で提出されたもの（民訴298条1項）および控訴審において提出されたものの双方である。第一審で提出された訴訟資料および証拠資料が控訴審での訴訟資料および証拠資料として用いられるためには，直接主義の要請から，第一審における口頭弁論の結果の陳述が必要とされる（同296条2項）。これを弁論の更新という。他方，控訴審において新たに訴訟資料や証拠資料の提出が許されることを弁論の更新権という。控訴審で新たに提出される訴訟資料や証拠資料は，第一審の口頭弁論終結後のものにかぎられないが，時機に後れた攻撃防御方法の提出として却下される（同157条）可能性はある。時機に後れたかどうかの判断は，第一審および控訴審を通じて行われる。その他，控訴審では，裁判長は，当事者の意見を聴いて，攻撃防御方法の提出等の期間を定めることができる（同301条1項）。

このように，控訴裁判所は，第一審で提出された訴訟資料および証拠資料に，第二審で新たに得られた訴訟資料と証拠資料を付け加えて，控訴申立ての範囲内で新たに事件について審理し直し，その結果を第一審判決と比較することによって，控訴人の控訴申立ての当否を判断する。このような審理の構造を続審制という。わが国の民事訴訟法は続審制を採用している。控訴審の審判方式として，続審制以外には，第一審の訴訟資料・証拠資料は用いずに，控訴審で提出された訴訟資料・証拠資料だけを基礎として審理をやり直す方式の覆審制，また，第一審で得られた訴訟資料・証拠資料だけを用いて第一審の行った判断の当否を判断する方式の事後審制などがあり，各国の立法例はさまざまである。

(3) **控訴審の判決** 控訴審に事件が係属してからも控訴裁判所が控訴は不適法であると判断することは起こりうる。その場合には，控訴裁判所は控訴を不適法であるとして却下する判決をするが，とくに，控訴が不適法でその不備を補正することができない場合は，控訴裁判所は，口頭弁論を経ないで，判決

で控訴を却下する（民訴290条）。

　控訴が適法である場合には，第一審判決を相当とするとき，または，理由は不当であっても結論は正当とするときは，控訴裁判所は，控訴を棄却する（民訴302条）。

　第一審判決を不当とするとき，および，第一審の判決の手続が法律に違反しているときは，控訴裁判所は，第一審判決を取り消さなければならない（民訴305条・306条）。第一審判決が取り消されると，原告の本案の申立てに対する応答がなくなるので，控訴裁判所が終局判決で応答することになる。これを取消自判という。ただし，控訴審が自判することが当事者の審級の利益を奪うことになる場合（たとえば，第一審判決が訴え却下判決で本案について十分な審理がなされていない場合。同307条），および，事件についてさらに弁論をする必要があるときには，控訴裁判所は，事件を第一審裁判所へ差し戻す（同308条1項）。この場合，差戻しを受けた第一審裁判所は，控訴裁判所が取消しの理由とした法律上および事実上の判断に拘束される（差戻判決の拘束力。裁4条）。なお，第一審判決を管轄違いを理由に取り消す場合には，控訴裁判所は，判決で事件を管轄裁判所に移送しなければならない（民訴309条）。

附帯控訴　被控訴人が，すでに開始された控訴審手続の口頭弁論が終結するまでに，控訴人の申し立てた審判対象を拡張して，自己（＝被控訴人）に有利な判決を求める不服申立てを附帯控訴という（民訴293条1項）。控訴人は，控訴審手続の途中で審判対象を拡張することが認められるが，これとの均衡上，被控訴人にも控訴審手続の途中で審判の対象を自己に有利に拡張することを認めたものである。

　附帯控訴の手続は控訴に関する規定によって行われる（民訴293条3項）。もっとも，控訴権消滅後においても附帯控訴は可能である（同1項）ことから，附帯控訴の法的性質は控訴（上訴）ではないとされ，すでに開始された控訴審手続内での特殊な攻撃防御方法であると理解されている。その結果，附帯控訴には上訴の要件である不服は必要ではないとして，第一審で全部勝訴した当事者も附帯控訴により請求を拡張することができる（最判昭32・12・13民集11巻13号2143頁）。

附帯控訴は、控訴人の控訴申立てによって開始された手続に附帯してされるものであるから、控訴の取下げがあったとき、および、控訴が不適法として却下されたときは、その効力を失う（民訴293条2項本文）。ただし、附帯控訴であっても控訴としての要件を備えるものは、独立した控訴とみなされるため、控訴の取下げや却下がなされた場合であっても効力を失うことはない（同項但書）。

Ⅲ　上　告

上告の提起および上告受理の申立て

(1) 総　説　　控訴の利益があればその具体的理由を問うことなく控訴が許されるのに対して、上告に関しては上告の理由に制限が加えられている。すなわち、上告裁判所が最高裁判所である場合には、憲法の解釈の誤りその他の憲法の違反およびいわゆる絶対的上告理由がある場合にだけ上告する権利が認められ、それら以外の法令違反については、上告の提起とは別個の手続である上告受理申立手続によるべきとされている。そして、上告受理の申立てがされたときは、最高裁判所が上告審として事件を受理することを決定することによって上告があったものとみなされる。一方、上告裁判所が高等裁判所である場合には、ひろく法令違反を上告の理由とすることが認められるため、上告受理手続は設けられていない。

(2) 上告提起の手続　　上告とは、控訴裁判所の終局判決に対する法律審への上訴をいう。適法な上告により、事件は上告裁判所（控訴裁判所が高等裁判所の場合は最高裁判所、地方裁判所の場合は高等裁判所）に係属することになる。なお、高等裁判所が第一審の管轄権を有する場合、および、飛越上告の合意がある場合（民訴281条1項但書）は、第一審の終局判決に対して直ちに上告をすることができる（同311条）。

　上告の提起は、上告状を原裁判所に提出してする（民訴314条1項）。上告期間は、2週間の不変期間である（同313条・285条）。

　上告状の必要的記載事項は、当事者および法定代理人、第二審判決の表示およびその判決に対して上告をする旨の2項目である（民訴313条・286条2項）。

上告状に上告の理由の記載がないときは，上告人は，上告提起通知書の送達を受けた日から50日以内に，上告理由書を原裁判所に提出しなければならない（同315条，規則194条）。控訴理由書の提出が規則事項であってその不提出に法律上の不利益が課されないのとは異なり，上告理由書の提出は法律事項であり，その不提出は上告却下という法的な効果を生じさせる（民訴316条1項2号）。

　原裁判所の裁判長は，上告状の審査を行い，不備があれば補正を命じ，それに応じなければ上告状却下命令を出す（民訴314条2項）。原裁判所の裁判長による上告状審査が行われると，次に，原裁判所が上告の適法性の審査を行い，上告が不適法でその不備を補正することができないとき，および，適法な上告理由書が提出されない場合には，決定で上告を却下する（同316条1項）。上告状却下命令または上告却下決定があった場合を除き，原裁判所は事件を上告裁判所に送付しなければならない（規則197条1項）。これによって事件は上告審に移審する。

　(3)　上告受理の申立て　　上告受理申立ての手続には上告の提起に関する規定が準用される（民訴318条5項）。当事者は，上告受理申立書を原裁判所に提出して上告受理の申立てを行い（同項・314条1項），各種の審査を受ける（民訴318条5項・314条2項・316条1項）。上告受理申立ての理由書についても，上告の提起の場合と同様の扱いが行われる（同318条5項・315条）。上告受理の申立てにより判決の確定は遮断される（同116条）。

　原裁判所の裁判長は，上告受理申立書の審査を行い，不備があれば補正を命じ，それに応じなければ上告受理申立書却下命令をだす（民訴318条5項・314条2項）。また，原裁判所は，上告受理の申立ての適法性の審査を行い，それが不適法で補正できない場合，および，上告の受理申立理由書が不提出の場合などには，決定で上告受理の申立てを却下する（同318条5項・313条・316条1項）。上告受理申立書却下命令または上告受理申立却下決定があった場合を除き，原裁判所は事件を上告裁判所に送付しなければならない（規則199条2項・197条1項）。事件の送付を受けた最高裁判所は，上告受理申立ての理由があるかどうかを審査し，その結果，上告審として事件を受理するときには上告受理の決定をする（民訴318条1項）。そして，この場合には上告がされたものとみなされ

る（同4項）。他方，上告審として事件を受理しない場合には上告不受理の決定をしなければならない。

上告審の審理と判決　**(1) 審理と判決の対象**　上告審の審理判決の対象は，上告の適法・不適法および上告人の不服申立ての当否の二者である。したがって，職権調査事項を除き，上告裁判所は，上告の理由に基づき，不服の申立てがあった限度においてのみ調査をして裁判する（民訴320条・322条・313条・304条）。

(2) 上告審の審理と判決　**(a) 口頭弁論を行わない場合**　上告裁判所は，上告状および上告理由書などの書面から，上告が不適法でその不備を補正することができないこと，または，上告理由書が提出されていなかったり上告の理由の記載が適式でないことが判明した場合には，決定で上告を却下することができる（民訴317条1項）。

また，上告裁判所は，上告状，上告理由書，答弁書その他の書類による書面審理により，上告を理由がないと認めるときは，口頭弁論を経ないで，判決で上告を棄却することができる（民訴319条）。必要的口頭弁論の原則（同87条1項）の例外（同3項）である。

さらに，上告裁判所が最高裁判所である場合には，上告状および上告理由書などの書面から，上告人によって主張された上告の理由が憲法違反および絶対的上告理由に該当しないことが明らかであるときには，決定で上告を棄却することができる（民訴317条2項）。これは，不要式の決定で足りるとすることによって最高裁判所の負担軽減を図ることを目的とする特別な規定である。

(b) 口頭弁論を行う場合　決定で上告を却下したり判決や決定で上告を棄却したりしない場合には，上告裁判所は口頭弁論による審理を行う。とりわけ，上告を認容する場合には，必要的口頭弁論の原則に戻り，口頭弁論を開いて審理しなければならない（民訴87条1項の例外規定がない）。

上告審は法律審であり，原判決において適法に確定した事実に拘束される（民訴321条1項）。したがって，上告裁判所は，原判決によって確定された事実に基づいて，上告の理由（原判決破棄の理由）の存否を調査することになる。その際，口頭弁論が行われる場合には，当事者が原判決の変更を求める限度にお

いてのみ行われる（同313条・296条1項）。

口頭弁論による審理の結果，上告に理由がないと判断した場合には，判決で上告を棄却する。上告に理由があると判断した場合，および，原判決に判決に影響を及ぼすことが明らかな法令の違反がある場合には，上告裁判所は，原判決を破棄し（上告裁判所が原判決を取り消すことを破棄という），事件を原裁判所に差し戻すか（破棄差戻し。民訴325条1項・2項），自ら控訴申立てに対する判決をしなければならない（破棄自判。同326条）。事件についてさらに事実審理が必要な場合に破棄差戻しがされ，事件がすでに裁判をするのに熟する場合に破棄自判が行われる。

上告理由　(1)　**総　説**　上告審が原判決を破棄すべき事由を上告理由という（法文では「上告の理由」であるが，講学上「上告理由」と呼ばれる）。また，上告理由の主張は上告の適法要件でもある。したがって，上告理由の主張を欠く上告は不適法として却下され，上告が適法とされる場合には，上告理由が認められないときには上告は棄却され，上告理由が存在すると認められるときには上告が認容されて原判決が破棄される。

上告理由には，憲法違反，いわゆる絶対的上告理由，および，判決に影響を及ぼすことが明らかな法令の違反の3種類がある（民訴312条）。これらのうち，3種類の上告理由のすべてがその主張が高等裁判所への上告を適法とするのに対して，最高裁判所への上告を適法とするのは，憲法違反または絶対的上告理由を主張する場合に限られる。他方，原判決を破棄すべき事由としての上告理由としては，最高裁判所が上告審である場合も高等裁判所が上告審である場合も，3種類の上告理由のすべてが妥当する（同325条1項・2項）。したがって，判決に影響を及ぼすことが明らかな法令の違反は，その主張が最高裁判所への上告を適法とすることはないが，最高裁判所が原判決を破棄する事由にはなる。

(2)　**憲法違反**　原判決に憲法の解釈の誤りその他の憲法の違反がある場合には，上告理由となる（民訴312条1項・325条1項）。憲法違反が判決に影響を及ぼすことが明らかであることが必要とされるかについては（同312条3項参照），条文の文言に即して不要と解する見解と濫上訴防止の観点から必要と解する見

解とに分かれている。

　(3) 絶対的上告理由　　手続法規（訴訟法規）違反は，判決に影響を及ぼすことが明らかであるかどうかが不明である場合が多い。そこで，一定の重大な手続法規違反について，判決への影響の有無を問題とすることなしに，つねに（＝絶対的に）上告理由となるとした。これがいわゆる絶対的上告理由である（民訴312条2項）。絶対的上告理由としては，判決裁判所の構成の違法（同項1号），判決に関与できない裁判官の判決関与（同2号），日本の裁判所の管轄権の専属に関する規定違反（同2号の2），専属管轄規定違反（同3号），法定代理権等の欠缺（同4号。この規定は，当事者が攻撃防御方法の提出を妨げられて手続保障に欠けた場合に類推適用されることがある），口頭弁論公開規定違反（同5号），判決の理由不備・理由の食違い（同6号）が規定されている。

　なお，再審事由（民訴338条1項各号）のうちで絶対的上告理由として規定されていない事由（同項4号ないし10号）が，その主張が最高裁判所への上告を適法とする上告理由として位置づけられるかどうかについては見解の対立がある（最判平11・6・29判時1684号59頁参照）。

　(4) 判決に影響を及ぼすことが明らかな法令違反　　法令違反とは憲法以外の法規の違反をいう。法令違反が上告理由になるのは，判決に影響を及ぼすことが明らかな場合に限られる。法令には，狭義の法律だけではなく，わが国で法規範としての通用力をもつもの，すなわち，条約，外国法，政令，裁判所規則，地方公共団体の条例，規則，および，慣習法などが含まれる。これらに加えて，経験則（経験から得られた事物の性状や因果関係に関する法則）の違背も上告理由になると解されている。経験則自体は法令には含まれないが，事実認定に際して一般的に用いられるものなので，その解釈を統一する必要は法令の場合と同様だからである。

　法令違反の態様としては，法令解釈の誤りと法令適用の誤りの区別，および，判断の過誤と手続の過誤の区別が重要である。

　法令解釈の誤りとは，法令の効力や内容に関する誤解をいい，法令適用の誤りとは，一定の事実が法規の定める要件に該当するか否かについての判断の誤りをいう。

> **📖 オアシス12-1　不利益変更禁止原則**
>
> 　上訴審が原判決を変更するにあたり，被上訴人側から上訴または附帯上訴がなされていない場合には，その変更は上訴人に不利益に行われてはならないとする原則を不利益変更禁止原則という。
> 　たとえば，第一審で訴え却下判決を得た原告が控訴し，被告が控訴も附帯控訴もしない場合，控訴裁判所は，訴えは適法だが請求は棄却されるべきだと判断しても，第一審判決を取り消して請求を棄却することは不利益変更禁止原則により許されず，控訴棄却にとどめなければならない。
> 　この原則の根拠としては，処分権主義の上訴審におけるあらわれ，あるいは，当事者の申立てに裁判所は拘束されるという原則（申立拘束原則。246条）が述べられることが一般的であり，判例も同趣旨のくちぶりを示している。これに対して，不利益変更禁止原則の根拠を，上訴した者が上訴したことによってかえって不利な判決を得るようではおかしいという素朴な法感情に求める見解も主張されている。後者の見解は，不利益変更禁止原則と申立拘束原則を峻別し，申立拘束原則では説明できないようなケースにはたらくのが不利益変更禁止原則であると主張する。これらの2つの見解から上記の例はそれぞれどのように説明することができるだろうか。

　判断の過誤とは，原判決の請求の当否に関する法的判断が不当である場合をいう。実体法規の適用の誤りは判断の過誤の一場合である。手続の過誤とは，原審での訴訟手続に訴訟法規違反がある場合をいう。手続の過誤は，職権調査事項にあたるものを除き，上告裁判所は，当事者から主張された上告理由だけを調査すればよいとされる（民訴320条・322条）。これに対して，判断の過誤に関しては，上告裁判所は，当事者の主張に限定されることなくすべてを調査しなければならない。法律の解釈適用は裁判所の職責であるから，上告裁判所は，判断の過誤については当事者の主張に拘束されないことが根拠とされる（いわゆる上告理由不拘束の原則）。

上告受理申立理由　最高裁判所が上告受理の申立てを受理する事由を上告受理申立理由という。受理決定がされたときには，上告の提起が擬制される（民訴318条1項・4項）。

　上告受理申立理由は，原判決に最高裁判所の判例（最高裁判所の判例がない場合には，大審院または上告裁判所もしくは控訴裁判所である高等裁判所の判例）と相反する判断がある場合のような（これらは例示である），原判決に法令の解釈に関

する重要な事項が含まれると判断される場合に認められる（民訴318条1項）。

Ⅳ　抗　告

抗告の意義　　抗告とは，決定・命令に対する独立の上訴をいう。
終局判決前の中間的な裁判（たとえば，証拠申出却下決定，訴え変更不許の決定）について当事者が有する不服は，終局判決に対して上訴がなされ，終局判決とともに上級審の判断を受けるのが原則である（民訴283条本文）。しかし，中間的な裁判に対する不服の中には，本案との関係が薄く，訴訟経済の観点から迅速に処理して手続の安定を図るのを適当とするもの（たとえば，移送の裁判，忌避申立て却下の決定）がある。また，そもそも，すべての決定・命令について，終局判決に対する上訴を通じて上級審の判断を受ける機会が保障されているわけではない。終局判決に至らないため上級審の判断を受けない裁判（たとえば，訴状却下命令）や，当事者以外の者に対してされる裁判（たとえば，第三者に対する文書提出命令）もある。このような裁判については，別途，不服申立ての途を設ける必要がある。そこで，一定の決定・命令に対する不服について，抗告という独立の上訴制度が設けられている。

抗告の種類　　**(1) 通常抗告・即時抗告**　　抗告は，抗告期間の定めの有無の観点から，通常抗告と即時抗告とに分類される。通常抗告は，抗告期間の定めがなく，原裁判の取消しを求める利益（抗告の利益）があるかぎり，いつでもすることができる。他方，民訴法上の即時抗告は，裁判の告知を受けた日から1週間の不変期間内にしなければならない（民訴332条）。これは，即時抗告の対象となる裁判については，とくに迅速に確定させる必要があることに配慮する趣旨である。

即時抗告の対象となる裁判は，法律でとくに即時抗告をすることができる旨の規定があるものに限られる。法律に明文の規定がない場合には，通常抗告によることになる。また，即時抗告は，その提起によって原裁判の執行停止の効力を有する（民訴334条1項）。これに対して，通常抗告には執行停止の効力はない。しかし，抗告裁判所または原裁判をした裁判所もしくは裁判官は，原裁

判の執行の停止その他必要な処分を命ずることができる（同2項）。

(2) 最初の抗告・再抗告 抗告は，審級の観点から，最初の抗告と再抗告とに分類される。最初の抗告とは，決定・命令に対して最初にされる抗告をいい，再抗告とは，最初の抗告についてした抗告裁判所の決定に対する再度の抗告をいう（民訴330条）。最初の抗告は控訴に，再抗告は上告に——審級の点でも，法律審への上訴である点でも——対応する。したがって，最初の抗告については控訴および控訴審の訴訟手続に関する規定が，再抗告については上告および上告審の訴訟手続に関する規定が，その性質に反しないかぎり準用される（同331条）。もっとも，再抗告は，抗告審として地方裁判所がした決定について，高等裁判所に対してする場合に認められる不服申立てであり（裁16条2号），その理由も憲法違反または決定に影響を及ぼすことが明らかな法令違反に限られる（民訴330条）。

(3) 特別抗告 地方裁判所および簡易裁判所の決定・命令で不服申立てができないもの，ならびに高等裁判所の決定・命令については，憲法違反を理由に，最高裁判所に特別抗告をすることができる（民訴336条1項）。憲法問題について，最高裁判所の判断を受ける機会を確保する趣旨である。特別抗告については特別上告およびその上告審の訴訟手続に関する規定が，その性質に反しないかぎり準用される（同3項）。

(4) 許可抗告 高等裁判所の決定・命令については，法令の解釈に関する重要な事項（憲法違反を除く〔民訴337条3項〕）を含むと認められる場合に，その高等裁判所の許可を得て，最高裁判所に許可抗告をすることができる（同337条）。最高裁判所による法令解釈の統一が図られるよう考慮する趣旨である。

抗告の対象 **(1)** 抗告をすることができる裁判（決定・命令）は，次の(a)から(c)のいずれかに該当するものであって，不服申立てが禁止されていないものに限られる。

(a) 口頭弁論を経ないで訴訟手続に関する申立てを却下した決定または命令（民訴328条1項） 必要的口頭弁論に基づいて裁判をする必要がない却下決定・却下命令でなければならない。たとえば，管轄裁判所指定の申立て（同10

条1項・2項),特別代理人の指定の申立て(同35条1項),訴訟引受けの申立て(同50条1項),期日指定申立て(同93条1項),受継申立て(同128条1項),証拠保全の申立て(同234条)などの申立てを却下する決定・命令である。また,当事者に申立権が認められている場合でなければならない。たとえば,弁論の再開の申立て(同153条)については,当事者に申立権がないから,これを却下する決定がされても,抗告をすることはできない。

(b) 違式の決定・命令(民訴328条2項)　判決で裁判しなければならない事項について誤って決定・命令でされた裁判,または,決定で裁判しなければならない事項について誤って命令でされた裁判については,通常抗告をすることができる。

(c) 法律で個別的に抗告をすることが認められている決定・命令　現行法上,民訴法の個別の規定で認められる抗告は,いずれも即時抗告である。

(2) **抗告が禁止されている場合**　次の各場合に該当する裁判は,抗告をすることができない。

(a) 不服申立てが禁止されている場合　個別的に不服申立てが禁止されている場合(たとえば,支払督促却下処分に対する異議の申立てについての裁判〔民訴385条4項〕)には,抗告をすることができない。

(b) 最高裁判所および高等裁判所の決定・命令　最高裁判所は最上級裁判所であるから,その裁判に対して抗告することはできない。また,最高裁判所は上告および特別抗告について裁判権を有する(裁7条)から,高等裁判所の裁判については抗告することができない(なお,許可抗告)。

(c) 受命裁判官または受託裁判官の決定・命令　受命裁判官または受託裁判官の裁判については,受訴裁判所に異議の申立てをすることができる(民訴329条1項)から,直接その上級裁判所に抗告することはできない。受命裁判官・受託裁判官の裁判に対する異議の申立てについて受訴裁判所のした決定に対しては,抗告をすることができる(同2項)。

(3) **許可抗告の場合**　許可抗告の対象は,高等裁判所の決定・命令であるが,このうち,再抗告に対する決定・命令である場合,抗告許可を求める申立てについての決定・命令である場合,その裁判が地方裁判所の決定・命令であ

るとした場合に抗告をすることができない性格の決定・命令である場合，は除かれる（民訴337条1項）。

抗告の提起 （1）（a） 最初の抗告については，控訴に関する規定が準用される（民訴331条本文，規則205条本文）。最初の抗告の提起は，原決定・命令に対して不服を有する訴訟当事者または第三者が，抗告状を原裁判所に提出してしなければならない（民訴286条1項の準用）。抗告状の記載事項も控訴状に準じる（同2項の準用）。抗告状に抗告申立ての理由の記載がないときは，抗告の提起後14日以内に，原裁判の取消し・変更を求める事由を具体的に記載した書面（抗告理由書）を原裁判所に提出しなければならない（規則207条）。

（b） 再抗告については，上告に関する規定が準用される（民訴331条但書，規則205条但書）。再抗告の申立ての方法（民訴314条1項），再抗告状の記載（同286条2項の準用）については，最初の抗告の場合と同様である。ただし，再抗告申立ての理由は，憲法違反，または，決定に影響を及ぼすことが明らかな法令違反に限られる（同330条）。再抗告の抗告理由書の提出期間は，抗告提起通知書の送達を受けた日から14日以内である（規則210条1項）。

（c） 特別抗告については，特別上告に関する規定が準用される（民訴336条3項，規則208条）。特別抗告の申立ての方法（民訴314条1項の準用），特別抗告状の記載（同286条2項の準用）については，最初の抗告の場合と同様である。ただし，特別抗告申立ての理由は，憲法違反に限られる（同336条1項）。特別抗告の抗告理由書の提出期間は，特別抗告提起通知書の送達を受けた日から14日以内である（規則210条1項）。

（2） 即時抗告は，裁判の告知を受けた日から1週間（民訴332条），特別抗告は，裁判の告知を受けた日から5日（同336条2項）の不変期間内に提起しなければならない。

（3） 許可抗告の申立ては，特別抗告の場合と同様である（民訴337条6項）。すなわち，許可抗告の申立ては，裁判の告知を受けた日から5日の不変期間内に（同336条2項の準用），原裁判所に抗告許可申立書を提出してする（同286条1項の準用）。ただし，許可抗告の申立ての理由は，法令の解釈に関する重要な事

項である（同337条2項）。抗告許可申立書に理由の記載がないときは，抗告許可申立通知書の送達を受けた日から14日以内に抗告許可申立理由書を提出しなければならない（民訴315条，規則209条・210条）。

抗告の手続　（1）最初の抗告の手続には控訴審の訴訟手続に関する規定が（民訴331条本文，規則205条本文），再抗告の手続には上告審の訴訟手続に関する規定が（民訴331条但書，規則205条但書），特別抗告の手続には特別上告の訴訟手続に関する規定が（民訴336条3項，規則208条），それぞれ準用される。

抗告状の提出を受けた原裁判所は，抗告が適法かどうかを審査する。抗告が不適法でその不備を補正できないことが明らかな場合には，決定で抗告を却下する（民訴287条の準用）。適法な抗告について，原裁判をした裁判所または裁判長は，自らのした原裁判を再審判する機会が与えられる（再度の考案）。直ちに上級審の審判にかからせるより，いったん再度の考案を経るほうが，簡易迅速な事件処理を旨とする抗告制度の趣旨にかなうからである。その結果，自ら抗告を理由ありと認めるときは，原裁判をした裁判所または裁判長は，原裁判を更正しなければならない（同333条）。更正があるとその限度で抗告手続は終了する。他方，抗告を理由なしと判断するときは，意見を付して事件を抗告裁判所へ送付する（規則206条）。この段階で抗告は上級裁判所の審理に係ることになる。

抗告審の手続は決定手続であるから，任意的口頭弁論により審理が行われ，口頭弁論を開かない場合には，抗告人その他の利害関係人を審尋することができる（民訴335条）。抗告裁判所の判断は，決定の形式で示される。

（2）抗告許可の手続には，上告受理申立てに関する規定が準用される（民訴337条6項，規則209条）。抗告許可の申立てを受けた原裁判所である高等裁判所は，申立てが適法かどうか，許可理由があるかどうか，審査する。許可理由の審査は，最高裁判所の負担軽減のため，高等裁判所に委ねられる。高等裁判所は，許可理由がない場合，抗告不許可の決定をする。これに対して，高等裁判所は，法令の解釈に関する重要な事項を含むと認めるときは，抗告許可の決定をしなければならない（民訴337条2項）。抗告許可の決定がされると，最高裁

判所への許可抗告（同1項）があったものとみなされる（同4項）。その後の手続は，特別抗告に準じて行われる（同6項，規則209条）。

第13章
再 審

総説 **(1) 概説** 確定した終局判決には既判力が生じ，前訴確定判決の判断内容を再度争うことはできなくなるのが原則である。しかしながら，訴訟手続に重大な瑕疵があるとか，判決の基礎とされた資料に犯罪に該当するような異常な欠陥があるような場合にも，それを看過してなされた判決をそのまま放置するしかないとすれば，当該紛争当事者に酷であるばかりでなく，裁判の適正の理念に反し，裁判に対する信頼をも損なうことになってしまう。そこで，法は，判決が確定した後でも，一定の場合には，当事者が，再審という非常の救済方法によって確定判決の取消しと事件の再審判を求めることを認めている。とはいえ，再審は，具体的正義の実現の観点から個別的救済を図るために，法的安定性を形成・確保する既判力を打破するものであるから，むやみに広く認められるべきものではない。どのような場合に再審を認めるかは，この両者の要請をどのように調整するかという考慮による。現行法は，両者の要請の調整点として，10の再審事由を列挙しており（民訴338条1項1号～10号），再審事由の存在が認められる場合にかぎって，原事件の再審理を認めるという構造になっている。換言すれば，再審手続は，再審事由の存否の判断により確定判決の取消しを求める段階（再審開始決定手続）と，確定判決により終了した原事件の再審理および判決を求める段階（本案再審理手続）からなる2段階構造となっている（民訴345・346条・348条参照）。再審開始決定によって，原判決の既判力を打破し，一度終結した訴訟手続を再開して，原事件の審判対象について再度審理・判断を行う。

(2) 再審と上訴 再審は，当事者に与えられた不服申立方法である点で，上訴と似ているが，①確定判決に対するものであるから判決確定遮断効がない（なお，執行停止の効力も当然に存在するものではなく，執行停止命令が必要である〔民

訴403条1項1号〕)，②原判決と同一審級で審理されるから上級審への移審効がない（同340条1項参照）点において，通常の不服申立方法である上訴と異なる。また，判決前の手続の瑕疵等を理由とする点で，判決後の上訴提起の障害を理由とする上訴の追完（同97条1項）と異なる。除権決定取消の申立て（非訟108条）や仲裁判断取消の訴え（仲裁44条）とも似ているが，これらの不服の対象は判決手続でなされた裁判ではなく，復活する本案訴訟がない点で，再審と異なる。

濫訴を防止し，確定勝訴判決を得た当事者の地位を保障するため，再審は上訴に対して補充的地位に置かれている（再審の補充性）。すなわち，判決確定前に再審事由を上訴によって主張したが棄却された場合や，再審事由が存在することを知り，その瑕疵を主張することができたにもかかわらず，上訴で主張しなかった場合は，判決確定後に再審申立てをすることはできない（民訴338条1項但書）。判例は，この補充性要件を緩和してきており，被告に対する有効な訴状の送達を欠いたために，被告が訴訟に関与する機会を与えられないまま判決がされて確定した場合には，ただし書きにあたらないとする（最判平4・9・10民集46巻6号553頁）。

再審の手続と判決

(1) 再審訴訟の訴訟物 再審申立ては，確定判決取消しと原事件の再審理という2つの要求から成り立っており，審理手続も訴えの適法要件および再審事由の存否に関する審理手続（再審開始決定手続）と，再開された原事件の本案の当否に関する審理手続（本案再審手続）という2段階構造になっている。再審訴訟の訴訟物についても，これに対応して，再審理を求められている原事件の訴訟物に加え，再審事由も訴訟物を構成するという二元説（訴訟上の形成訴訟説，かつての通説）と，再審の訴訟物を原事件の訴訟物のみとし，再審事由の存在をいわば再審の適法要件として位置づけるにとどまる一元説（本案訴訟説ないし上訴類似説）とが対立している。もっとも，この両説の争いは，2つの審理手続のどちらに力点を置くかによる理論体系上のものであり，実益はないとする指摘もある。また，二元説をとる論者においても，訴訟物論争を反映して，個々の再審事由ごとに訴訟物を異なるとみるかどうかで見解が分かれる。

(2) 手続 再審の訴えは，再審の訴えの訴状を管轄裁判所に提出してし

なければならない。再審訴状には，一般の訴状に求められる要件のほか，不服の理由として具体的な再審事由の主張を掲げなければならず（民訴343条），不服の対象となる判決の写しを添付する（規則211条１項）。もっとも，再審事由の主張は後に変更できる（民訴344条）。再審の審判には，その性質に反しないかぎり，その審級の訴訟手続に関する規定が準用される（同341条）。

　旧法下では段階的な区別がなされず，再審の許否と本案の審理は一体としてなされていたが，これに対しては，審理が複雑である，第一審が再審事由ありとして本案の判断をしたのに上級審で再審事由なしとされる場合には，本案についての攻撃防御方法の提出が無駄になり，不必要な負担を原告に課すことになる，等の問題が指摘されていた。現行法では再審手続は，２段階構造となっており，再審の訴えの提起によって直ちに本案の再審理がなされるという構造にはなっていない。

　まず，再審開始決定手続において，再審の適法要件と再審事由の存否が審理される。これらは非公開の決定手続でなされ，この局面においては職権探知主義が妥当する。当事者の合意や手続的処分によって原判決の既判力を否定することはできないからである。再審の訴えの適法要件を欠くときには訴え却下判決がなされ（民訴345条１項），再審事由が認められなければ再審申立ては決定で棄却される（同２項）。これらの決定に対して再審原告は即時抗告をすることができる（同347条）。再審請求棄却決定が確定すると，同一の再審事由を理由としてさらに再審の訴えを提起することはできなくなる（同345条３項）。

　再審の適法要件と再審事由の存在が認められると，相手方審尋のうえ，再審開始決定がなされる（民訴346条１項・２項）。再審開始決定が確定すると，不服申立ての限度で，原事件の本案について審理・判断がなされる（同348条１項）。本案についての弁論は，原手続（前訴）の再開続行であり，原事件と同一の審判対象（訴訟物）について，当事者からの再審または附帯再審による原判決に対する不服申立ての限度で審判される。従前の訴訟手続は，再審事由の瑕疵を帯びていないかぎり有効であり，再審裁判所が事実審であれば，当事者は新たな攻撃防御方法を提出することができる。本案の審理の結果，原判決を正当とするときは再審請求を棄却する（同２項）。事実審の再審での再審請求棄却の場

合には，本案について再審理をしているため，既判力の基準時は再審の口頭弁論終結時に移ると解される。原判決と再審裁判所の結論が異なる場合には，原判決の取消しを宣言し，その結論に応じた新しい判断をする（同3項）。

再審の訴えの一般的要件

(1) 管轄裁判所 再審の訴えは，再審事由ありと主張されている原判決を下した裁判所の専属管轄である（民訴340条1項）。ただし，同一事件について，審級を異にする裁判所がした判決に対して再審の訴えが提起されるときは，上級裁判所があわせて管轄をもつ（同2項）。控訴審が本案判決をしている場合には，控訴審において全面的に審理がなされているために控訴審への再審のみが許される（同338条3項）。管轄違いの訴えには移送が認められる（同16条1項）。

(2) 当事者適格 再審原告は，原確定判決の効力を受け，かつ，その取消し・変更を求める利益（不服の利益）を有する者である。したがって，原則として，原確定判決の敗訴当事者が再審原告となる。口頭弁論終結後の承継人や第三者の訴訟担当の場合の被担当者などの判決効が拡張される者（民訴115条1項1～3号）も再審を提起することができる（特定承継人については関与の方式等をめぐって争いがある。これについて，最判昭46・6・3判時634号37頁は，単独で再審原告になることができるとする）。また，補助参加人も被参加人のために再審原告となることができる（同45条1項）。さらに，判決の効力が第三者に及ぶ場合には，判決の取消しについて固有の利益を有する第三者も再審を提起することができる（この場合は独立当事者参加の形式〔同47条1項〕によるべきであろう）。なお，死後認知判決に対する再審の訴えの原告適格につき，最判平元・11・10民集43巻10号1085頁は，第三者再審を認める行訴法34条は特別の規定がないかぎり類推できないとする。

再審被告は，原則として，原判決の勝訴当事者であるが，勝訴当事者の承継人なども再審原告と同様の基準で再審被告となりうると解される。人事訴訟において相手方とすべき者が死亡した場合は，検察官に再審の被告適格が認められる（人訴12条3項）。

(3) 再審の訴えの対象 再審の訴えの対象は確定した終局判決に限られる（民訴338条1項本文）。中間判決（同245条）など，終局判決の前提となっていて

その内容に影響を及ぼす可能性のある裁判の再審事由については，これを理由として，終局判決に対して再審の訴えを提起する（同339条。ただし，同349条1項）。

(4) 出訴期間　再審は，原則として，判決確定後再審事由を知ってから30日以内の不変期間内，または判決確定より5年の除斥期間内に提起しなければならない（民訴342条1項・2項）。ただし，再審事由が判決確定より後に生じたときには除斥期間の起算日の延長が認められ（同2項カッコ内），代理権欠缺の場合（民訴338条1項3号前段）と既判力衝突（同項10号）には，不変期間も除斥期間も適用がない（民訴342条3項）。

再審事由

(1) 概説　再審は確定した終局判決に対する特別の不服申立方法であるから，むやみに広く認められるべきものではなく，法に列挙された再審事由（民訴338条1項各号）を主張する場合に限って許される（制限列挙）。再審事由となるのは，確定判決にそのまま放置しておくことが許されないような重大な瑕疵がある場合であり，一般的には，重要な手続上の瑕疵に属するもの（同項1号～3号）と，裁判の基礎に関する瑕疵に属するもの（同項4号～10号）とに分類される。沿革的にみると，わが国の再審制度は，基本的に1877年のドイツ帝国民事訴訟法に由来する。大正15年改正前の旧々民訴法（明治民事訴訟法）においては，ドイツ法同様，再審は判決無効の訴えと原状回復の訴えからなっていた（前者の訴えの事由は現行法の1号～3号事由に相当し，後者の訴えの事由は現行法の4号～8号事由・10号事由と新証書の発見であった）。両者の訴えの取扱いには差異があったが，そのような区別は合理的でないとされ，大正民訴法改正で一本化された。その際，再審事由から新証書の発見が落とされ，判断遺脱（同項9号）が加えられた。現行法もこの立場をとり，両者を区別していない。既判力を打破する再審事由は，法的安定の要請と具体的正義の実現の要請との1つの調整点を示したものであり，国により異なる。わが国の現行法上の再審事由がこれで必要かつ十分かどうかは，なお検討の余地がある。

(2) 再審事由の個別的検討　**(a)**　民訴法338条1項1号～3号は重要な手続上の瑕疵に関するものであり，法律に従って判決裁判所を構成しなかったと

き（1号。裁判官の欠格，任命の無効，合議体の員数不足等），法律に従って裁判に関与することができない裁判官が裁判に関与したとき（2号。除斥原因のある裁判官の関与等），代理権の欠缺（3号。代理人として訴訟を行った者に代理権がなかった場合，代理人が必要であるのに代理人がつかなかった場合等）があげられる。通説によると，これらの事由は絶対的上告理由と共通であり（民訴312条2項1号・2号・4号），原判決の結論との因果関係は不要であると解される（もっとも，近時では裁判官の職務犯罪に関する4号事由も因果関係は不要とする見解が多数である）。

　再審事由は制限列挙と解されているが，判例は，送達などの手続に瑕疵があり，当事者に手続関与の機会がなく裁判を受ける権利が実質的に保障されなかったような場合（前掲最判平4・9・10や，補充送達を受けた者と受送達者との間に事実上の利害関係の対立があり，受送達者に訴状等が送達されなかったため，受送達者に手続関与の機会がなかった場合〔最判平19・3・20民集61巻2号586頁〕等）には，3号を類推適用して救済を図っている。なお，代理権の欠缺は，判決確定後に当事者の追認があれば再審事由でなくなる（民訴312条2項但書類推）。

　(b)　民訴法338条1項4号〜8号は判決の基礎資料の瑕疵に関するものであり，裁判官の職務犯罪（4号。職権濫用，収賄等），相手方または第三者の刑事上罰すべき行為による自白または攻撃防御方法提出の妨害（5号），証拠の偽造，偽証等（6号・7号），判決の基礎となった裁判・行政処分の変更（8号）があげられる。

　4号〜7号までの可罰行為の再審事由については，その加罰行為に対して有罪もしくは過料の裁判があったこと，または，証拠不十分以外の理由で確定刑事判決に達することができなかったこと（本人の死亡による公訴棄却，大赦，時効，情状による起訴猶予処分等）が要件として加わる（民訴338条2項。後者については，被疑者の死亡等の事実だけでは足りず，有罪の確定判決を得られるような確かな証拠がある場合でなければならない〔最判昭52・5・27民集31巻3号404頁〕）。有罪の刑事判決があっても再審裁判所はそれに拘束されるものではなく，再審を棄却することもできる（起訴猶予処分につき，最判昭45・10・9民集24巻11号1492頁）。この有罪判決等の存在は，再審訴訟の訴え提起に必要な適法要件であり，可罰行為そ

のものが再審事由であり，濫訴対策としてこのような要件があると解される。これに対しては，1項の可罰行為と2項の有罪判決等が合体して再審事由になるという合体説や，2項を可罰行為の可罰性を確定する特別の事由と解する再審事由具備要件説（理由具備要件説）がある。

　(c)　民訴法338条1項9号・10号は判断そのものの瑕疵に関する。判断遺脱（9号），既判力の抵触（10号）があげられる。9号の判断遺脱とは，当事者が適法に訴訟上提出した攻撃防御方法で，判決の結論に影響するものに対し，裁判所が判決理由中で判断を示さなかった場合である（これに対して，本案申立てについて判断を示さなかった場合は裁判の脱漏〔民訴258条1項〕となる）。時機に後れた攻撃防御方法として却下されたもの（同157条1項）や，要証事実との関係で採用されなかった証拠については，この事由とすることができない。10号の既判力抵触については，再審の補充性から，前訴で確定判決の存在を知っていた場合には申し立てることができない（大判昭14・12・2民集18巻1479頁は，前訴判決がある以上特別の事情がないかぎり知っていたと推定すべきだとする）。両当事者がともに確定判決の存在を知りながらこれを援用しなかった場合は，後の訴訟で出された判決が通有性をもつ。この点は，既判力の職権調査性と一貫していない。

準再審　即時抗告によって不服を申し立てることができる決定や命令で，終局的に確定したもの（訴状や上訴状の却下命令〔民訴137条2項・287条1項〕，訴訟費用額の確定決定〔同71条4項・7項〕，過料の裁判〔同381条〕等）に対しても，再審事由に該当する事由があるときには，再審の訴えに準じて再審の申立てをすることができる（同349条1項）。これを準再審という。即時抗告のできない最高裁の決定ないし命令に対しても再審の申立てができる（最判昭30・7・20民集9巻9号1139頁）。

再審制度と判決無効　再審の訴えによって確定判決が取り消されることによって原確定判決の既判力は排除される。したがって，再審を経ないで前訴確定判決の既判力と抵触する主張をすることは，本来認められないはずである。しかし，学説の中には，再審の訴えを経なくとも，訴訟行為の追完（民訴97条1項）や，判決無効の主張を認めることによって，

実質的に再審理を認めるものがある。判例（最判昭44・7・8民集23巻8号1407頁等）は，詐取判決に基づいて強制執行が行われた場合（いわゆる判決の不当取得〔騙取〕）に，再審を経ることなく，直接不法行為による損害賠償請求訴訟を行うことを認めており，仮執行宣言付支払命令（現・仮執行宣言付支払督促）が騙取された場合には，当事者本人に判決の効力が及ばないとする（最判昭43・2・27民集22巻2号316頁）。

　再審の訴えを経ないで，瑕疵ある確定判決を存続させたまま，原確定判決の判断と矛盾する主張立証をつねに認めるとすれば，既判力の打破を再審のみに認めて法的安定性を保障した意味は減殺される。しかし，再審事由は非常に限られており，また，再審手続により前訴の手続を復活させることが，当事者の救済にとっては迂遠となる場合もある。判決無効原因と再審事由の基礎には共通性があり，不法行為要件の主張の中で，実質的には再審事由の有無が判断される（隠れた再審）ことを考えると，つねに形式的に再審を経る必要はないと思われる。既判力論および判決無効論の展開をふまえたさらなる検討が求められよう。

第14章
簡易裁判所の訴訟手続

総　説　　簡易裁判所（以下，簡裁という）は，民事訴訟について第1審の審級管轄を地方裁判所（以下，地裁という）と分担する裁判所である。訴額が140万円を超えない事件の事物管轄を有しており（裁33条1項1号），低廉な事件について，簡易な手続により迅速に紛争を解決するという役割を担っている（民訴270条）。そのため，簡裁の手続は一般の民訴手続に比して，後述する手続的な特色を備えている。しかし，簡易迅速という役割を期待された簡裁手続も，事物管轄の訴額が引き上げられるにつれて，もともと期待されていた役割を十分に果たしていないという状況が生じていた。そこで，平成8年の民訴法改正に際して，少額の金銭（立法時30万円以下，現行60万円以下）の支払いの請求を対象とする略式訴訟（少額訴訟）が新設されたのである。費用や時間といったコストに見合わないことから，従来，訴訟の利用が断念されがちであった少額の金銭債権について，権利実現の途を開くものとして制度設計されている。

簡裁の訴訟手続に関する特則　　**(1) 口頭による訴えの提起**（民訴271条）　　訴えの提起は，訴状という書面でするのが原則である（民訴133条1項）が，簡裁では，原告の負担を軽減するために，口頭による訴えの提起が認められている。原告または代理人の陳述に基づき受付係書記官が調書を作成する方法で行われる。訴えの変更，中間確認の訴え，反訴といった係争中の訴えも書面が要求されるが，簡裁では，これらも口頭でよい。なお，口頭による訴えの提起の代わりに，原告が受付係に用意された定型の訴状用紙に記入して簡易に訴状を完成させる方式が実務では活用されている。

(2) 訴えの提起において明らかにすべき事項（民訴272条）　　簡裁の手続では，原告の負担を軽減するために，訴えの提起に際して，請求の原因に代えて

紛争の要点を示せばよいとされている。本来，訴訟の最初に審判対象となる請求を特定するために，訴状には，当事者，請求の趣旨および請求の原因の記載が要求されている（同133条2項）。これに不備がある場合には補正が命じられ，またそれに従わない場合には訴状は却下される（同137条）。簡裁の手続では，事件の多くが本人訴訟によることも想定して，訴え提起段階で請求を特定する必要性を緩和したものである。ただし，請求の特定が不要とされたわけではない。紛争の要点を示すことで請求の特定ができない場合には，原告はできる限り早期に請求を特定する必要があり，口頭弁論終結段階までに請求の特定ができなければ，訴えは却下される。

(3) **任意の出頭による訴えの提起**（民訴273条）　訴えの提起があったときは，裁判長が口頭弁論期日を指定し当事者双方を呼び出す方式をとるのが原則である（同139条）が，簡裁では，当事者双方が揃って出頭し，訴訟について口頭弁論をすることが認められている。また，この場合の訴えの提起は，口頭の陳述で行われる。訴え提起手続の簡略化と，期日指定手続の省略による迅速化が図られる。

(4) **反訴の提起に基づく移送**（民訴274条）　簡裁に係属する事件に反訴が提起され，その請求の事物管轄が本来地裁に属する場合には，原告（反訴被告）の申立てによって，本訴・反訴ともに地裁に移送される。反訴請求について地裁での審理を原告に保障するとともに，本訴・反訴について同一の手続での審理を確保するためである。

(5) **和解に代わる決定**（民訴275条の2）　簡裁には，金銭支払請求を目的とする訴えについて，請求認容判決ができる場合でも，和解的な解決内容を含めて金銭の支払いを命ずる決定をすることが認められている。

簡裁に係属する金銭支払請求訴訟では，被告が債務の存在を争わず，ただ現実に履行ができないとの理由から分割払いや期限の猶予等を求め，また，原告も債権回収の現実性を考慮してこれを認めて事件が和解で終結することも少なくない。しかし，和解は原則として両当事者が期日に出席することが必要であり（なお，和解条項案の書面による受諾〔民訴264条〕は，当事者の意思確認に慎重を期すため，簡裁の手続には必ずしも適切なものではない），被告が期日に出てこない

場合には和解はできない。実務では，調停に付し（民調20条），調停に代わる決定（同17条）を用いることもあったが，これは手続本来の利用とはいえない。そこで，紛争解決の実効性をあげるために，簡裁の通常訴訟でも和解的な解決を図ることができるようにしたのが，和解に代わる決定である。

和解に代わる決定は，金銭の支払請求において，被告が原告の主張した事実を争わず，その他何らの防御の方法をも提出しない場合に，被告の資力その他の事情を考慮して相当であると認めるときに，原告の意見を聴いて，これをすることができる。和解的な内容として，5年の範囲内での期限の猶予および分割払い，分割払いを定める際には期限の利益の喪失についての定め，期限の利益を喪失することなく支払いを完了した場合の訴え提起後の遅延損害金支払いの免除を定めることができる。

当事者は，この決定に対して，2週間の不変期間内に異議を申し立てることができ，その場合には，決定はその効力を失うことになる。不変期間内に異議の申立てがなかった場合には，決定は，裁判上の和解と同一の効力を有することになる。

(6) **準備書面の省略**（民訴276条）　口頭弁論は原則として書面で準備する（準備書面）ことが必要とされる（同161条1項）が，簡裁では，手続簡素化のために，準備書面は不要とされている。口頭弁論における事実主張の制限（同3項）もはたらかない。ただし，相手方が準備をしなければ陳述をすることができないと認めるべき事項については，書面で準備し，または口頭弁論前直接に相手方に通知することが要求され，この場合には，民訴法161条3項と同様の事実主張の制限が課せられる。

(7) **続行期日における陳述の擬制**（民訴277条）　簡裁の手続では，事件が低廉であるため，当事者が裁判所へ出頭する手間を厭う可能性もある。この点を考慮して，当事者に書面をもっての手続進行が認められ，本来，最初の口頭弁論期日にかぎって認められる陳述の擬制（同158条）が，続行期日においても認められている。

(8) **証人等の陳述の調書記載の省略**（規則170条）　簡裁の口頭弁論調書では，裁判官の許可を得て，証人等の陳述または検証結果の記載の省略が認めら

れている。

(9) **尋問等に代わる書面の提出**（民訴278条）　簡裁では，審理の簡易化のために，相当と認めるときは，証人尋問，当事者尋問，鑑定人の意見の陳述に代えて，供述書および鑑定書を提出させることが認められている。なお，証人尋問については，簡裁以外でも，当事者に異議のないときは尋問に代えて書面を提出させることが認められている（同205条）が，これは簡裁手続の特則が，一般の手続に取り入れられたものである。

(10) **司法委員**（民訴279条）　簡裁では，市民の常識と感覚，社会良識を反映させるために，民間人が裁判に関与する司法委員制度を採用している。簡裁は，必要あると認めるときは，和解勧試や審理に司法委員を関与させることができる。なお，司法委員は，毎年あらかじめ地裁が選任しておいた者の中から，事件ごとに1人以上を簡裁が選任する。

(11) **判決書の記載事項**（民訴280条）　判決書の記載内容は民訴法253条に定められているが，簡裁の判決については，事実および理由の記載内容が簡略化され，判決書を作成する裁判官の負担軽減が図られている。

(12) **訴訟代理人**（民訴54条1項但書，司法書士3条1項6号）　弁護士代理の原則（民訴54条1項本文）の例外として，簡裁では，裁判所の許可を得て，弁護士でないものを訴訟代理人とすることができる（許可代理）。当事者の家族や会社の従業員が許可を受けて訴訟代理人となる例が見られる。また，法務大臣が簡裁訴訟代理等関係業務を行うのに必要な能力を有すると認定した司法書士も，簡裁では訴訟代理人となることができる。

訴え提起前の和解　民事上の争いについて，当事者は，訴訟を提起することなく，簡裁に和解の申立てをすることが認められている（民訴275条1項）。起訴前の和解あるいは即決和解ともいわれ，目的物の価額にかかわらず簡裁の職分管轄に属している。訴訟係属を前提としない点で訴訟上の和解（同89条）と異なるが，どちらも裁判所の関与のもとに互譲による紛争解決を図るものであり，和解が成立し調書に記載されると確定判決と同一の効力をもつ（同267条）という点で共通する。両者は合わせて，裁判上の和解と呼ばれている。なお，民訴法264条および265条の方式は利用できない（同

275条4項)。

　和解の申立ては，請求の趣旨および原因並びに争いの実情を表示して，相手方の普通裁判籍の所在地を管轄する簡裁にする（民訴275条1項）。申立てがあると，相手方当事者を裁判所に呼び出して和解が試みられる。また，当事者が揃って裁判所に出頭し和解の申立てをすることも認められる（同273条類推）。和解期日に当事者が出頭しない場合には，和解不調として手続を終結することもできる（同275条3項）。

　当事者双方が出頭したが和解不調となった場合に，当事者双方の申立てがあれば，手続は訴訟に移行し，和解の申立時に，訴えの提起があったものとみなされる（起訴の擬制。民訴275条2項）。

　訴え提起前の和解は，申立費用が2000円と安く（民訴費3条・別表第一9項），また執行証書（民執22条5号）と異なり内容についての制限がないため，実際に争いがないにもかかわらず，契約上の義務についてあらかじめ債務名義を作成しておくのにも利用されている。

第15章
略式訴訟・略式手続

I　はじめに

　本章では，略式訴訟および略式手続について述べる。前者としては，通常の民事訴訟と比較して，手続が簡略化された，少額訴訟（民訴368条以下），手形訴訟および小切手訴訟（同350条以下）について概説し，後者としては，訴訟手続自体ではないものの簡易迅速に債務名義を取得し，または給付訴訟の先駆的な手続となる，督促手続（同382条以下）について概説する。

II　少額訴訟手続

意義と背景
　(1)　**意　義**　すでに序章で述べたように，現在の民事訴訟法が制定される際の5つの柱の1つが，少額訴訟手続の新設であった。その制定の際に標語とされたのが，国民が利用しやすくわかりやすい民事訴訟を作ることであった。通常の民事訴訟手続では，争点中心型の集中審理を実現し，原則的に上訴も制限される手続を構築することがめざされたが，これは，市民から見れば，プロの手続あるいは権利制約的な手続の創設であった。これに対して，市民のためのサービスの向上を目的とし，簡易裁判所における市民に身近な訴訟手続となることをめざして作られたのが，少額訴訟の手続である。この手続は，特に小規模な紛争について，裁判所において一般市民が訴額に見合った負担で迅速かつ効果的な紛争処理を可能にすることを目的として設けられた。少額裁判所は，弁護士等の法専門家の手を借りることなく，市民が自らの手によって手軽に救済を確保できるフォーラムとなることが

期待されているのである。

(2) 背　景　この手続には背景がある。戦後，小規模な民事紛争の簡易・迅速な処理を目的の１つとして創設された簡易裁判所は，旧法の下では，必ずしも市民が利用しやすい身近な存在ではなく，とりわけ，そこでの民事事件は，貸金業者や信販業者等が市民を被告として訴えるいわゆる業者事件により占拠されていた。そのような状況で，国民の裁判離れやいわゆる２割司法と呼ばれた状態を克服するために，簡易裁判所に，国民が自らの手で少額軽微な民事紛争を解決できる訴訟手続として，この手続が設けられたのである。アメリカ合衆国の少額裁判所（Small Claims Courts）の手続が参考にされた。

　まず，少額訴訟事件の新受事件数は，請求適格の拡大（平成16年４月１日から，30万円以下→60万円以下）とも相まって，着実な伸びを示している。平成10年が，8,348件であったのに対して，平成22年には，約2.5倍の19,133件となっている（平成17年の23,584件が最高値）。その間，初年度から事件数の伸びが見られ，利用者に身近で利用しやすい手続となっている。なお，ここ数年は，２万件前後で推移している。

少額訴訟の要件　少額訴訟を利用する要件は，限定されている。この手続は，金銭の支払請求に限定され，しかも，訴訟の目的の価額（訴額）が60万円以下のもののみに限定される（民訴368条１項本文。請求適格の要件とも呼ばれる）。それゆえに，訴額が60万円を超える金銭請求事件，60万円以下の事件であっても，物の引渡請求事件，作為・不作為請求事件，金銭債務不存在確認請求事件では，この手続を利用することはできない。ただ，実際には，少額訴訟に類する事件は，市民型訴訟事件等として，少額訴訟手続に準じた手続運営上の工夫を行っている裁判所（東京・大阪簡易裁判所等）も存在する。

　この訴額は，金銭債権の元本を基準に定められ，元本とともに利息や遅延損害金等の附帯請求をする場合には，それらの価額は訴額に算入されない（民訴９条２項）。また，同一の原告は，同一の簡易裁判所において同一の年（暦年〔１月１日から12月31日まで〕）に，10回を超えて少額訴訟による審理・裁判を求めることができない（同368条１項但書，規則223条）。これは，この手続が，消費者

金融や信販会社等の業者等に独占され，一般市民が利用しにくくなることを防止する趣旨である。裁判所がこの利用回数を確認できるように，原告は，その年に利用した回数を提訴時に届け出る義務を課され（民訴368条2項・3項），虚偽の届出に対する制裁（10万円以下の過料）の規定が設けられている（同381条）。

通常手続との関係　**(1) 手続の教示**　少額訴訟手続には，その当事者が，自ら適切に手続を行うことができるように，2段階の手続教示（手続説明）の制度（規則222条）が設けられている。第1段階として，裁判所書記官が，当事者に対し少額訴訟における最初にすべき口頭弁論期日（現実に弁論がなされる最初の期日）の呼出しの際に，少額訴訟による審理・裁判の手続内容を説明した書面を交付しなければならず，第2段階として，裁判官が，最初にすべき口頭弁論期日の冒頭で，少なくとも証拠制限，被告の通常訴訟への移行申述権や判決に対する異議申立権につき口頭で説明しなければならない。

(2) 手続選択と手続移行　一般に，訴額60万円以下の金銭支払請求訴訟を提訴する原告は，簡易裁判所内の2つの手続，すなわち少額訴訟手続と通常訴訟手続のいずれかを選択する権限を有している。それゆえ，原告が少額訴訟手続を選択する場合には，訴え提起の際に，少額訴訟による審理・裁判を求める旨の申述をしなければならない（民訴368条2項）。ただ，原告が少額訴訟を選択しても，当事者間の公平の観点から，後述のように，被告は，訴訟を通常の手続に移行させる旨の申述をすることができる（同373条1項本文，規則228条1項）。それにより，訴訟は通常手続に移行し（民訴373条2項，規則228条2項），その後は，通常の三審制の訴訟手続が行われることになる（被告の移行申立権の時間的制約として，民訴373条1項但書を参照）。

原告が少額訴訟を選択した場合でも，裁判所が，被告の意向にかかわらず，職権で訴訟を通常の手続により審理・裁判する旨の移行決定をしなければならない場合もある（民訴373条3項1号～4号，規則228条3項）。この職権移行は，裁判所が，少額訴訟手続の利用を適正化し適切な救済形成を可能にするという後見的な立場から，原告・被告の利益を考慮すべき要請や，回数制限および証拠制限等の制度的な要請をふまえて認められた。この決定に対して，当事者は

> **📖 オアシス 15-1　いわゆる一体型審理**
>
> 　少額訴訟の審理は，訴訟資料と証拠資料の峻別を行うことなく行われている。つまり，弁論（当事者の主張）と証拠調べ（当事者本人尋問）とを明確に分けることなく，裁判所が，訴状，答弁書，準備書面，書証等に基づいて，当事者から紛争の実情を聴きながら，訴訟資料と証拠資料とを適宜獲得して行くという方法で行われているのである。これは，裁判所サイドから見て，一体型審理と呼ばれている。一期日審理の原則の下で審理しなければならないことから必然的に生み出された実務である。ただ，主張と証拠の区別は，民事訴訟審理の核心の一翼を担う弁論主義の一要素であり，機能的には不意打ちの防止に奉仕することになる。それゆえ，当事者が法廷で述べることは，主張としてだけではなく証拠としても扱われることもある旨を注意したうえで，このような審理方法を用いるべきであろう。また，裁判官は，適時に争点・証拠の整理を行いながら，相互の対話を促進させ，釈明権を行使し，さらに，相手方からの反対尋問をも許しながら，たとえ判決に至ったとしても，不意打ちを防止し手続保障が貫徹されることに努めなければならないであろう。いずれにせよ，一体型審理では，裁判官による事情聴取型の審理ではなく，当事者の「発話促進型」の審理が目指されるべきであろう。

不服を申し立てることができない（民訴373条4項）。

少額訴訟の審理　　(1)　**一期日審理の原則**　この原則は，少額訴訟の審理は口頭弁論で行われ，特別の事情がある場合を除き，最初にすべき口頭弁論の期日（現実に弁論がなされる最初の期日）に審理を完了しなければならないとするものである（民訴370条1項）。それゆえ，その期日前またはその期日に，すべての攻撃防御方法を提出しなければならない（同2項本文）。当事者が，十分に準備をして裁判所に足を運び1回の正式な審理で議論を尽くすだけで救済を得られることを原則とすることにより，市民の主体的関与に基づく魅力的な手続となることを意図したものである。一期日審理を実現するためには，裁判所書記官の役割が重要となる。ただし，例外的に，期日の続行はありうる。続行期日においても攻撃防御方法を提出することができる（同2項但書）。審理の場としては，法壇をもつ通常の法廷よりも膝を突き合わせて議論を行うことができるラウンドテーブル法廷が望ましい。なお，和解はいつでもでき（民訴89条），また，和解に代わる決定（同275条の2）も可能である。

(2)　**審理手続の特則**　少額訴訟では，審理の簡易化のために，被告は反訴を提起することができず（民訴369条），証拠調べは即時に取り調べることがで

きる証拠にかぎり行うことができ（同371条），尋問事項書が不要とされ（規則225条），証人宣誓も不要とされ（民訴372条1項），交互尋問方式も採用されず尋問順序が裁量化されており（同2項），電話会議システムによる証人尋問が許され（同3項），さらに，証人等の陳述の調書記載も省略できる（規則227条1項）。

少額訴訟の判決　**(1) 即日判決の原則**　これは，裁判所が，判決言渡しを相当でないと認める場合を除き，口頭弁論の終結後直ちに行うとする原則である。（民訴374条1項）。「直ちに」とはいっても，口頭弁論の終結後多少の時間をおいて言い渡すことは許される。また，例外的に「相当でないと認める場合」とは，審理終結後ある程度の時間をおいて言い渡した方が，当事者が判決を冷静に受け止めることができる場合や被告の任意履行を促しやすい事情があるような場合，さらには審理の終了後和解を試みるのが妥当な場合（司法委員〔同279条〕が和解の成立に助力する場合も考えられる）などが，これにあたる。判決の言渡しは，判決原本に基づくことなく行うことが可能である（調書判決の制度。同374条2項）。

(2) 支払猶予判決の可能性　一般に，現在の給付の訴えに対する請求認容判決は，特に原告が異なる申立てをしていないかぎり，一括払判決が原則である。しかし，被告に十分な資力がない場合等には強制執行によるのではなく債務者の自発的な支払努力に依拠する方が，原告は効率的な満足が可能になる。また，被告も議論に参加して支払方法等を定めた方が，結果的に任意履行のインセンティヴを生み出しやすく実効的な判決となる可能性が高い。そこで，裁判所は，請求の全部認容判決または一部認容判決をする場合には，被告の資力その他の事情を考慮して特に必要があると認めるときは，判決の言渡しの日から3年を超えない範囲内で，認容額の支払いの猶予を行うことができる旨の規定（民訴375条1項）が置かれた。この支払猶予判決は，いわば和解的な判決であるが，その内容としては，①一括払いをするとしても支払期限を定めること，②分割払いの定めをすること，③支払期限の猶予（①と②）と併せて，それらの定めを遵守して支払ったときには，訴え提起後の遅延損害金の支払義務を免除する旨の定めをすることの3種が規定されている（分割払いの定めをするときは，被告が支払いを怠った場合における期限の利益喪失についての定めをしなければな

🛋 オアシス 15-2　支払猶予判決の正当化根拠

　このような和解的判決は、いわば実体権の変更（一括払いから支払猶予への変更）を裁判所が行うものであるが、その正当化根拠も問題となる。学説上は、原告が少額訴訟手続を選択したことをもって和解的判決を甘受する黙示の意思表示と見る見解、少額訴訟手続を実質的仲裁と位置づけ仲裁人としての裁判官による裁量的な判断が可能になるとする見解、さらには、権利（権利の存否）と救済（権利者を保護するための救済方法）の分離を前提として支払猶予判決は後者の救済規範を顕在化したにすぎず、両当事者が救済形成過程に十分関与し個別具体的救済に関する議論が十分に尽くされる機会が保障されたことに求めるべきであるとする見解が存在する。難問であるが、意思表示の擬制や実質的仲裁と見立てる形式論では正当化は不十分であり、当事者間の対論保障の促進につながる最後の見解が妥当と考えられる。

らない。同2項）。これは、和解や調停等で、債務者の任意履行を可能とするために頻繁に用いられた救済手法が、判決手続に取り入れられたものである。この判決は、少額訴訟判決と表示される（規則229条1項）。

　考慮されるべき被告の資力その他の事情とは、実体的事由と手続的事由とに分けることができる。前者には、被告の健康状態や就業状態、被告の家族や同居者の事情、さらに斟酌に値する保証債務・連帯債務であること、時効の抗弁を知らずに援用しないことなどが含まれ、後者には、当事者の救済形成への関与の度合いや救済内容への提言の態様等が考えられる。

　なお、強制執行の局面でも、原告の負担を軽減し簡易迅速な執行を可能とするために、仮執行宣言を必要的とし（民訴376条）、単純執行文を不要とし（民執25条但書）、簡易裁判所における特別な強制執行手続（少額訴訟債権執行手続。民執167条の2以下）も、新たに設けられた。

不服申立て　少額訴訟手続の不服申立てとしては、控訴が禁止され（民訴377条）、その判決をした簡易裁判所に対する異議申立てのみが認められている（同378条1項、規則230条）。民訴法375条1項・2項の規定による定めに関する裁判の部分だけを切り離した不服申立ては行うことができない（民訴375条3項）。異議とは、一般に同一審級内の不服申立方法であり、証拠制限のない通常の手続に事件を移行させ、請求の当否について再審理を求めるものである。この異議申立権の放棄、口頭弁論を経ない異議の却下および異

議の取下げについては，手形・小切手訴訟判決に対する異議についての規定（同358条〜360条まで）が準用されている（同378条2項）。異議申立てにより少額訴訟判決の確定は阻止できる（同116条）が，ただ，仮執行宣言による執行を停止するには，さらに執行停止の仮の処分がなされなければならない（同403条1項5号）。

異議審での審理対象は，原告の請求の当否である。既存の判決と異議後の判決との関係は，手形・小切手訴訟判決とその異議後の判決との関係と同様であるので，その判決に関する認可・取消しの取扱いが準用されている（民訴379条2項・362条。この点については，本章Ⅲ手続(6)を参照）。この異議審の判決は，少額異議判決（規則231条1項）と呼ばれるが，これに対しても控訴が禁止されている（民訴380条）ので，少額訴訟は，一審限りの集中審理手続ということができる。この控訴禁止規定が，憲法32条に反するか否かが問題となったが，審級制度をどのように構築するかは立法に委ねられているので憲法違反ではないとするのが，最高裁判所（最判平12・3・17判時1708号119頁）の立場である。

なお，少額異議判決について憲法違反が問題となる場合には，憲法81条の要請から，異議審の終局判決に対しても，特別上告が認められている（民訴380条2項・327条）。それゆえに，簡易裁判所の少額訴訟手続は，市民の立ち位置から制度上最高裁に一番近い手続でもある。

Ⅲ 手形訴訟および小切手訴訟

意義と現状

(1) 意　義　手形・小切手訴訟とは，手形・小切手に基づく金銭支払請求を対象とする略式訴訟手続をいう（民訴350条・367条）。この制度は，昭和39年に創設され，昭和40年から施行された。経済界では簡易迅速な決済機能が重視され，当時は信用取引の手段として有用でありかつ現金化が容易である手形・小切手がよく利用されていたが，そのような利点を訴訟手続上も実現できるように，債権者が，簡易迅速に債務名義を取得することができる制度として設けられた。

(2) 現　状　ところが，手形・小切手訴訟事件（訴額によって，地裁事件と

簡裁事件がある）は，提訴事件数に着目した場合に，現在制度の黄昏時を迎えているようである。たとえば，平成10年が，8,594件であったのに対して，平成22年には，その15分の1以下の552件と激減している。なお，制度施行以来の最高値は，昭和43年の34,328件であった。このような事件数の減少は，制度自体の機能上の問題に起因するものではなく，社会経済の変化や信用取引の態様の変化（クレジット・ローンの普及や電子商取引の拡大等）に応じて，手形取引自体が減少したことによる。

手 続

(1) 請求適格 手続を利用できるのは，手形による金銭の支払請求と，これに附帯する法定利率による損害賠償請求（遅延損害金）に限られる（民訴350条1項）。遅延損害金は，手形上の権利ではないが，法定利率内のものにかぎって，手形金請求に附帯して，手形訴訟によって請求できることとされている。これは，債権者の便宜のための規律である。法規のうえでは，手形訴訟に関する規定が設けられており，それがすべて小切手訴訟に準用されている（同367条，規則221条）。それゆえ，以下では，手形訴訟について概観したい。

(2) 提訴手続 手形訴訟による審理・裁判を求める旨を記載した訴状を管轄裁判所に提出して行う（民訴350条2項）。訴え提起前の和解や督促手続からの手形訴訟への移行は，各申立てのときに手形訴訟を選択する旨の申述をしておく（同365条・366条）。電子情報処理組織（コンピュータ等）を用いて申立てを行う場合も同様である（同132条の10第1項本文）。管轄裁判所については，手形の支払地の特別裁判籍が認められる（同5条2号）点に特則が存在するが，その他の点については通常の場合と異ならず，訴額によって地方裁判所か簡易裁判所が管轄をもつことになる。訴状には手形の写しを添付しなければならない（規則55条1項2号）。

(3) 審 理 提訴後に，裁判長は，直ちに口頭弁論期日の指定をして，当事者を呼び出す（規則213条1項。期日の呼出状の記載事項については，同2項。被告の呼出状への特記事項については，同3項）。簡易迅速な債権回収のために，一期日審理の原則が行われる（規則214条）。続行期日を開かざるをえない場合でも，原則として15日以内に開かなければならない（同215条）。

手形訴訟では，手続の複雑化を避けるため，手形訴訟の反訴は禁止される（民訴351条）。通常訴訟の反訴も，反訴の要件（同146条）が具備しないので許されない。反訴禁止と同様の趣旨から，中間確認の訴え（同145条）も禁止されると考えられる。

(4) **証拠方法の制限**　証拠方法については，原則として，当事者が所持している文書で任意に提出するものに制限される（民訴352条1項）。手形自体のほかに，たとえば，契約書，商業帳簿，印鑑証明書等の文書が，これに含まれる。手形の所持者が，権利を有する蓋然性は高いので，簡易迅速な権利実現のために証拠方法が制限されたのである（なお，同2項～5項も参照）。

(5) **手形判決**　手形訴訟の判決を，手形判決という。判決書やこれに代わる調書には手形判決である旨が表示される（規則216条）。この表示は，通常の判決と不服申立ての手続が異なることから義務づけられた。手形判決と不服申立方法との関係については，次の3つの場合に分けられる。

第1に，請求適格を欠くことを理由とする訴え却下判決（民訴355条1項）に対しては，原告は，控訴も異議も申し立てることができない（同356条本文・357条）。第2に，一般の訴訟要件の欠缺を理由とする訴え却下判決に対しては，原告は，控訴を申し立てることができ（同356条但書），通常訴訟での審理判断を求めることができる（同355条2項参照）。第3に，請求認容・棄却判決に対しては，異議が唯一の不服申立方法であり（同357条），異議申立てがあると通常訴訟に移行する（同361条）。請求認容判決には，簡易迅速な権利実現の趣旨から，職権により原則無担保で仮執行宣言が付される（同259条2項）。

(6) **通常訴訟との関係**　手形訴訟手続には，通常訴訟への移行手続が，いくつか設けられている。第1は，原告の移行申立てによる場合である。原告は，口頭弁論の終結に至るまで，被告の承諾なしに，手形訴訟を通常訴訟に移行させる旨の申述をすることができ，この申述があったときは，手形訴訟は通常訴訟に移行する（民訴353条1項・2項。その後の手続については，同3項・354条を参照）。第2は，さきに述べたように（→(5)），手形判決（本案判決に限られる）に対する異議による場合である。異議後の通常訴訟の訴訟物が何かについて争いがある。通説は，原告の請求の当否であるとするが，しかし，適法な異議申

立てがあっても，仮執行宣言付手形判決の執行力に影響はないので（同403条1項5号参照），手形判決の取消請求と手形金等の支払請求の両者が審判対象になると解する説もある。異議後には，通常訴訟として第一審手続が続行されることになるので，通説が妥当である。

　この異議後の訴訟における判決を，新判決というが，手形判決と同じ結論の判決をする場合は，裁判所は，終局判決で手形判決を認可する（民訴362条1項）。このような認可の制度は，請求認容の場合に，二重の債務名義ができることを回避するためにある。これに対して，手形判決を取り消す場合には，新たな結論を内容とする判決をすることになる（同2項）。上訴とは異なり，この場合には不利益変更禁止の原則が適用にならない。通常訴訟に移行後の判決に対しては，通常訴訟手続に従って，控訴を申し立てることができる。控訴裁判所が異議を不適法として却下した判決を取り消す場合には，事件についてさらに弁論をする必要がない場合を除き，事件を第一審裁判所に差し戻さなければならない（同364条）。

IV　督促手続

意義と課題　**(1) 意　義**　督促手続は，支払督促を発するための手続（民訴382条以下）であり，支払督促とは，金銭その他の代替物または有価証券の一定の数量の給付を目的とする請求について，訴額にかかわらず，簡易裁判所の裁判所書記官が発する処分である。旧法では，支払命令と呼ばれていたが，現行法では，裁判官ではなく簡易裁判所書記官の職分とされたことから，支払督促と名称が変更された。現行法の制定以前の平成4年から，全国の簡易裁判所で，この制度をわかりやすく利用しやすくするための運用改善方策が実施され，その後の継続的な改善の努力を経て，今日に至っている。

　この制度は，民事訴訟に典型的に見られるように，権利の観念的な確定を通じて紛争を解決するための制度というよりは，簡易に債務名義を創出し（この点で，給付訴訟の代用手続または先駆手続である），効率的な権利実現を図るための

手続という側面が強い。現行法でも，支払督促が確定判決と同一の効力をもつ（民訴396条）とされており，簡易に執行力を得るための手続なのである。したがって，略式訴訟（特別訴訟）といわれているが，それはただ，債務者の異議申立てにより，通常訴訟に移行する可能性を有している手続にすぎず，通常の訴訟のような口頭弁論が，督促手続自体で行われることはない。本章で，督促手続を，簡易訴訟ではなく，簡易手続と呼ぶ理由は，ここにある。

　この手続は，少額訴訟手続や手形・小切手訴訟手続と比較して古い歴史をもつ。現行法の施行以降のデータを見れば，平成10年が，614,642件であったのに対して，平成22年には，351,451件となっている（昭和59年の677,336件が最高値。現在，後述のように電子情報処理組織を用いた取扱い〔→オアシス15-3参照〕も実施されている）。

(2)　課　題　　近時の督促手続における課題としては，債務者・消費者等の保護の問題がある。消費者信用事件等では，必ずしも法的知識を有するとは限らない相手方（手続上は債務者）に対して，たとえば，利息制限法違反の金銭請求が行われたり，また，根拠のない金銭請求が主張されたりすることにより，督促手続が悪用・濫用されないように，制度的な配慮が行われる必要がある。つまり，一方で，債権者のために迅速な債務名義の形成を保障しながら，他方で，裁判所における後見的関与を重視し，債務者の手続保障（2度の異議申立ての機会の実質化）をどのように確保するかを，考えなければならないのである。とくに，通常訴訟（簡易裁判所の訴訟手続）に移行した後における審理のあり方として，司法委員の関与による和解事例も数多く報告されているが，安易な和解に流れる場合には過払いなどの事実を隠蔽する危険性をはらんでいることにも注意して，逆説的ではあるが，簡易救済手続における慎重な審理・裁判が望まれる。また，和解に代わる決定の制度（民訴275条の2）が創設されたので，同様の理由からとくにその決定も慎重に行うべきであろう。そのような債務者保護の観点等からは，第三者が債務者の督促異議申立前に独立当事者参加を申し立てることも，また，第三者が補助参加の申立てとともに督促異議を申し立てることも，ともに許されるべきであろう（同384条，規則232条参照。後者の点については，裁判例〔東京高決昭57・6・23判タ485号109頁等〕は，消極説に立つ）。

近時，督促手続のIT化が著しいが（民訴397条以下を参照），それは，一面で，利用者の利便性を増し，「民事司法・民事訴訟のIT化」すなわち「司法へのアクセス」に貢献し，その展開に契機を与えるが，しかし，他面で，情報提供・手続説明等を手厚く行う要請や，債務者の手続保障に配慮すべき要請をも増大させるであろう。この点で，電子情報処理組織（コンピュータ等）の利用可能性が拡大されるにつれて，督促手続の管轄を，債務者の普通裁判籍所在地だけではなく，債権者のそれにも拡大すべきとする学説も見られるが，消費者保護が高唱されている現在，債権者主導でかつ一次的には一方的に債権者の利便性に充ちた手続を，管轄面でもより債権者に有利にすることは，立法政策として望ましいとは思われない。

支払督促の要件　　2つの要件がある。第1に，利用対象の限定である。この手続は，金銭その他の代替物または有価証券（無記名社債券や持参人払式小切手等）の一定数量の給付を目的とする請求についてのみ，利用することができるという要件である（民訴382条本文）。これは，執行証書（民執22条5号）と同様の要件であり，原状回復が容易な給付請求権について，簡易迅速に債務名義取得の途を開くのが制度目的であることに対応した制限である。現在の給付請求権が存在しなければならないので，停止条件または期限付請求権については，支払督促は認められない。第2に，債務者の手続保障に配慮した要件である。つまり，債務者に対し，日本国内で公示送達手続によらないで，支払督促を送達できる場合であることも要件とする（民訴382条但書）。

支払督促の申立てと支払督促の発付　　**(1) 支払督促の申立て**　支払督促の申立ては，請求の価額にかかわらず，原則として債務者の普通裁判籍所在地を管轄する簡易裁判所の裁判所書記官に対して行う（民訴383条1項。さらに，同2項も参照）。この申立てには，その性質に反しないかぎり，訴えに関する規定が準用される（民訴384条，規則232条）。ただし，貼用印紙額は，提訴の場合の半額である（民訴費3条1項別表第1・10項）。数個の請求または数人の債務者に対する請求を併合した申立ても可能である。なお，債務者からの異議後に，手形・小切手訴訟による審理を求める場合には，申立時にその旨を申述しなければならない（民訴366条1項。なお，同2項も参照）。

(2) **支払督促の発付** 督促手続では，債務者を審尋することなく，支払督促が発付される（民訴386条1項）。その際には，請求に理由があるか否かについての審理も行われることはない。しかし，申立てを受けた裁判所書記官にその発付権がない場合，上述した支払督促の要件を具備しない場合，および，申立ての趣旨から請求に理由がないことが明らかな場合には，申立てが却下される（同385条1項）。債権者は，この却下処分に対して，告知を受けた日から1週間以内に，その裁判所書記官所属の簡易裁判所に対して異議を申し立てることができる（同121条・385条3項）。異議の裁判に対して，不服申立ては禁止される（同385条4項）。支払督促には，民訴法382条の給付命令，請求の趣旨・原因，当事者・法定代理人，2週間以内に督促異議の申立てをしないときは債権者の申立てにより仮執行宣言をする旨の警告を記載し，発付した裁判所書記官が記名押印する（同387条，規則233条）。支払督促は，その正本が債務者に送達され（民訴388条1項，規則234条1項），この送達によってその効力が生じる（民訴388条2項）。支払督促を送達することができない場合には，裁判所書記官はその旨を債権者に通知し，通知後2か月内に送達場所を申し出ないときは，支払督促の申立てを取り下げたものとみなされる（同3項）。

仮執行宣言付支払督促 債務者が，支払督促の送達を受けた日から2週間以内に，督促異議の申立てをしない場合には，債権者の申立てにより，裁判所書記官は，支払督促の原本に記載して支払督促に仮執行の宣言を行う（民訴391条1項・2項，規則236条）。なお，債権者が，債務者への支払督促送達後2週間を経過したときから30日以内に仮執行宣言の申立てをしない場合には，支払督促はその効力を失う（民訴392条）。仮執行宣言付支払督促の正本が当事者に送達されると，直ちに執行力が生じる（同391条2項，規則236条2項，民訴391条5項。なお，民訴391条2項但書も参照）。債務者が，この仮執行宣言付支払督促送達後2週間以内に督促異議の申立てをしないときは，支払督促は確定判決と同一の効力を生じることになる（同396条）。これに基づく執行の際には，単純執行文は不要である（民執25条但書）。

支払督促に対する債務者の督促異議 (1) **2段階の異議** 支払督促は，いわば債権者の一方的な申立てによって発付されるので，債務者に手続

オアシス 15-3　電子情報処理組織による督促手続の特則

　平成8年に現行法が制定された際に，督促手続の事件数の増加と都市部への集中に対応できるように，コンピュータを中核とする電子情報処理組織によって，督促手続を処理することに道が開かれた。平成16年の法改正により，申立等のオンライン化（民訴132条の10参照）に伴い，督促手続については，手続全体をオンライン化するための規定（同397条〜401条）が整備され，平成18年7月に，いわゆる電子督促手続規則（民事訴訟法第132条の10第1項に規定する電子情報処理組織を用いて取り扱う督促手続に関する規則）が制定され，9月から，督促オンライン・システムが運用を開始した。当初は，電子情報処理組織による督促手続とはいっても，コンピュータによって光学的に文字を読み取ることができる特殊な用紙（「OCR（Optical Character Reader）用紙」）を用いて行うだけのものであった（平成9年に制定された「民事訴訟法第402条第1項に規定する電子情報処理組織を用いて取り扱う督促手続における支払督促の申立ての方式等に関する規則」の平成12年改正後の同規則1条1項を参照）が，手続のIT化を手続全体に普及させたのである。このシステムは，債権者のコンピュータと裁判所のコンピュータとをオンラインで接続することにより，原則として24時間・365日（閏年は，366日），債権者が，支払督促事件について同システムでフォーム化されているものに関して，インターネットを利用して各種申立てや照会等を行うことを可能とした。この手続によって督促手続を取り扱う裁判所は，指定簡易裁判所と呼ばれる（同397条カッコ書参照）。この裁判所としては，東京簡易裁判所が指定されており，平成22年11月1日から，全国にあるすべての簡易裁判所の管轄区域内の者が，この手続を用いて，東京簡易裁判所に支払督促を申し立てることが可能となった。
　督促オンライン・システムは，司法へのアクセスの飛躍的な拡大（「司法へのユビキタス・アクセス」〔誰でもいつでもどこからでも裁判所へのアクセスを可能とすること〕の実現）への第一歩という側面があり，最高裁判所も，ホームページ上にわかりやすい説明を掲載し，制度普及に努めている。潜在的な展開可能性を秘めた手続であり，今後，たとえば電子認証の要否（ID・パスワード方式へ変更の可否）等の入口の問題から手続のあり方のトータルな検討の後に，通常事件への展開も期待できるであろう。

保障を行うために，2段構えの督促異議申立ての手続が付与されている。すなわち，債務者には，その申立てにより，請求の当否について，訴訟（通常訴訟または手形・小切手訴訟）による審理判断を求める2度の機会が保障されているのである（民訴390条・393条）。督促異議は，請求の当否につき訴訟手続による審判を求める申立てにすぎないので，理由を付する必要はなく，書面または口頭で，支払督促を発した裁判所書記官が所属する簡易裁判所に対して行う。その申立ての後に，簡易裁判所は，その適法性の審査を行い，不適法であると認

める場合には，決定で督促異議を却下する（同394条1項。不服申立てについては，同2項を参照）。

(2) **効　果**　まず，仮執行の宣言前の異議（第1段階の異議）がある場合には，支払督促は異議の範囲で当然に失効する（民訴390条）。これに対して，仮執行の宣言後の異議（第2段階の異議）があっても，仮執行宣言付支払督促の効力は失われない。仮執行を回避するためには，執行停止の裁判を得なければならないのである（同403条1項3号）。しかし，いずれの異議も通常訴訟への移行の効果をもち，事物管轄の定めに従い，支払督促申立時に，支払督促を発した裁判所書記官所属の簡易裁判所，または，その所在地を管轄する地方裁判所に，訴えの提起があったものとみなされる（同395条前段。この場合においては，督促手続の費用は，訴訟費用の一部になる。395条後段。事件記録の送付について，規則237条を参照）。なお，第1段階の異議は，却下決定確定前または通常訴訟への移行のときまでにかぎって，取り下げることができるが，第2段階の異議は，上訴の取下げに準じて，通常訴訟への移行後，第一審終局判決まで取り下げることができる（民訴292条参照）。

督促異議後の手続　移行後には，第一審の訴訟手続（通常の訴訟手続または手形・小切手訴訟の手続）が行われる。第1段階の異議による移行の場合は，支払督促が当然に失効し，請求の当否が審判の対象となるが，しかし，第2段階の異議による移行の場合については，仮執行宣言付支払督促の効力が失われないので，審理判断の対象が何かについて，学説上争いがある。請求の当否自体が審判の対象になるとする説と，異議申立ての当否が対象になるとする説等が対立するが，手形・小切手判決の場合（→本章Ⅲ手続(6)）と同様に，その異議申立てが請求についての通常手続による審判要求であるので，請求の当否が審判の対象となると考えるべきである。ただし，二重の債務名義の形成を回避するため，請求に理由がある場合には，認可の判決をすることになる。

補　章
ITと司法

I　はじめに

　情報通信技術は社会のさまざまなところで変革をもたらしているが，裁判手続もその例外ではない。この章では，情報通信技術を活用することによって民事裁判がどのように変わりうるか，その将来の姿を考えてみる。

　情報通信技術といってもさまざまだが，ここでは，直接面と向かって意思を伝えあう対面コミュニケーションや伝統的に用いられている郵便，電話による意思伝達を除いた手段を考える。現行法の下での実務でも，ファクシミリによる書類の送付や電話会議システム，テレビ会議システムの利用は認められ，活用されているが，他方で情報ネットワークを駆使した事件の申立てや記録作成，期日運営はほとんど行われておらず，テレビ会議システムもごく限られた範囲での利用が認められているにすぎない。以下では，3つの技術的モメントに分けて，ITの利用が司法をどう変えていくか，そしてそこにはどのような問題があるかを概観する。

II　eファイリング

eファイリングの概念と調書　eファイリングとは，一般的には電子的手段を用いて申立てを行い，これを電子的記録に受け入れることを指す。訴訟に特有の用語ではなく，むしろ税務申告において普及してきた。わが国でもいわゆるe-taxの名前で確定申告のeファイリング化が進められている。これを裁判所の訴訟事件申立てと記録化と事件処理に活用することは，大

きなメリットをもたらす。

　まずは，紙媒体の手続から電子媒体の手続に移ることにより，ペーパーレス化が図られ，記録の保管コストが事実上ゼロとなるほか，検索が容易になることでさらなる付加価値を享受できる。もっとも，OA化がペーパーレスを実現したかというと，むしろコピーの氾濫を招いたという現実もある。ペーパーレスが実現するには，電子記録を期日や合議の都度プリントアウトするといった使い方をやめ，電子記録のままモニターなどを通じて利用するといったソフト面の改革が伴う必要がある。

　つぎに申立てから受付に至るまで，その時間と人の制約が大幅に緩和される。ネットワークを通じた申立てが可能となれば，24時間，どこからでもアクセスできる。その受理と記録起こしも自動化できる。ただし受理後の不備や不十分さに対するチェックや補正，補正促しなどは，手数料納付など自動化可能な部分を除いて従来どおり書記官と裁判官が行うことになる。それでも補正や釈明がネットを通じて行えることの意義は大きい。

　申立書面や調書，そして文書証拠などが電子記録となると，関係者によるアクセスも効率化する。裁判所内部にとどまらず，当事者・代理人による記録へのアクセスが可能となれば，情報の共有に伴う手続的な不意打ち防止などにつながる。さらには，関連訴訟事件との情報共有もスムーズに行えるであろう。裁判の公開も，記録へのアクセスが公開の実質化につながると期待できる。ただし，関連事件との情報共有や一般公衆のアクセスは，そのような司法政策的立場をとるかどうかの選択にかかっている。

　記録の電子化は，判決作成にも有用であり，欠席判決や事実上争いのない定型的な事件では判決自体の自動化にもつながる。

　その他，基盤整備が必要ではあるが，予納すべき費用の電子的決済や送達のオンライン化も図られる。

現行法の状況　現行法はオンライン申立てを可能にする条文（民訴132条の10）を設け，ごく限られた範囲での実験的eファイリングを行っているが，申立ては書面に出力することとする（同第5項）など，本格的に導入する方向にはないようである。また支払督促については，電子申立て

と電子的処理が本格的に導入されている（民訴397条〜402条）。とくに送達にあたる処分の告知もネットワークを通じて行うことが予定されている（同399条）ことは注目できる。ただし，やはり記録は書面化することが予定されており（同401条），eファイリングを本格化する方向ではない。

セキュリティの懸念 導入の最大の障害は，eファイリングにセキュリティの不安がつきまとうということである。情報セキュリティは一般にCIAと呼ばれる3つの側面に分けて説明される。すなわち機密性（Confidentiality），完全性（Integrity），可用性（Availability）の3つである。

まず機密性という点でいうと，通信に伴う漏洩のリスクと，記録の電子化に伴う漏洩のリスクが問題である。

裁判は公開が原則であるとはいえ，憲法が保障する裁判の公開は記録の公開を当然に含むものではない。現行法上は訴訟記録の公開を一般に保障している（民訴91条1項）が，その謄写は当事者または利害関係人に限っており（同3項），また近時は秘密保護のための公開制限が例外的に課せられている（同92条参照）。特別の公開制限の対象ではない一般の訴訟記録でも，訴訟事件はきわめてセンシティブなプライバシー情報となる可能性が高く，情報漏洩は当事者等の利益侵害となりうる。したがってeファイリングには一般に閲覧または謄写を認めない記録について情報漏洩を防止する確実な仕組みが必要である。

つぎに完全性とは，情報が改ざんされたり作成名義人を偽って作成されたりするものでないことの要求である。当事者の申立が氏名冒用者によってなされたり無権代理人によってなされる可能性があれば，訴訟手続に必要な安定性が保てないし，改ざんされた主張や証拠に基づいて裁判がなされれば適正さが損なわれる。また裁判所の発する裁判が改ざんされれば混乱を招くのみならず，不正行為にもつながる可能性がある。

こうした完全性の要求は，デジタル化やネットワーク化に限ったものではなく，すでに大審院時代から氏名冒用訴訟の処理が問題となっていたように，古くからの課題でもある。また裁判の改ざんは，弁護士によっても，はなはだしい場合は裁判所書記官によってもなされた例がある。しかしながらデジタル化やネットワーク化を無防備に取り入れれば，そうしたリスクがより増大するこ

とは否めない。紙媒体のやりとりでも生じうるリスクを，デジタル化することによって技術的に予防し，却って紙媒体の訴訟よりもセキュアなシステムを実現することが求められている。

最後に可用性とは，情報が必要に応じてアクセスできて使用可能な状態に保たれることをいう。一般に，可用性は機密性や完全性と矛盾する要請となりうる。機密性のレベルを高めるあまり，裁判所の構内からしかアクセスできないシステムにしてしまったり，なりすまし防止を確実にするために高コストで手間のかかる認証システムを導入してしまえば，可用性は損なわれ，eファイリングの利点は損なわれる。そのバランスが重要である。

加えて，電子情報を滅失から守り，かつ長期間にわたって利用が可能な状態で保存することは必ずしも容易ではない。現在最も普及しているファイル形式が将来100年200年にわたって利用され続けるとは思えないし，将来のコンピュータが現在のファイル形式を読み出す機能を備えている保証はない。裁判所が保管すべき期間は，電子情報の保存利用に関する技術進歩に応じてデジタル記録を更新する必要がある。

なお，アメリカのeディスカバリで用いられるデジタル・フォレンジック技術は，デジタル・データの原本確保や改ざん防止，改ざんや滅失したデータの復元に威力を発揮する。eファイリングの導入にはもちろん，現在の電子媒体による証拠の取調べにも活用されるべきである。

III 仮想法廷

わが国の民事訴訟法は必要的口頭弁論の原則を採用しているので，法廷に両当事者が出席できる口頭弁論期日を開いて，そこで主張立証を行うこととなっている。この法廷における手続をオンライン上で，仮想的に行うことが仮想法廷（virtuel court）のアイディアである。

SFの世界では，遠隔地から立体映像で会議に参加する場面がしばしば描かれるが，そうしたリアルな法廷にかぎりなく近い状態を現出するものだけでなく，多元的なテレビ会議システムを用いる場合，電話会議システムによる音声

のみ，あるいはリアルタイムチャットにより文字情報のみで法廷のやりとりに参加するという場合も考えられる。

　SF的な立体映像は技術的に困難だとしても，それ以外では技術的に不可能なことではない。のみならず，現行法も相当程度は導入しているといってよい。具体的には，証人・本人尋問のテレビ会議システムの利用（民訴204条および210条による準用），鑑定人の口頭陳述におけるテレビ会議システムの利用（同215条の3）が規定されている。また専門委員の意見陳述については電話会議システムの利用が認められている（同92条の3）。もっとも，当事者・代理人の主張には，弁論準備手続または書面による準備手続と，進行協議期日における手続において電話会議システムの利用が認められているにとどまる（同170条3項・176条3項，規則96条）。

　コスト面や設備面の制約はあるが，当事者や代理人の出頭の概念を多少拡張し，テレビ会議システムを通じての弁論・争点整理への出頭を可能にすることが望ましい。たとえば，弁護士会が各地で有するテレビ会議システムと裁判所のシステムとの相互運用を可能にするなどして，少なくとも弁護士代理人の場合は利用可能性を拡大すべきである。

　問題は，対面コミュニケーションと映像を介したコミュニケーションとの認知的ギャップにあり，とくに証人等の尋問にテレビ会議システムを用いることは慎重にすべきだとの見解につながっている。しかし当事者・代理人の主張の陳述については，そのような認知的ギャップにこだわる必要はない。

Ⅳ　尋問記録の高度化

　法廷では，主に人証調べの尋問結果について，文字として記録する必要性が高い。現在は，速記とその反訳によるか，または録音して，必要に応じて反訳する方法により，文字として記録化している。

　しかしながら，反訳には一般に時間がかかるので，たとえば主尋問の内容を文字で確認して反対尋問を行うということはできない。また，反訳コストから全部の尋問を文字にするわけでもないので，尋問結果が控訴審で利用できない

ということも起こりうる。加えて尋問結果を文字にしたのでは，尋問時の態度等の付加的な情報が記録できない。

そこで，リアルタイム反訳と尋問の映像記録化が有効な手段としてあげられる。

リアルタイム反訳は，アメリカのコートレポーターが使用している速記用タイプライタを電子化したものが普及しており，わが国ではこれを日本語対応したものが「はやとくん」という名称で速記官のグループにより自主的に開発されている。裁判員制度の導入とともに音声入力技術を使って文字化することも試みられたが，その認識率の低さから，検索用キーワードとしては役に立っても，反訳用には役に立たなかった。

リアルタイム反訳は，アメリカのTVニュース番組などで，キャスターやレポーターの発言が逐次字幕として映し出されているところに使用されている。これと同様に法廷の発言をリアルタイムで字幕に映し出すことができれば，聴覚障害者のためのバリアを取り除くことができるし，ヒアリングは不得手でも読むことはできる外国人にとっても理解しやすい。のみならず，健常者である日本人でも，発言をすべて理解して反応することは，実はそれほど容易なことではなく，聴覚とともに視覚的にも情報を得ることが確実な理解を向上させることはよく知られた事実である。

問題点は，速記官のコストがそれなりに高いという点である。ただし速記官が必要というのは，正確な反訳による尋問調書を作成するためのコストであり，リアルタイム反訳のためのコストではない。尋問を録音して必要な限りで反訳を外注するやり方では，法廷で言葉の意味を確認することができず，誤認識の可能性も高くなる。その意味で速記官による記録化の方が質が高い。これに加えて外注には時間的ロスが生じる。これに対してリアルタイム反訳はその場での利用が可能となり，そのベネフィットが上回ると評価できる。

もう1つの尋問記録の高度化は，ビデオによる記録化である。デジタル技術の進歩により，大量の動画データの保存にかかるコストはほとんど無視できる程度にまで小さくなった。人証調べにおける言語以外の情報もある程度は記録できることで，証拠の豊富化が図られるというメリットがある。

問題は，ビデオとなった記録を見返すのに，時間がかかりすぎるという点があげられる。しかしこれは，ビデオ内容の音声データによる検索機能や，サムネイル画像によるインデックスを付けることでかなりの程度，解消できる。
　現状では，刑事裁判における裁判員にわかりやすい事件記録を提供するという目的から，ビデオ記録とそのインデックスのための音声自動認識の利用が進んでおり，技術進歩も図られてきた。しかし，民事訴訟一般での利用は進んでおらず，進歩的な裁判官や書記官が一部で実験をするにとどまっている。記録のデジタル化には，eファイリングのところで説明したように情報セキュリティ上の課題があり，とくに滅失を防ぐ可用性の保障は訴訟記録にとって重要である。きちんとした体制を用意したうえで，デジタル化を安全に導入していくべきなのである。

事項索引

あ 行

e ファイリング……………………277
異　議………………………267, 270
違式の裁判………………………232
意思説………………………………30
移審効………………………231, 234
移　送………………………………22
一応の推定………………………143
一部請求…………………………173
一部判決…………………………156
一分肢説……………………………59
一般公開主義………………………79
違法収集証拠の証拠能力………134
イン・カメラ手続………………147
訴　え………………………………51
　──提起前の照会………7, 13, 145
　──提起前の和解………………260
　──の提起…………………………2
　──の提起前における証拠収集の処分
　　………………………………7, 13, 145
　──の取下げ……………………193
　──の併合………………………199
　　──の客観的…………………208
　　──の主観的追加的…………216
　　──の主観的…………………208
　　──の主観的予備的…………216
　──の変更………………………202
　──の利益…………………………63
応訴管轄……………………………22

か 行

回　避………………………………26
確　信……………………………133
確定遮断効…………………231, 234
確定判決の不当取得（詐取・騙取）…166
確認訴訟原型観……………………55

確認訴訟の予防的機能……………54
確認の訴え……………………2, 52
家事事件手続法……………………10
仮執行宣言………………………160
仮執行宣言付支払督促…………274
管轄違いに基づく移送……………22
関係人公開………………………119
間接事実……………………………92
間接事実による主要事実の推認…135
間接反証…………………………138
完全陳述義務………………………96
鑑　定…………………………8, 150
鑑定証人…………………………149
関連裁判籍…………………………21
期　間………………………………48
期　日………………………………47
　──の延期………………………98
　──の指定………………………98
　──の続行………………………98
　──の変更………………………98
擬制陳述……………………………82
覊束力……………………………161
起訴前の和解………………189, 260
詰問権………………………115, 120
規範的要件要素…………………141
規範分類説…………………………30
既判力……………………………162
　──の拡張……………………186
　──の基準時……………………166
　──の作用………………………164
　──の主観的範囲………………177
　──の正当化根拠………………163
　──の相対効（相対性）………178
　──の双面性……………………165
　──の物的範囲（客観的範囲）…170
　──の本質………………………163
忌　避………………………………25

旧実体法説	57
旧訴訟物理論	57
給付の訴え	2, 52
行政訴訟	6
共同訴訟	208
共同訴訟参加	222
共同訴訟的補助参加	221
共同訴訟人独立の原則	210
許可抗告	244
拠権規定	136
挙証	104
計画審理	90
経験則	125, 241
形式的確定力	161
形式的形成訴訟	55
形式的証拠力	152
形式的当事者概念	27
形式的表示説	29
形式的不服説	232
形成権の行使	108
形成の訴え	3, 54
形成力	55, 162
係争中の訴え	200
継続審理主義	89
欠席判決主義	100
決定	154
厳格な証明	127
検証	152
顕著な事実	128, 134
権利根拠規定	136
権利自白	132
権利主張参加	223
権利障害規定	136
権利消滅規定	136
権利阻止規定	136
合意管轄	22
合一確定	212
公開主義	79
交換的変更	202
合議制	15
攻撃防御方法	83
攻撃方法	83
抗告	243

公示送達	50
更正決定	161
更正権	42, 43
控訴	233
公知の事実	128
口頭主義	80
行動説	30
口頭弁論	74, 77
——終結後の承継人	181
——の一体性	78, 88
——の等価値性	79, 88
交付送達	50
抗弁	140
抗弁事項	3
公務秘密文書	146
国際裁判管轄	25
固有必要的共同訴訟	209, 211, 215

さ 行

再抗告	244
最初の抗告	244
再審	249
——開始決定手続	249, 251
——事由	249, 253
——の補充性	250
再訴の禁止	195
再度の考案	247
裁判	4, 154
裁判官	15
裁判管轄	18
裁判拒絶の禁止	2
裁判権	16
裁判所	15
裁判上の自白	90, 129
裁判所等が定める和解条項	191
裁判長	16
裁判の迅速化	6
裁判費用	44
裁量移送	23
詐害防止参加	223
差置送達	50
障権規定	136
参加承継	227

参加的効力	220
参加人	218
三審制	231
暫定真実	139
残部判決	156
時機に後れた攻撃防御方法の却下	88, 115, 149
識別説	60
事件の配布	61
時効の中断	73
自己拘束力	4
自己使用文書	146
事実上の推定	142
事実審	231
事実認定	91
死者名義訴訟	30
執行力	52, 162
実質的確定力	162
実質的証拠力	152
実質的表示説	29
実体的当事者概念	27
指定管轄	21
自白の撤回	130
支払督促	271
——の申立て	273
事物管轄	19
司法委員	260
司法書士	260
氏名冒用訴訟	30
釈明権	95
遮断効	166
主位の請求	201
終局判決	156
自由心証主義	91, 132
従たる当事者（準当事者）	219
集中証拠調べ	88, 149
集中審理主義	89
自由な証明	127
主観的証明責任	140
主観的併合要件	209
受継	99
取効的訴訟行為	104
受訴裁判所	15
受託裁判官	16

主張	104
主張共通の原則	91, 210
主張責任	90, 95, 140
受命裁判官	16
主要事実	92
準再審	255
準備書面	101, 110
準備的口頭弁論	113
準文書	151
準併合和解	190
少額訴訟	257, 262
消極的確認の訴え	54
証言拒絶権	149
証拠	125
——共通の原則	210
——結合主義	112
——原因	126
——資料	91, 126, 133
——の申出	148
——方法	126
——保全	14, 152
上告	237
——受理申立て	238
——受理申立理由	242
——理由	240
証書真否確認の訴え	54
上訴	231
——の利益	232
——不可分の原則	234
証人義務	149
証人尋問	149
証明	126
証明責任	135
——の分配	136
将来の給付の訴え	65
職分管轄	18
職務上知りえた事実	128
書証	151
除斥	24
職権証拠調べの禁止	90
職権進行主義	97
職権探知主義	3, 94
職権調査	94

事項索引

職権調査事項……………………………3
処分権主義……………………………2, 51
処分証書………………………………152
書面主義………………………………80
書面による準備手続………………113, 120
信義則…………………………………175
審級管轄………………………………18
審級の利益……………………………231
進行協議期日………………………113, 122
人事訴訟………………………………5
真実義務………………………………96
新実体的不服説………………………232
新実体法説……………………………58
審　尋………………………………76, 127
新訴訟物理論…………………………57
審判（権）排除効……………………130
新様式の判決…………………………159
審　理…………………………………74
　——の現状に基づく判決………100, 102
随時提出主義…………………………87
請　求…………………………………51
　——の基礎…………………………203
　——の原因…………………………60
　——の趣旨…………………………60
　——の認諾…………………………196
　——の併合…………………………200
　——の放棄…………………………196
　——の目的物の所持者……………183
制限自白………………………………141
制限訴訟能力者………………………35
制限免除主義…………………………17
絶対的上告理由………………………241
絶対免除主義…………………………17
説明要求権………………………115, 119
先行自白………………………………130
専属管轄………………………………20
専属的合意……………………………22
選択的併合……………………………202
選定当事者……………………………207
全部判決………………………………156
専門委員………………………………8
相殺の抗弁……………………………171
送　達…………………………………49

争　点…………………………………111
　——および証拠の整理……………112
争点効…………………………………175
争点整理………………………………112
双方審尋主義………………………80, 144
訴　額…………………………………19
即時確定の利益………………………66
即時抗告………………………………243
続審制…………………………………235
阻権規定………………………………136
訴　状…………………………………59
　——の記載事項……………………59
　——の審査…………………………61
　——の送達…………………………62
訴訟委任に基づく訴訟代理人………40
訴状却下命令…………………………62
訴訟共同………………………………212
訴訟記録………………………………86
訴訟係属………………………………70
訴訟契約………………………………106
訴訟行為………………………………104
訴訟告知………………………………221
訴訟参加………………………………218
訴訟指揮権………………………82, 97, 98
訴訟事件………………………………4
　——の非訟化………………………4
訴訟終了宣言の判決…………………157
訴訟承継………………………………225
　——主義……………………………226
訴訟上の救助…………………………47
訴訟上の請求……………………3, 51, 55
訴訟上の相殺の抗弁…………………108
訴訟上の代理…………………………38
訴訟上の和解…………………………189
訴訟資料………………………………91
訴訟代理人……………………………40
訴訟脱退者………………………184, 224
訴訟追行権……………………………67
訴訟手続の停止………………………99
訴訟能力………………………………34
訴訟の非訟化…………………………4
訴訟判決……………………3, 52, 157
訴訟引受け……………………………226

訴訟費用	44
——の担保	46
——の負担の裁判	160
訴訟物	55
訴訟法説	58
訴訟法律行為	106
訴訟無能力者	35
訴訟要件	3
即決和解	190, 260
疎　明	127

た　行

第三者の訴訟担当	27, 68, 180
第三者の訴訟への引込み	229
代償請求	66, 201
対世効	186
対席判決主義	100
多数当事者訴訟	206
脱漏判決	156
玉つき理論	216
単純併合	201
単独制	15
遅滞を避ける等のための移送	23
知的財産高等裁判所	21, 24
中間確認の訴え	205
中間判決	155
中　止	49, 99
中　断	49, 99
調査嘱託	148
調書判決	101, 160
徴表（徴憑）	92
直接事実	92
直接主義	81
陳述擬制	100
追加的変更	202
追加判決	156
通常期間	48
通常共同訴訟	209, 210
通常抗告	243
定期金による賠償を命ずる確定判決	169
提訴予告通知	7
手形・小切手訴訟	268
手形判決	270

適格説	30
適時提出主義	87
手続裁量	84
テレビ会議システム	150, 281
電子情報処理組織による督促手続	275
電話会議システム	281
電話会議装置	117, 121, 123
当事者	27
——権	28
——公開	118
——公開主義	80
——恒定主義	225
——参加	218
——照会	112, 145
——進行主義	97
——尋問	150
——対等の原則	144
——の確定	29
——の欠席	48
一方の欠席	100
双方の欠席	102
——の不熱心な訴訟追行	100
——の変更	230
——費用	44
当事者適格	67
当事者能力	32
同時審判申出訴訟	211, 217
答弁書	111
督促異議	275
督促手続	271
特別抗告	244
特別裁判籍	20
特別代理人	39
独立裁判籍	20
独立当事者参加	223
土地管轄	19
飛越上告の合意	237

な　行

二重起訴の禁止	71
2段の推定	151
二当事者対立構造	28
二分肢説	59

任意訴訟の禁止	106
任意的口頭弁論	76
任意的訴訟担当	69
任意的当事者変更	230
認諾調書	198

は 行

敗訴者負担の原則	44
判　決	4, 154
――原本	157
――書	157
――の確定	161
――の自己拘束力	160
――の不当取得（騙取）	256
――の無効	163
――理由中の判断	171
反射効	179
反　証	138
反　訴	204
引受承継	227
引換給付判決	170
非訟事件	4
――手続法	10
非訟手続	4
必要的移送	23
必要的共同訴訟	209, 211
必要的口頭弁論	4, 75
否　認	140
秘密保持命令	87
評価根拠事実	141
表示の訂正	31
付加期間	49
付加的合意	22
不可撤回効	130
武器平等の原則	144
不真正専属管轄	20
附帯控訴	236
普通裁判籍	19
不変期間	48
付郵便送達	50
不要証事実	128
プリ・トライアル	124
不利益変更禁止原則	242

文書送付嘱託	148
文書提出命令	146
文書の成立の真正	151
紛　争	11
併行審理主義	89
併合和解	190
変更判決	161
弁護士会照会	13
弁護士強制主義	37
弁護士代理の原則	40
弁護士付添命令	37
弁護士費用	46
弁論主義	3, 90
弁論準備手続	113, 116
弁論能力	37
弁論の更新	81, 235
弁論の更新権	235
弁論の再開	83
弁論の制限	84, 86
弁論の全趣旨	133
弁論の分離	84, 85
弁論の併合	84
放棄調書	198
法規不適用の原則	135, 136
防御方法	83
法条競合	57
法人格否認	185
法人でない社団・財団	32
法人等の代表者	40
法定管轄	21
法定序列主義	87
法定訴訟担当	68
法定代理人	38
法定当事者変更	230
法的観点指摘義務	96
法律要件的効力	162
法律上の推定	139
権利推定	139
事実推定	139
法律審	231
法律扶助	47
法律要件分類説	136
法令上の訴訟代理人	42

補佐人	42
補充送達	50
補助参加	219
──人	219
補助事実	92
補正命令	62
本　案	3
──の申立て	83
──前の申立て	83
本案判決	3, 52, 157
本　証	138

ま　行

民事裁判権	16
命　令	154
滅権規定	136
申立て	104
申　出	104
模索的証明	144

や　行

唯一の証拠方法	149
要証事実	128
与効的訴訟行為	104
呼出し	62
予備的請求	201
予備的併合	201

ら　行

リーガル・カウンセリング	12
理由付否認	141
類似必要的共同訴訟	209, 211, 213

わ　行

和解条項案の書面による受諾	191
和解調書	192
和解に代わる決定	258

Horitsu Bunka Sha

アクチュアル民事訴訟法

2012年9月20日 初版第1刷発行

編 者	池田 辰夫（いけだ たつお）
発行者	田靡 純子
発行所	株式会社 法律文化社

〒603-8053
京都市北区上賀茂岩ヶ垣内町71
電話 075 (791) 7131　FAX 075 (721) 8400
http://www.hou-bun.com/

＊乱丁など不良本がありましたら、ご連絡ください。
　お取り替えいたします。

印刷：中村印刷㈱／製本：㈱藤沢製本
装幀　白沢　正
ISBN 978-4-589-03446-5
©2012 Tatsuo Ikeda Printed in Japan

JCOPY　＜(社)出版者著作権管理機構　委託出版物＞
本書の無断複写は著作権法上での例外を除き禁じられています。複写される
場合は、そのつど事前に、(社)出版者著作権管理機構（電話 03-3513-6969、
FAX 03-3513-6979、e-mail: info@jcopy.or.jp）の許諾を得てください。

河野正憲・勅使川原和彦・芳賀雅顯・鶴田 滋著〔αブックス〕	憲法は私たちの生活にとって具体的にどのような意味をもつのか。先生と学生とのディスカッションを採り入れ，読みやすく考えさせられる工夫を施した新しいタイプの入門書。歴史・事例・理論の3つのステージで構成。
プリメール民事訴訟法 A5判・308頁・2835円	

平岡建樹・永井博史・波多野雅子著	難解といわれる民事訴訟法を，判例・通説を軸にわかりやすく解説。73の重要判例のエッセンスをコンパクトにまとめたコラムを適宜入れる。法学部・ロースクールでの初学者，各種資格試験受験者に最適のテキスト。
ベーシック民事訴訟法 ─重要判例から学ぶ─ A5判・336頁・3045円	

池田辰夫編著	判決例の要旨を安直に学習するのではなく，民事裁判の判決記録を丸ごと読みこなす本格的な力を養うために作られた判例教材。法学部での民訴ゼミ，司法試験受験生，司法修習生のための学習教材に最適。
ケースブック新民事訴訟法Ⅰ A5判・140頁・1890円	

佐上善和著〔NJ叢書〕	民事訴訟法の初学者を念頭におき，全体の概観からはじめて個々の問題点の位置づけと考え方の筋道を明らかにすることを基本にすえた入門テキスト。近時の諸改正に対応して全面改訂し，バージョンアップをはかる。
民事訴訟法〔第2版〕 A5判・366頁・3570円	

井上治典・中島弘雅編〔NJ叢書〕	2002年以降の倒産法制（破産法，会社更生法），担保・執行法制などの民事法諸改正をふまえて改訂。民事執行・保全・倒産法のテキストとしてより使いやすくなるように構成と内容のアップトゥデート化をはかった。
新民事救済手続法 A5判・440頁・3675円	

遠藤功・野村秀敏・大内義三編	法実務のうえで重要ではあるが，学生にはなじみがうすく取り付きにくい民事執行・保全法の分野を，わかりやすい叙述で解説した教科書。執行に関する制度と基本理解の促進に焦点をあてた。近時の法改正・研究成果も盛り込む。
テキストブック民事執行・保全法 A5判・330頁・2940円	

───法律文化社───

表示価格は定価（税込価格）です